Higiene espiritual

Higiene espiritual

UN CAMINO PRÁCTICO
HACIA UNA VIDA CONSCIENTE,
AUTORIDAD INTERIOR
Y LIBERTAD DIVINA

Iyanla Vanzant

TRADUCCIÓN DE Mónica Campos

PRIMERO
SUEÑO PRESS

ATRIA

NUEVA YORK ÁMSTERDAM/AMBERES LONDRES
TORONTO SÍDNEY/MELBOURNE NUEVA DELHI

PRIMERO
SUEÑO PRESS
ATRIA
Un sello de Simon & Schuster, LLC
1230 Avenida de las Américas
Nueva York, NY 10020

Al proporcionar ejemplos ilustrativos, la autora ha modificado los nombres y algunos detalles que identifiquen a individuos reales, y también ha creado personajes compuestos a partir de varios de ellos.

El representante autorizado en el EEE es Simon & Schuster Nederland B.V., Herculesplein 96, 3584 AA Utrecht, Países Bajos. info@simonandschuster.nl

Primera edición en rústica de Primero Sueño Press/Atria Paperback, septiembre 2026

Publicado originalmente por Simon & Schuster, LLC, en inglés bajo el título *Spiritual Hygiene*

PRIMERO SUEÑO PRESS / ATRIA PAPERBACK y su colofón son marcas registradas de Simon & Schuster, LLC

Simon & Schuster cree enfáticamente en la libertad de expresión y está en contra de la censura en todas sus formas. Para más información, visite BooksBelong.com.

Para obtener información respecto a descuentos especiales en ventas al por mayor, diríjase al departamento de Ventas Especiales (Special Sales) de Simon & Schuster al 1-866-506-1949 o a la siguiente dirección de correo electrónico: business@simonandschuster.com.

La Oficina de Oradores (Speakers Bureau) de Simon & Schuster puede presentar autores en cualquiera de sus eventos en vivo. Para obtener más información o para hacer una reservación para un evento, llame al Speakers Bureau de Simon & Schuster, 1-866-248-3049, o visite nuestra página web en www.simonspeakers.com.

Creador del sigilo - Lee Didco - SoulLee Connected

Impreso en los Estados Unidos de América

1 3 5 7 9 10 8 6 4 2

Los datos del Catálogo de la Biblioteca del Congreso han sido solicitados.

ISBN 978-1-6682-5002-0
ISBN 978-1-6682-5003-7 (ebook)

Esta obra está dedicada a Nisa Camille Vanzant
Omo Obatala Emi'Olade

y

Carolyn Reidy.
Gracias por ver en mí lo que yo no veía
ni podía ver en mí misma.
En honor a vuestro nombre y vuestro amor...

«Que esta ofrenda llegue, impulsada por las alas de tu luz,
a las manos y los corazones que más la necesitan.

Que cada página resuene con sanación.

Que cada alma que toque esta obra recuerde su resplandor,
recupere su poder y ascienda en plenitud.

Que quien ha dado a luz esta obra sea continuamente provisto,
protegido y honrado por el regalo que ha entregado al mundo».

Con reverencia y gratitud siempre.
A'mari El'Naiya (conocida en el mundo como «Iyanla»).

Índice

NIVEL III
RECUPERAR AL YO SAGRADO

CONCLUSIÓN DEL NIVEL III
INTRODUCCIÓN AL NIVEL IV
EL REGRESO SAGRADO

Una recuperación del yo

Bienvenido, querido:

Bienvenido a este espacio sagrado de sanación, recuerdo y verdad interior.

Lo que tienes en tus manos es mucho más que una colección de páginas encuadernadas. Los temas, las ideas y las enseñanzas que contienen son herramientas que te ayudarán a deshacerte de aquello que tanto te pesa, te prepararán para regresar a lo sagrado y te conectarán con todo lo que está alineado con la mejor versión de ti mismo.

Vivimos en un mundo que clama nuestra atención, alimenta nuestros miedos y nos enseña a olvidar nuestra naturaleza sagrada. Rezo para que descubras y recibas esta ofrenda como una llamada divina para regresar; para que bajes el ritmo, vuelvas a sentir, escojas la claridad sobre el desorden, la alineación sobre el caos y el poder espiritual sobre el deseo de complacer a los demás, la gratificación del ego y la insaciable búsqueda de validación externa.

En todo lo que presento, todo lo que compartiré contigo y todo lo que exploraremos, no se te pide ni se espera que seas perfecto. Simplemente se te invita a estar presente. Presente con las palabras. Presente con tus propias necesidades y deseos. Presente con los lugares que tanto en tu interior como en tu vida claman por la paz; lugares que requieren un poco de cariño y atención. Además, te invito a que estés totalmente presente con las grandes posibilidades que pueden desarrollarse, y se desarrollarán, gracias a las prácticas de una buena higiene espiritual.

Mientras exploras, analizas y contemplas lo que se te ofrece en estas páginas, estate atento a las amables invitaciones:

- A decir tu verdad.
- A recuperar las partes de ti mismo que puedas haber perdido.
- A liberar lo que nunca fue tuyo.
- Y a encarnar tu identidad como el recipiente limpio y transparente de la presencia divina que viniste a ser en este mundo.

Tómate tu tiempo con cada página, cada pregunta y cada ejercicio. Confía en tu ritmo interno para saber qué debes hacer y para qué no estás preparado… todavía. Recibe lo que puedas y deja para más adelante lo que te resulte inmanejable. Deja que estas páginas te sirvan de espejo, de botiquín y de mapa divino que te guíe en un viaje sagrado.

Para mí es un gran honor acompañarte.

Con claridad. Con valentía. Con compromiso sagrado y amor.

Yo soy:
A'mari El'Naiya, conocida en el mundo como «Iyanla».

INTRODUCCIÓN

Tu responsabilidad sagrada

Llega un momento en nuestro camino individual de evolución espiritual en el que encender una vela para sentirnos conectados con la tierra deja de ser suficiente. Te lavas los dientes y el cuerpo todos los días para prevenir enfermedades y mantenerte limpio. Pero ¿qué haces cada día para sanar tu alma?

En algún momento, te darás cuenta de que la sanación no proviene solo de lo que haces, sino también de lo que estás dispuesto a afrontar.

Te enfrentarás a un momento crucial en el que tu alma comenzará a dolerte, no porque hayas hecho algo malo, sino porque será hora de que regreses a tu esencia. Esa esencia es inocente. Esa esencia es pura. Cuando hoy en día miro a mi alrededor, siento que ha llegado ese momento. Vivimos en un mundo que exige nuestra atención, nos roba el aliento y nos enseña a olvidar quiénes somos realmente. Estamos condicionados para actuar en lugar de sentir. A fingir que estamos bien en lugar de hacer el trabajo necesario para estar bien. Por desgracia, no se pueden adornar los escombros internos. No se puede eliminar con oraciones el dolor que se está negando o el parloteo mental al que no se quiere hacer frente. No se puede cambiar, crecer, evolucionar o sanar si se arrastra el peso de lo que no se ha limpiado o liberado. Habiendo aprendido esto por las malas, ahora sé con todo mi ser que la higiene espiritual es importantísima.

Considero que la higiene espiritual es la tarea diaria y sagrada de limpiar tu espacio interior. Es el afectuoso compromiso que adquieres contigo mismo para honrar tus pensamientos, emociones, energía y alma con la misma reverencia que dedicas a tus pertenencias sagradas. Tu mente es un altar. Tu corazón es un templo. Tu presencia es sagrada. Y, a veces, las revelaciones más poderosas llegan a través de tu mayor dolor.

Yo también viví allí una vez. En las trincheras del miedo y la supervivencia. Con el tiempo, con práctica y dolor, guiada por el Espíritu, poco a poco fui ascendiendo hacia una conciencia diferente. Descubrí un mundo en el que todo es energía y nada es personal. Entré en un nivel superior de conciencia espiritual, donde el amor no necesita ganarse ni demostrarse. Donde sabes en lo más profundo de tu ser que eres un alma, no solo un cuerpo. Aprendí que puedes postergar, negar, resistir y evitar la sanación, pero no puedes fracasar en ella porque la sanación es real y el perdón es libertad.

No estoy donde estoy hoy en día porque yo sea mejor, más fuerte o más inteligente que tú o que cualquier otra persona. Estoy aquí porque escojo, en cada momento y día tras día, practicar la higiene espiritual. Para purificar los escombros de lo que he encontrado y soportado a lo largo de mi vida.

Nuestro mundo físico se está cayendo a pedazos. Lo que antes nos mantenía a salvo ya no resulta útil para seguir adelante. Pero nuestro mundo espiritual y energético está resurgiendo. El mundo espiritual nos invita a cuestionar la mayor parte de lo que nos han enseñado. Algunos de nosotros, como maestros y trabajadores de la luz, estamos tendiendo puentes entre las dos profundidades de la vida y el entendimiento. Otros siguen atrapados entre los escombros. Cuando comencé a prepararme para escribir este libro, rememoré mi propia vida. Examiné mis pensamientos, emociones, remordimientos y acciones. Me di cuenta de lo fundamental que es esta tarea, no solo para nuestra paz, sino también para nuestra supervivencia y la supervivencia de este mundo que todos amamos.

Tanto si eres nuevo en este tipo de tarea como si estás regresando a lo que tu alma siempre ha sabido, estas páginas son para ti. Rezo para que lo que comparto aquí se convierta en tu «sí» sagrado. Te animo a que permitas que un momento de lectura de estas páginas sea un momento en el que escojas la claridad sobre la confusión, la alineación sobre el agotamiento y la presencia divina sobre la actuación. ¿Quieres volver a sentirte inspirado, como si todo lo que haces estuviera en sintonía con tu propósito divino? ¿Quieres sentirte auténticamente conectado tanto con tu verdad interior como con una comunidad que te apoya? ¿Quieres encontrar la alegría en las pequeñas cosas que vives a diario? Deja entonces que esta verdad sea tu invitación: «Puedes escoger una realidad diferente». Puedes elevarte por encima de cualquier cosa y de todo a la vez. Puedes purificar tu mente y tu corazón porque tu alma jamás se manchó. Puedes recordar quién eres realmente. Y, cuando lo hagas, no solo serás libre, sino que tu presencia demostrará a los demás que ellos también pueden escoger la libertad.

NIVEL I

SANACIÓN

Estás aquí porque una parte de ti recuerda la verdad. La luz que hay en ti sigue intacta. La voz de la divinidad que hay dentro de ti sigue siendo sagrada. El alma que hay en ti sigue estando dispuesta. Es tu alma la que te guía hacia un retorno sagrado a la verdad de tu ser, y hacia esta etapa en el camino de la higiene espiritual, que es la sanación. Esto significa que debes estar dispuesto a darte permiso para bajar la velocidad, escuchar a tu interior y reconocer el templo que eres. Este no es el final de tu lucha. Es el comienzo de tu soberanía.

Caminemos con claridad hacia lo que encontrarás en esta etapa del viaje y lo que se te pedirá que hagas a lo largo del camino. Comenzamos dando una definición de «sanación», lo que implica y los posibles resultados que pueden producirse cuando te comprometes a participar en un proceso de sanación.

A efectos de la higiene espiritual, «sanar» significa recordar lo que se había olvidado, restaurar lo que se había perdido y realinear lo que se había distorsionado en el santuario de tu propio ser. Es un retorno a la integridad en el que tu mente, tu corazón y tu alma se expresan de forma natural y libre a través de tu cuerpo físico. La verdadera sanación no es el acto de borrar las heridas o fingir que tu dolor no existe. La sanación, en este contexto, es la labor sagrada de tomar conciencia de lo que llevas contigo, honrar su impacto y liberar lo que ya no le sirve a tu desarrollo divino. Es la limpieza de los residuos energéticos del dolor heredado, la vergüenza interiorizada y el desorden emocional. Es aprender a escuchar a tu propia alma de nuevo, a través del ruido de la ira, la culpa y la vergüenza. Es liberarte de las máscaras que llevas puestas, los roles que has desempeñado y las defensas que has activado para mantenerte a salvo. La sanación no es llegar a ningún sitio. Es un ritmo en el que vivir. Un retorno sagrado a la claridad mental y emocional, a tu presencia auténtica y a la verdad de tu alma. La sanación es el terreno en el que comienza la higiene espiritual.

Para activar el proceso de la sanación, primero debes tomar conciencia de tu necesidad de sanar. Esto significa reconocer que la mente (tu trono del pensamiento, las creencias y las percepciones internas) ha sido ocupada por relatos no analizados, miedos heredados, críticas internalizadas y patrones reactivos de supervivencia. Significa tomar conciencia del ruido mental que ahoga la sabiduría interior, el diálogo interno que refuerza la vergüenza y las ilusiones que te mantienen atrapado en una espiral de confusión y control.

Tomar conciencia de la necesidad de sanar no significa que debas culparte por tus pensamientos. Se trata de que recuperes tu autoridad sobre ellos. El trabajo que encontrarás en esta etapa te invita a sentarte en el trono de tu propia mente, no como un gobernante que está movido por el miedo, sino como un gestor de la claridad sagrada. Es aquí donde comenzarás la práctica de observar, dar nombre y limpiar con delicadeza los residuos mentales que han nublado tu visión y bloqueado tu poder. La sanación no comienza cuando el dolor termina. Comienza cuando los patrones se ven, se reconocen y se aceptan. Solo entonces pueden ser bendecidos por la seguridad que proporcionaron y ser liberados para un objetivo más grandioso.

En el nivel I, conocerás los cuatro pilares del despertar a la necesidad de sanación:

Autoconciencia: «¿Qué estoy pensando y sintiendo?».

Honestidad con uno mismo: «¿Me estoy diciendo la verdad?».

Responsabilidad energética: «¿Qué estoy permitiendo que ocupe mi campo mental y emocional?».

Permiso para llorar la pérdida: «¿Qué es lo que aún no me he permitido sentir?».

A medida que avances en el proceso sagrado de la toma de conciencia, comenzarás a percibir los patrones sutiles (y a veces no tan sutiles) que gobiernan tus pensamientos, emociones, reacciones y elecciones. Este es el trabajo de la autoconciencia, el primer pilar de este viaje. La conciencia no tiene nada que ver con culparse a uno mismo. Se trata de hacer una observación sagrada. No puedes purificar lo que no ves. No puedes sanar lo que aún no estás dispuesto a sentir. Pero la conciencia por sí sola no es suficiente. También se te pedirá, con gentileza y compasión, que seas:

- Honesto contigo mismo sobre lo que piensas y por qué lo piensas.
- Honesto sobre lo que estás reteniendo y que no te pertenece.
- Honesto sobre cómo te sientes realmente, más allá de los roles y las rutinas.
- Honesto sobre lo que ya no funciona, aunque antes lo hiciera.

Este es el segundo pilar: la honestidad con uno mismo, la valiente herramienta que despeja la niebla de la mente y el desorden del corazón. Sin honestidad, tu conciencia no puede encontrar sus bases en la realidad. La honestidad es la espada purificadora y la escoba sagrada. Quita del medio los falsos relatos, las máscaras obsoletas y los escombros emocionales que te impiden ver con claridad. A medida que se disipa la niebla mental y se elimina el desorden emocional, comienza a suceder algo extraordinario: tu energía se expande. Esta expansión no es una simple sensación. Es un cambio de frecuencia, una apertura de tu espacio interior. Con esta expansión llega la responsabilidad energética, que es el tercer pilar. Al dejar de estar gobernado por la reactividad emocional o los patrones de pensamiento inconscientes, comienzas a escoger lo que se queda y lo que se va. Te conviertes en el guardián de tu mundo interior.

Con este nuevo espacio, este soplo de claridad, llega la invitación más profunda del nivel I: el permiso para llorar la pérdida. Este es el cuarto pilar y, a menudo, el más delicado. Una vez que ves y dices la verdad, debes darte permiso para sentir el impacto de lo que has estado cargando, reprimiendo o ignorando. No lloras la pérdida para venirte abajo, sino para regresar más unido, para hacer espacio para la alegría, la claridad y la paz; en otras palabras, para una vida limpia. Estás libre del pasado, abierto al presente, preparado y preparándote para lo que ahora escoges que vas a crear y experimentar, haciendo borrón y cuenta nueva. De esta manera, los cuatro pilares del nivel I no son unos pasos que vayan uno detrás de otro. Son una espiral viva, un ritmo interno sagrado:

- La conciencia abre tus ojos.
- La honestidad aclara tu lente.
- La responsabilidad energética estabiliza tu campo.
- El duelo purifica tu corazón.

Con cada giro de esta espiral, tu luz interior regresa a ti. Tu claridad se agudiza. Tus patrones revelan su valor y sus enseñanzas, para que tu alma pueda respirar finalmente. Esta es la base de la higiene espiritual: limpiar lo que abarrota tu espacio interior sagrado para que puedas vivir, liderar y amar desde la verdad.

Estos cuatro pilares son también unos principios y herramientas para la reflexión. Considera que son unas entradas vivas que te ayudarán a dar nombre, sentir y limpiar lo que ha nublado tu mente y contaminado tu campo emocional. Se te pedirá que des nombre a tu niebla, identifiques tus patrones y te permitas conocer y sentir la verdad sobre lo que ha estado y está sucediendo dentro de ti. Esta información es fundamental para que te prepares para entrar en el nivel II: la etapa de limpieza.

ORACIÓN DE APERTURA

Amada presencia de todo lo que es,
ánclame ahora en tu paz y perfecta sabiduría.

Hoy invoco la sagrada llama del coraje.
No la ausencia de miedo, sino la santa voluntad
de seguir adelante de todos modos.
Que el coraje surja en mí como el sol de la mañana,
calentando lo que hay dentro de mí que me provoca
inseguridad o temor.

Luz divina de la verdad,
te pido que aclares mi mente.
Retira la niebla de la confusión, la pesadez de la duda
y el ruido de todas las voces que no me pertenecen.
Haz que mis pensamientos sean claros, centrados y honorables.
Ayúdame a ver con ojos espirituales, para que pueda escoger
con un criterio sagrado.
Guíame para que solo diga lo que esté arraigado
en la integridad y el amor.

Ahora abro mis manos y mi corazón,
listo para recibir la instrucción divina,

de modo que pueda caminar en alineación hacia mi mayor bien.
Guíame. Fortaléceme. Aclara todo lo que tengo en mi mente.
Que cada paso que dé hoy sea un paso hacia la verdad,
la paz y mi propia divinidad.
Pido. Permito. Acepto.
Amén. Aşę Aho.

Que así sea.

CAPÍTULO 1

El trono del pensamiento

En el viaje de cada alma, llega un momento en el que la sanación, el crecimiento y el desarrollo personal ya no son un lujo. Se convierten en un salvavidas. Un momento en el que el sufrimiento, la supervivencia, la actuación y la fingida apariencia comienzan a resquebrajarse bajo el peso del miedo, la culpa, la tristeza y el dolor que no han sido expresados y las heridas que están sin sanar.

Este capítulo comienza con uno de esos momentos.

Un día, a mediados de la década de 1970, decidí quitarme la vida. Tenía 21 años y cuidaba de un bebé de seis semanas y de mis otros dos hijos pequeños. Era viernes y mi marido nos había prometido que nos mudaríamos a una casa más grande, donde podríamos prosperar como familia. Me pasé toda la noche esperando el camión de la mudanza, porque él me había dicho que lo tenía todo preparado. Pero ni el camión ni él aparecieron. Al día siguiente, cogí a mis tres hijos y me subí a un taxi para ir desde East New York hasta Flatbush para hablar con el casero. Le pregunté si podíamos mudarnos el lunes.

Me miró como si tuviera dos cabezas y me dijo: «No sé de qué estás hablando. Tu marido nunca volvió para firmar el contrato de alquiler». Yo había estado luchando contra la depresión posparto, pero cuando me di cuenta del alcance que tenía su mentira, eso me llevó al límite. ¿Cómo podía seguir así?

Mi marido era asmático, por lo que tenía todo tipo de pastillas en casa. Me tragué todas las que pude encontrar.

Tras perder el conocimiento, caí al suelo de la cocina. Entonces tuve lo que solo puedo describir como «una visita».

Oí una voz que me decía claramente: «¿Quieres morir o quieres dejar de sufrir?».

Y yo respondí: «Quiero dejar de sufrir».

Entonces la voz dijo: «Sufres porque no sabes cómo vivir».

Más tarde, en la sala de Psiquiatría, después de que me hicieran un lavado de estómago, pedí unas hojas de papel a las enfermeras. Escribí todas las preguntas y pensamientos que se habían ido acumulando en mi corazón. Mis oraciones y mi dolor quedaron plasmados en aquel papel. Así fue como empecé a conversar con Dios. Me di cuenta de que sí quería vivir, pero que para dejar de sufrir, todo tenía que cambiar.

Ese fue mi primer destello de autoconciencia, que es el primer paso de la higiene espiritual.

Pero, como verás en estas páginas, sanarme a mí misma no fue un proceso sencillo. Para vivir mi vida con plenitud y estar presente para mí misma a diario, aún me quedaba mucho por aprender. Así que mi pregunta para ti es la siguiente: ¿sabes cómo quieres vivir? ¿Quieres dejar de sufrir? ¿Qué quieres de tu vida? Comprender cómo moldea tu mente tus experiencias diarias es la única forma de empezar a entenderlo.

Algunas cosas nos suceden a nosotros. Otras suceden para nosotros. Otras suceden a nuestro alrededor y dejan una huella duradera en quiénes somos y cómo afrontamos nuestra vida. Si alguna vez has estado en un avión que de repente entra en turbulencias, puedes hacerte una idea del impacto que el entorno tiene en tu estado mental y emocional. El zumo de manzana está en tu bandeja. Estás rebuscando en la bolsa para sacar las últimas migajas de un *pretzel* cuando, de repente, todo sale volando por los aires. El zumo se ha derramado sobre la bandeja y tu regazo. En tu intento por agarrar el vaso de zumo, has tirado las migajas de *pretzel* sobre la bandeja y el pasajero que tienes al lado. Todo lo que hay en el avión se ha visto afectado por lo que ocurre fuera del avión. Todo lo que hay dentro de ti está reaccionando a lo que ha impactado en el avión.

Los pensamientos no son meras ideas fugaces, sino semillas energéticas que pueden crear auténticas necesidades emocionales. Cada pensamiento, seas consciente de ello o no, conlleva una vibración que influye en tu percepción, tus sentimientos y tus respuestas, y contribuye a crear tu realidad. La mente es el espacio donde la energía de tus pensamientos toma forma. Los pensamientos sientan las bases de tu sistema de creencias, que a su vez da forma a tu percepción de las posibilidades.

Cuidar tu mente es como limpiar una habitación desordenada. Significa bajar la velocidad, observarlo todo y decidir qué debes conservar y qué desechar. ¿Realmente necesitas esto? ¿Refleja de verdad quién eres? Así es como funciona cuando consideras los cientos de pensamientos contradictorios que abarrotan tu mente. Eres consciente de cada idea y te preguntas: «¿Es realmente cierto lo que tengo en mente?». Cuando descubres que un pensamiento que tienes o mantienes no es cierto ni productivo, puedes optar por tener otro pensamiento que te ayude a convertirte en la mejor versión de ti mismo. Sin este nivel de conciencia, reaccionarás todo el tiempo a los acontecimientos externos que desencadenan la energía interna. Esta idea es crucial a la hora de tener una buena higiene mental, ya que cambiar de perspectiva requiere reconocer lo que afecta a la mente y lo que ocurre en ella, lo que se revela como lo que estás experimentando en la vida. Yo llamo a este proceso «higiene espiritual» porque es una práctica que debe formar parte de tu vida cotidiana. Para que sea eficaz, debe convertirse en una parte de los cimientos de tu identidad.

En los años posteriores a mi propio despertar, dediqué una cantidad considerable de tiempo a perfeccionar mi práctica espiritual. No fue un proceso directo, y fracasé muchas veces, pero en algún momento pensé que lo había superado. Creía haber descubierto una mejor forma de vivir, la cual había transmitido a mis hijos. Pero resultó que no era tan sencillo.

Por medio de la historia de mi querida hija Nisa, te ofrezco no solo una ventana a la fragilidad del corazón humano, sino también una puerta de entrada a la sagrada necesidad de cuidar la mente, que es nuestro trono interior.

Cuidar tu mente, la sede de la energía creativa divina, es todo un privilegio. Sin embargo, la única forma que tienes de beneficiarte de ese privilegio es mediante la práctica de la conciencia; la conciencia de quién eres y cómo puedes defender y ser tu auténtico yo.

Nisa era tanto una niña enfadona como imaginativa. Brillante e incomprendida. Parecía querer siempre algo que ni yo ni el mundo podíamos darle.

El lenguaje del amor de Nisa eran las palabras y los gestos de validación externa. Necesitaba abrazos constantes. Besos constantes. Que la tranquilizara constantemente. Ella necesitaba cariño. Sin embargo, durante la mayor parte de su infancia, yo estaba «muerta del cuello para abajo»; una afección que explicaré en detalle más adelante. No sabía cómo podía darle lo que ella necesitaba y de la forma en que lo necesitaba. Esto se debía, por una parte, a que yo nunca lo había recibido y, por otra, a que me había negado a dármelo a mí misma. Para colmo de males, durante sus primeros años de vida, yo estaba agotada la mayor parte del tiempo, tanto a nivel mental como físico y emocional. Hice todo lo que pude para alimentar, vestir y dar cobijo a mis tres hijos tras poner fin a una relación abusiva que había durado demasiado tiempo. Me centré en darles cosas a mis hijos: las cosas que yo nunca había tenido y que creía que necesitaban. Lo único que Nisa quería y necesitaba era sentarse en mi regazo y sentir mi mano acariciando su cara mientras escuchaba los latidos de mi corazón. Por desgracia, cuando Nisa era pequeña, mi regazo estaba lleno de mis propios problemas sin resolver.

Nisa creció y se convirtió en una mujer hermosa y perspicaz, del tipo que podía convertir una visita al supermercado en una fiesta y una reunión familiar en un espectáculo cómico.

Se guiaba por su intuición y vivía con el corazón. Trabajó durante varios años como asistente de cuidado domiciliario para una paciente de 136 kilos que sufría demencia. Nisa decía que nadie de su familia podía moverla y, como nadie la ayudaba, ella misma la levantaba de la cama del hospital y la sentaba en la silla de ruedas. En los días festivos, y cuando la familia para la que trabajaba se iba de vacaciones, se llevaban a Nisa con ellos y la trataban como si fuera de la familia. Cuando yo estaba agotada y lista para terminar mi jornada fabricando productos para el cuidado corporal, Nisa seguía al pie del cañón, triturando a mano el jabón de color negro y colando los aceites esenciales hasta que el trabajo estuviera listo.

Sin embargo, cuando se trataba de las necesidades de su propio corazón y espíritu, Nisa hacía caso omiso de ellas. Y, como su madre y maestra espiritual desde hacía mucho tiempo, siempre me quedaba corta a sus ojos.

Mamá no siempre sabe qué es lo mejor

La mayoría de las madres, si no todas, conocen el profundo dolor que sufren sus hijos, porque llega un momento en la vida de una madre en el que el amor no basta, en el que se agotan las palabras, en el que incluso rezar se parece a lanzar piedras a una tormenta. Esa era yo. Esas éramos nosotras. Mi hija Nisa y yo. Nos queríamos. Profundamente. Pero vivíamos en mundos diferentes. Ella vivía en un mundo de bordes afilados. Un mundo donde la supervivencia era el objetivo, el dolor era algo familiar y el amor siempre tenía un precio. Esa era su realidad, donde todo era físico, separado y fijo. Creía en el sufrimiento como si fuera su derecho de nacimiento. Creía en la traición como si fuera la gravedad. Nisa creía que, si el amor no dolía, no era real. Era una *millennial*, miembro de una generación a la que se le enseñó (o aprendió de alguna manera) que sobrellevar el trauma y el abuso eran insignias de valentía. Parece que idolatran lo que está mal, sin ser conscientes de que el trauma, el abuso y la disfuncionalidad son contaminantes espirituales que suelen competir con la negación emocional y la resistencia mental. Reconozco que mi generación y las generaciones inmediatamente posteriores a la mía fueron condicionadas para actuar en lugar de sentir. De hecho, se nos enseñó a fingir que estamos bien en lugar de hacer el esfuerzo necesario para estarlo.

Saber y no saber: las dos realidades de una madre

En el plano material, Nisa era una diabética que no atendía ni su enfermedad ni sus necesidades básicas. En el plano espiritual, estaba desolada y desconectada de su esencia. Yo sabía que iba a morir. La técnica espiritual que hay dentro de mí, una maestra centrada en lo espiritual, lo había visto venir a lo largo de dos años y medio. Esa parte de mí había llegado a un punto de aceptación sombría pero tranquila. Mi alma estaba en paz, pero la madre que habita en mí... ¡estaba histérica! Tenía el corazón roto. Destrozada.

Y desesperada. Recuerdo el día en que llamé a una querida amiga, una antigua alumna, con una crisis nerviosa. Había llorado hasta el punto de sentir náuseas. Me oía repetir:

> «¡No puedo enterrar a otro hijo! ¡No puedo hacerlo! ¿Por qué Dios me pediría algo así? No puedo».

Todo lo que ella pudo decir fue: «Lo sé, Iya. Lo sé». Cuando me calmé lo suficiente como para hablar sin balbucear, ideamos un plan, un plan que esperábamos que ayudara a mi pequeña a recuperar la salud y el bienestar. Por desgracia, hicimos nuestro plan sin consultar a mi hija ni incluirla en él. Cuando se trata de una buena higiene espiritual para la mente y corazón, planificar por los demás nunca funciona bien para nadie. Como si necesitara pruebas de lo que ya sabía, nada de lo que había planeado sucedió como yo pensaba. La causa física de la muerte de Nisa fue una sepsis. Se resistía a todos los consejos médicos. Incluso rechazó métodos alternativos que podrían haber facilitado su sanación física, mental y emocional. Se rompió el tobillo durante la COVID. Como es habitual en muchos diabéticos, la fractura no se curó. Además, fueron necesarias tres operaciones para volver a fijar el hueso. Cada intervención quirúrgica requería más tiempo de recuperación, lo que la mantuvo enyesada durante más de dos años. Durante el proceso de sanación, uno de sus dedos del pie se infectó. Los médicos dijeron que tendrían que raspar el hueso y posiblemente amputarle uno o más dedos. Ella quería tiempo para pensarlo. El médico le dejó claro que si no se ocupaba rápidamente del dedo, el resultado no sería nada bueno. Le pregunté qué creía que significaba eso, si entendía lo que pasaría si no actuaba. Nunca olvidaré sus palabras.

Ella dijo: «Me moriré».

Cuando le pregunté si eso era lo que quería hacer, su respuesta fue:

> «No tengo nada por lo que vivir. Y no puedo vivir sin dedos en los pies. ¿Cómo esperas que camine sin dedos?».

Eso no era una respuesta. Era una declaración de su desesperación. Quería gritarle: «¡Tú no eres tus dedos de los pies! ¡Tú no eres tu dolor! ¡Tú no eres tu pasado!».

Cómo pueden contagiar tus pensamientos a otras generaciones

Cuando estaba embarazada de Nisa, no practiqué una buena higiene espiritual en ningún nivel. Vivía en una realidad muy difícil. Creía que estaba haciéndolo lo mejor que podía o, al menos, lo que yo consideraba que era suficiente. Por ejemplo, dejé de fumar cuando me enteré de que estaba embarazada, pero me faltó el valor y la fuerza emocional necesarios para alejarme de la relación tóxica y abusiva que mantenía con su padre. Mis decisiones estaban motivadas por la supervivencia y el miedo, más que por una comprensión más profunda del bienestar emocional o el cuidado personal. En aquel entonces, aunque comprobaba mi estado espiritual de forma esporádica, no me daba cuenta de que mantener mi propia salud mental y estabilidad emocional no solo era beneficioso para mí, sino crucial para la pequeña vida que crecía dentro de mí. En lugar de dar prioridad a la paz interior, me encontré atrapada en numerosas espirales de caos emocional, sin ser consciente de cómo esas oleadas de estrés y miedo podían repercutir en Nisa, moldeándola incluso antes de que diera su primera bocanada de aire.

También subestimé cuánto influye en el feto el mundo interior de una madre; sus pensamientos, miedos, alegrías y dolor. Sin darme cuenta, permití que el miedo y la inseguridad se infiltraran en el vínculo que estaba creando con Nisa. En ese momento, no me daba cuenta de que ella se estaba convirtiendo en una testigo silenciosa de mis luchas emocionales. No fue hasta mucho más tarde cuando miré atrás y reconocí cuánto de su espíritu y personalidad reflejaban a la mujer que yo había sido durante mi embarazo: una mujer que anhelaba aceptación y amor, y que estaba sumida en un mar de turbulencias.

El espejo responde

El impacto de nuestra herencia mental y emocional es una verdad que se nos suele escapar hasta que sus ecos resuenan de formas inesperadas. Cuando Nisa nació, traía consigo algo más que mis marcadores genéticos y los de su padre; traía fragmentos de mi falta de autoconciencia, de mis miedos sin resolver y de mi culpa oculta, así como las turbulentas olas de caos e inseguridad que me habían moldeado durante los cruciales meses de la gestación. Es como si el vínculo entre una madre y su hijo existiera más allá del ámbito físico, entrelazando elementos espirituales y emocionales en el tejido de una nueva vida.

Empecé a ver destellos de mí misma en Nisa, no solo en sus ojos o en su sonrisa, sino también en sus respuestas emocionales y comportamientos cuando tenía unos dos años. Sus momentos de alegría reflejaban la felicidad fugaz que yo había sentido durante mi vida, mientras que sus dificultades solían reflejar las sombras del miedo, la soledad y la inutilidad que yo no había logrado superar. Fue una revelación que me resultó pesada y apremiante: el mundo interior que no había sabido cultivar había dejado una huella en el suyo. En el proceso de mi propia sanación e introspección, comencé a indagar más en la idea de la sanación mental, emocional y espiritual. Se me hizo evidente que cultivar la claridad mental y la estabilidad emocional era más que un simple acto de autocuidado; era un acto de amor y responsabilidad hacia aquellos a quienes había traído al mundo. Cada pensamiento que tenía, cada miedo que albergaba, había sido un mensaje silencioso para Nisa al que ella sobrevivió hasta sus últimos días en la Tierra. Era un lenguaje que ella absorbió antes de aprender a hablar. Aunque no podía reescribir el pasado ni deshacer nada de lo que habíamos vivido, comprendí la importancia que tenía moldear nuestro presente con una intención clara, compromiso y cariño.

A medida que reconocía que mis pensamientos tenían el poder de crear la realidad, comencé a practicar el arte de reservar un espacio para mis hijos. Esto significaba que me permitiría sentir, llorar por los errores del pasado y celebrar el mínimo paso que me conduciría a una mente más tranquila. Con el tiempo, mis emociones mejoraron y comencé a apreciar que la transformación, tanto para mí como para mis hijos, no era un destino, sino un proceso continuo, un viaje moldeado por la atención, la intención y el valor de decir sí a la luz, incluso en presencia de la sombra. Comprender esto me llevó a reconocer que, aunque no podía deshacer los hilos que ya estaban entretejidos en el espíritu de mi hija, podía empezar a tejer nuevos patrones de esperanza, sanación y claridad. Este viaje no fue sencillo ni en línea recta; al contrario, me exigió una mirada resuelta hacia mi propia alma y la voluntad de sacar a la luz historias que había enterrado hacía mucho tiempo y que Nisa estaba viviendo.

Al examinar los pensamientos que dictaban mis acciones, comencé a verlos como lo que realmente eran: productos del miedo y la supervivencia que no solo me definían, sino que también servían como modelo para mis relaciones y mi vida en general. De forma instintiva, sabía que mi limpieza mental no solo aliviaría mi corazón, sino que también crearía una atmósfera curativa para el vínculo que compartía con mis hijos. Cada día se convirtió en una oportunidad para reescribir mis guiones mentales, no solo para mí, sino también para el legado que crearían mis hijos. La práctica de aferrarme a los pensamientos que me servían y liberar aquellos que me provocaban confusión mental y daño emocional se convirtió en mi forma de recalibrar la dinámica invisible de mis relaciones con mis dos hijas. Y reveló una verdad muy simple pero profunda: la energía que llevamos dentro no solo da forma a nuestras vidas, sino que también impacta, afecta o contamina a aquellos que se mueven dentro de nuestro ecosistema emocional.

No puedes pensar ni vivir por otras personas. No solo es una mala higiene espiritual, sino que es un acto irrespetuoso que te provoca confusión mental y desorden emocional, y que oscureció mi propio camino hacia la verdad. Sin la autoconciencia, el primer paso en la higiene espiritual, no serás consciente ni estarás conectado con los pensamientos que tienes, los relatos que te repites o las creencias que obedeces en silencio.

La autoconciencia te enseña a preguntarte:

«¿Estoy viendo con claridad o a través del prisma del dolor?».

«¿Estoy intentando controlar, arreglar o rescatar?».

«¿Estoy proyectando mis creencias en el viaje espiritual de otra persona?».

«¿Estoy lo bastante presente como para aceptar lo que hay, en lugar de insistir en lo que debería haber?».

La higiene espiritual de la autoconciencia no consiste solo en tomar conciencia de los propios pensamientos, sino también en sentir las propias emociones con honestidad y ternura. Tuve que aprender a aceptar mi impotencia. A admitir mi rabia. A hacer las paces con mi propio dolor. Tuve que dejar de fingir que la oración y la planificación bastaban para invalidar el derecho de mi hija a escoger su propio camino porque yo no estaba de acuerdo con lo que había elegido. Es un trabajo espiritual difícil. Es la higiene de la humildad.

El trono del pensamiento

En nuestra realidad cotidiana, el concepto de «trono» es algo con lo que todos estamos familiarizados. Una definición aceptada por todo el mundo sería la siguiente:

> «Asiento de poder y autoridad que simboliza el lugar desde el que se toman las decisiones, se ejerce el gobierno y se establece el orden».

Sin embargo, en el contexto espiritual, el trono representa el asiento del dominio que hay dentro de la mente, el corazón o el alma, donde tanto la verdad divina como la tergiversación pueden reinar. El trono del pensamiento es la energía que ha sido creada dentro y a través de tu mente. La energía que impregna tu vida es la demostración y la manifestación de qué piensas y cómo lo haces.

Como una faceta de la higiene espiritual para la mente, el trono del pensamiento es el asiento sagrado de la conciencia que hay dentro de la mente y donde se coronan las creencias, se entronizan las percepciones y los relatos internos rigen nuestra realidad. Al igual que un asiento de la realeza, lo que ocupa este trono tiene la máxima autoridad sobre tu mundo interior, dando forma a cómo ves, sientes, actúas y, en última instancia, quién crees que eres. Cada pensamiento que tienes es más que un simple evento mental. Tus pensamientos son las semillas de la creación. Cuando un pensamiento se repite, se cree y se carga emocionalmente, se eleva a una posición de dominio. Se convierte en un principio rector que dicta lo que es posible, permisible y poderoso en tu vida.

Tu alma establece el trono de tus pensamientos como un espacio sagrado en tu interior. Está colmado por la presencia y el poder divinos. Su destino es que esté ocupado por la verdad, la sabiduría y la inteligencia divina.

En respuesta a los acontecimientos y las experiencias de la vida, tu trono puede estar ocupado por el miedo, la confusión, la distorsión o las falsedades que has heredado. Cuando esto ocurre, todo el reino interior cae en el desorden. La higiene espiritual de la mente comienza por identificar quién o qué ha ocupado el asiento de la autoridad dentro de tu mente.

¿Quién o qué te está guiando interiormente? ¿Es la culpa? ¿Un viejo relato sobre tu incapacidad? ¿Una programación social que has heredado? ¿O la percepción divina y el pensamiento liberado?

Reconocer quién o qué gobierna tu trono mental te permite reconocer que necesitas sanar y acabas desarrollando una profunda conciencia de ti mismo.

En la etapa 1 de la higiene espiritual, el alma comienza a despertar a su propia contaminación. A medida que esto se produce, ya sea voluntaria o involuntariamente debido a las experiencias, comienzas a identificar los desechos psíquicos, el desorden emocional y los desajustes mentales que has estado cargando de forma inconsciente. Las señales habituales de contaminación del trono del pensamiento pueden ser:

Te encuentras atrapado en un bucle de preocupaciones, dudas o críticas severas hacia ti mismo.

Tus decisiones se basan en la supervivencia, no en la alineación sagrada.

Tu voz interior es, principalmente, crítica, ansiosa o defensiva.

Recreas ciclos de miedo o de falta de valía de forma inconsciente.

Te cuesta acceder a la claridad, la quietud o la sabiduría espiritual.

Aunque la experiencia puede ser extremadamente perturbadora y agotadora, estas no son señales de tu fracaso personal. Son invitaciones sagradas a que purifiques tu mente y recuperes tu trono mental. Puedes empezar con la sencilla práctica de sentarte en silencio cada mañana y preguntarte: «¿Quién o qué se sienta hoy en el trono de mis pensamientos?». Tú eres el guardián de tu trono del pensamiento. Despertar es asumir la responsabilidad de lo que gobierna tu mundo interior. Sanar es purificar el asiento del poder que hay dentro de tu mente. Experimentar la libertad mental y personal es permitir que la mente divina que hay dentro de ti piense a través de ti, como tú, contigo. Reconocer de forma sistemática cuándo ocurre esto y cuándo estás bloqueado o congestionado mentalmente es la base de la autoconciencia.

No toda la conciencia es igual

Sanar la pérdida de Nisa no significaba que tuviera que pasar todo mi tiempo mirándola. También tenía que mirarme a mí misma para evaluar mi propio nivel de conciencia. Como su madre y facilitadora de la sanación, intuía que lo que descubriría sería tan profundo como sanador. Mi conciencia estaba cubierta por capas de dolor, la responsabilidad sagrada y el sufrimiento silencioso de quien lleva la carga de la claridad mientras es testigo del sufrimiento de los demás.

Era muy consciente de las decisiones de Nisa, de mis propias reacciones y de la dinámica espiritual que se desarrollaba entre nosotras. Podía identificar lo que estaba sucediendo, observar los patrones energéticos y distinguir el contrato del alma que había tras ese caos. Pude reconocer que no se trataba de una conciencia ordinaria. Era la llamada de mi soberanía personal y mi madurez espiritual. Al mismo tiempo, mi mente y mis emociones soportaban un peso inmenso:

El cansancio de haberlo intentado tantas veces.

La tristeza de saber que la conciencia no siempre produce un cambio de comportamiento.

El dolor de ver que la verdad entraba en oídos que no estaban preparados para escucharla.

Como madre, era consciente de mi propio dolor, pero no podía o no tenía el tiempo ni el espacio necesarios para lidiar con ello. Al mismo tiempo, ser consciente me reveló otra verdad: podía ver lo que estaba pasando, pero no podía detenerlo. Saberlo me provocaba una profunda tristeza. He estado en esa situación muchas veces y con muchas personas. Uno de mis mayores me dijo que ser consciente pero impotente ante la elección de otra persona es la carga que conlleva ser consciente de uno mismo. Después de haber hecho tanto trabajo interno, desentrañando mi propio dolor, llegué a comprender las lecciones que se escondían tras la resistencia de Nisa. Fue esa conciencia la que me llevó a momentos de un conflicto interior abrumador entre lo que sabía y lo que sentía. Finalmente tuve que reconocer que seguía siendo un ser humano y que, incluso, la conciencia espiritual y sagrada puede venir acompañada de dolor.

Con el tiempo, he llegado a comprender que el regalo de la conciencia no es el control, sino la presencia. La conciencia no es la autoridad que sirve para cambiar el camino, sino la elegante madurez que mantiene el espacio para la transformación. Mi trabajo no era forzar que la luz de Nisa se encendiera, sino cuidar la llama de la esperanza en mi propio corazón, en silencio, con fe. Fui llamada al trono del amor y del desapego. Esta conciencia fue humilde y liberadora a la vez. Me hizo más tolerante, aumentó mi compasión y me llevó a verme a mí misma y a los demás de una forma más amable. La verdadera autoconciencia es la capacidad de honrar el misterio que se encuentra en el mismo centro del desarrollo de cada alma.

La autoconciencia no es como un interruptor de la luz; es un despertar de múltiples niveles, filtrado a través de la experiencia de vida, la preparación emocional, las tareas del alma y las heridas personales.

La autoconciencia no es la manifestación de tu perspicacia espiritual. Es la capacidad de encontrar tu verdad interior y entonces decidir si vas a atenderla u ocultarla hasta que te sientas lo bastante seguro como para cuidarla. Cuando juzgamos la resistencia de otra persona, es una señal de que hemos olvidado nuestros propios miedos. Cuando honramos el camino de desarrollo de una persona, incluso cuando no estamos de acuerdo con él, nos convertimos en comadronas, no en maestros de la luz y el amor curativos. Caminar con mi hija a través de la oscuridad de las sombras que compartíamos me recordó:

- Siempre debes comprobar quién está sentado en tu trono interior.
- Debes estar dispuesto y preparado para destronar lo que ya no te sirve.
- Debes saber que, incluso cuando cometemos errores, somos dignos de levantarnos de nuevo como nuestros legítimos gobernantes.

Cuando, finalmente, dejé de pensar por Nisa, sentir por ella, planificar por ella e intentar rezar para que se convirtiera en mi idea de quién debería ser, volví a encontrarme a mí misma. Fue entonces cuando comenzó la verdadera sanación. Fue entonces cuando se disipó la niebla. Fue entonces cuando recuperé el trono de mi mente. Cuando acepté que su vida había terminado según sus propios términos. Fue entonces cuando también recordé que sabía cómo liberar y enterrar a un hijo. Ya lo había hecho una vez, y nada más que mis propios pensamientos podían impedirme hacerlo de nuevo. Esta vez, sin embargo, lo haría con dignidad. Esta vez, lo haría con autocompasión. Esta vez era totalmente consciente de que, aunque mi pequeña había abandonado su cuerpo, nada ni nadie podría sacarla de mi corazón, y su presencia en mi corazón no tenía por qué ser dolorosa.

Introspección

Cuando entres en el espacio sagrado de la introspección, hazlo con ternura, sin juzgar. Si esperas recibir toda la medicina de este viaje, debes comenzar a rastrear tus propias necesidades; no solo lo que piensas, sino lo que sabes que debes saber. Este es el comienzo de la autoconciencia: no arreglar, no forzar, sino simplemente observar. Deja que estas páginas sean un espejo y un santuario. Permite que te muestren lo que está listo para ser visto, honrado y atendido con cuidado dentro de ti. Puedes responder a estas preguntas en un diario o en tu dispositivo. Sea cual sea tu elección, te animo a que estés totalmente presente contigo mismo y con la pregunta, y a que honres todo lo que surja. También puedes saltarte las preguntas ahora y pasar al siguiente capítulo. Esto significaría que estás reservando tu sanación personal para el final del viaje. Esto está bien, sin embargo, te animo a que regreses a estas preguntas si el viaje se vuelve abrumador para ti.

1. **¿Qué parte de mí se siente más conectada con el dolor, la resistencia o el silencio de Nisa?**
   «¿En qué aspectos de mi vida escojo/he escogido la desesperación, el distanciamiento o la negación porque no sabía cómo podía recibir amor?».

2. **¿Qué parte de mí se parece más a la madre que amaba con intensidad, pero no podía alcanzar a quien amaba?**

   «¿Qué sigo intentando arreglar, demostrar o planear para otra persona porque no he dejado de controlarla?».

3. **¿En qué aspectos sigo relacionándome con una vieja versión de alguien, manteniéndolo cautivo de lo que era y no de lo que es ahora?**

   «¿Qué significaría que liberara a esa persona de mis expectativas?».

4. **¿He estado emocional o mentalmente ausente para alguien a quien quiero por culpa de lo que aún no me he dado a mí mismo?**

   «¿Qué verdad no he estado dispuesto a sentir?».

5. **¿Cuál es la herencia energética que puedo estar transmitiendo, de forma inconsciente, a mis seres queridos?**

   «¿Qué necesitaría aclarar en mi mente o en mi corazón para cambiar ese legado?».

6. **¿Qué ocupa el trono de mi mente actualmente?**

Reflexiona sobre los pensamientos, emociones o patrones dominantes que guían tus decisiones y tu diálogo interior en este momento.

   «¿Es miedo, culpa, control, arrepentimiento o amor, paz, confianza?».

   «¿Cómo influye esto en la forma en que me trato a mí mismo y a los demás?».

7. **¿En qué aspectos de mi vida estoy tratando de «pensar» por otra persona?**

Esta pregunta invita a reflexionar sobre el control y la proyección.

   «¿Estoy cargando con un desorden mental al intentar arreglar, salvar o gestionar el camino de otra persona?».

   «¿Cómo me sentiría si dejara de desempeñar ese papel?».

«¿Qué parte de lo que puedo proyectar en ellos es mía?».

8. **¿Qué dolor o huella emocional de mi pasado sigue resonando como verdad en mi mente?**

A partir de tus experiencias infantiles de violencia y silencio, esta pregunta te ayuda a tomar conciencia de los patrones de pensamiento que has heredado.

«¿Qué creencia formé durante un momento doloroso y ahora reconozco que es falsa o dañina?».

«¿Estoy listo para dejarlo atrás?».

«¿Cuál es un recuerdo que he utilizado para definirme y que necesito volver a examinar con compasión y claridad?».

9. **¿Qué recuerdo he utilizado para definirme que necesita ser revisado con compasión y claridad?**

Esto invita a revisar de forma compasiva un recuerdo o un relato que aún puede influir en tu identidad o en tus relaciones actuales.

«¿Estoy listo para ver ese momento a través del prisma del crecimiento y no de la vergüenza?».

«¿Qué me enseña sobre la persona en la que me he convertido?».

10. **¿Qué necesito presenciar, sentir o admitir para regresar a mí mismo?**

Esto profundiza en la indagación interior de la autoconciencia y te guía hacia la honestidad emocional y un estado de presencia.

«¿Qué parte de mi dolor he intentado evitar?».

«¿Puedo soportarlo el tiempo suficiente como para escuchar lo que tiene que enseñarme? Si no es así, ¿por qué no?».

ORACIÓN DE APERTURA

Amada presencia divina,
guardiana de la claridad, protectora de la verdad,
entro en este momento no para controlar, descartar o negar lo que siento.

Entro para honrar lo que llevo dentro.
Recupero mi energía, mi poder,
de cada lugar donde la he dejado o entregado
a través del miedo, del silencio, de la actuación, del dolor.
Me recupero con compasión.
Me recompongo con valentía.
Me recalibro a mí mismo como un acto sagrado de retorno.

Purifico mi campo de lo que no es mío.
Limpio mi cuerpo de los recuerdos que ya no necesito conservar.
Me desconecto de las voces que ya no me sirven.
Me invisto con la sabiduría para saber la diferencia
entre lo que me protege y lo que me aprisiona.

Que mi respiración se convierta en mi ancla.
Que mi cuerpo se convierta en mi aliado.
Que mis emociones se conviertan en mensajeras.

Que mis pensamientos se liberen de las reglas
del miedo y se llenen
del conocimiento de que soy divino.

Ahora asumo la responsabilidad energética,
no como un trabajo o una carga,
sino como una bendición.
Escojo cuidar mi campo interior como un terreno sagrado
donde la verdad puede vivir, donde la luz puede surgir
y donde puedo recordar:
soy el guardián de mi campo interior.
Soy el gestor de mi poder personal.
Estoy a salvo para ser consciente, estar alineado
y ser libre para escoger.

Amén. Aşę Aho.
Que así sea.

CAPÍTULO 2

Abrirse paso en la niebla tóxica

Hasta que no seas consciente de lo que haces, cómo lo haces, por qué lo haces y las consecuencias de hacerlo, seguirás esclavizado por los gobernantes ilegítimos de tu trono del pensamiento. Los tres gobernantes más importantes a los que tendrás que enfrentarte y destronar son el desorden mental, el desorden emocional y la contaminación espiritual. Estas fuerzas no sirven a tu identidad auténtica ni respetan la autoridad divina; la tergiversan. El desorden mental inunda la mente con ruido: pensamientos excesivos, preocupaciones, distracciones y patrones de pensamiento heredados que bloquean la claridad y la paz. El desorden emocional inunda el corazón con un dolor no procesado, dolor ocultado, sentimientos reprimidos y reacciones sin resolver. La contaminación espiritual es el velo invisible que se forma cuando te desconectas de tu verdad interior. La contaminación se acumula cuando la culpa, la vergüenza, la confusión o la desilusión impide tu conocimiento interno.

El desorden mental y emocional permanece invisible hasta que te sientes enfurecido, abrumado o estancado. Se manifiesta en los momentos en los que no puedes concentrarte, cuando tus pensamientos no dejan de dar vueltas o cuando te sientes atrapado en un bucle de miedo, críticas, preocupaciones o indecisión. El desorden mental es la acumulación de pensamientos sin procesar, preguntas sin resolver, relatos obsoletos y diálogos internos que están arraigados en el miedo, la duda o la autocrítica. Es el ruido que llena tu mente y tu corazón, contaminando el espacio mental que está destinado a la comunión y la instrucción divinas. El desorden mental puede manifestarse de las siguientes formas:

- Pensar demasiado y analizar en exceso.
- Imaginar los peores escenarios posibles.
- Repetir conversaciones pasadas.
- Aferrarse a lo que «debería» hacerse, a los remordimientos o a futuros imaginarios.
- Tener una contradicción interna entre lo que dices creer y lo que piensas.

Cuanto más desordenada está la mente, más difícil es recibir la sabiduría divina o las revelaciones espirituales. Las voces del pasado y los miedos se vuelven más fuertes que la voz de la verdad. El desorden mental te mantiene ocupado con pensamientos que no tienen el poder de impulsarte hacia delante.

Cuando la mente se vuelca en el corazón

Cómo contamina el caos mental al cuerpo emocional

La mente y el corazón están entrelazados espiritualmente. Una mente alterada acabará afectando al cuerpo emocional. Un campo emocional alterado puede distorsionar tus pensamientos. Cuando tu espacio mental está sucio, el corazón no puede liberar lo que pueda estar reteniendo. Cuando tus emociones se acumulan, la mente trabaja horas extra tratando de dar sentido al caos. Por eso la higiene espiritual de la mente no es solo mental, sino también emocional y energética. Cuando despejas tus pensamientos, tus sentimientos tienen permiso para hacerse más amables y que sean percibidos. Cuando purificas tu atmósfera mental, tu atmósfera emocional comienza a estabilizarse.

El desorden emocional se refiere a la acumulación de sentimientos no procesados, dolor reprimido, reactividad, vergüenza, miedo o apatía. Empiezas a sentir todo y nada al mismo tiempo. Puedes sentirte frágil emocionalmente o insensible a nivel emocional. El desorden emocional se forma cuando:

- Reprimes las emociones porque te hacen sentir inseguro o te resultan incómodas.
- Heredas y arrastras el dolor emocional de otros: familiares, parejas, antepasados.
- Evitas la verdad emocional para mantener la paz o evitar conflictos.
- Te aferras a la culpa, al resentimiento o al dolor sin expresar.

Cuando la mente está llena de preocupaciones, las emociones no pueden estabilizarse. Cuando las emociones están obstruidas por un dolor no procesado, la mente se vuelve hipervigilante, tratando de crear un orden. La mente y el corazón están unidos. Ambos se ven afectados por la naturaleza, la calidad y la regularidad de tu higiene espiritual, así como por la ausencia de ella.

La mente lleva consigo polvo del pasado

El desorden emocional aumenta cada vez que te muerdes la lengua, evitas las lágrimas o te dices a ti mismo «Supéralo», cuando tu alma te pide profundizar en ello. Pero no siempre es dramático. El desorden emocional también puede ser silencioso y habitual:

- Sonreír cuando estás sufriendo.
- Reprimir lo que sientes porque estás inseguro o cuando un sentimiento es inconveniente.
- Evitar la confrontación, incluso cuando se necesita decir la verdad.
- Cargar con la decepción.
- Sentir resentimiento, pero no expresarlo.
- Ofrecerse de forma voluntaria (ya sea consciente o inconscientemente) para cargar con el dolor emocional de los demás (familia, pareja, antepasados, etc.) porque crees que es tu responsabilidad hacerlo.

Cuando estas emociones se acumulan sin una liberación consciente y sagrada, comienzan a alterar tu panorama emocional. Empiezas a perder el acceso a la alegría, la compasión, la ternura y la apertura. Te sientes pesado sin motivo alguno. Te sientes cauteloso, pero no sabes por qué. Te sorprendes reaccionando de forma exagerada o insuficiente ante la vida. Esto es desorden emocional y, al igual que el polvo en una habitación, nublará la luz de la verdad que hay en tu interior.

La herida original y el nacimiento del desorden emocional

Cómo una separación temprana se convierte en una creencia de falta de valor

El desorden emocional es la manifestación activa de una herida que no ha sido atendida. Desde una perspectiva tanto psicológica como espiritual, la herida original se refiere a una ruptura o perturbación grave en el sentido de la seguridad, la pertenencia o la conexión divina de una persona. Es una huella profunda en el alma de la separación que, en última instancia, da forma a nuestra identidad, creencias y comportamientos hasta que pueda sanarse. Para algunos, la herida se produce al nacer. Ser expulsado del útero y separado del cordón umbilical, la única fuente conocida de alimento, destruye la sensación de seguridad y apoyo. Para otros, la herida suele ser la primera experiencia de abandono, rechazo o violación de la confianza que destruye la sensación de integridad, valor y pertenencia del niño. La experiencia podría ser:

- La ausencia de un progenitor (ya sea a nivel físico o emocional).
- Un momento de vergüenza o castigo por expresarse con autenticidad.
- No ser visto, escuchado o querido por quien se es realmente, sin tener que actuar para que los demás se sientan cómodos o felices.

Aunque las situaciones puede variar, lo más importante es lo que el niño comienza a creer a partir de esa experiencia, la cual dará lugar a una creencia fundamental distorsionada, como:

«No soy suficiente». «No merezco que me quieran». «Debo ser diferente para estar a salvo». «Es culpa mía».

El desorden emocional no solo afecta a cómo te sientes y lo que haces, sino que también distorsiona tus percepciones y tu forma de ver el mundo. Nubla la visión que tienes de ti mismo, de los demás y de la divinidad. El reverendo Steven Furtnick, pastor de la Iglesia Elevation, dijo a su congregación: «La presencia de Dios no es adónde vas para evitar tus sentimientos. Es adónde vas para procesarlos porque se te permite sentir». Por esta razón, la higiene de la mente y el corazón se considera de naturaleza «espiritual». Cuando las viejas emociones permanecen sin procesar, se convierten en filtros espirituales. Empiezas a ver el amor a través del prisma de la traición, la guía a través del prisma de la decepción, y la posibilidad a través del prisma del miedo. En su manifestación más peligrosa y dañina, el desorden emocional no se manifiesta abiertamente en tu interior. Se esconde tras el velo del ajetreo, la culpa o el agotamiento. Cuando esto ocurre, hay señales claras a las que debes prestar atención:

- Te sientes cansado, incluso cuando has descansado físicamente.
- Evitas el silencio porque te resulta incómodo.
- Te cuesta acceder a la alegría, la dulzura o la paz.
- Te irritas fácilmente o te sientes triste sin motivo alguno.
- Te cuesta confiar en los demás o recibir amor.
- Te enfadas o te cierras en situaciones cargadas de emoción.
- Te sientes entumecido, como si estuvieras observando tu vida en lugar de vivirla.

Este nivel de desorden emocional se forma y opera en bucle.

1. Surge un sentimiento. Te sientes decepcionado, asustado o herido.
2. Lo evitas o lo reprimes. «No es el momento para eso», «No puedo lidiar con esto ahora mismo», «Déjalo pasar y sigue adelante».
3. El sentimiento se hunde bajo la conciencia. No abandona tu energía. En cambio, se queda enterrado vivo y almacenado en tu cuerpo emocional.
4. Más adelante surge el mismo sentimiento u otro similar en una experiencia con la que puede que no tenga ninguna relación. Cuando esto ocurre, es más intenso o está más distorsionado.

5. Te juzgas a ti mismo por sentirlo. Así comienza el ciclo de la vergüenza, que tergiversa el siguiente sentimiento desagradable.

Este ciclo se convierte en una carga emocional silenciosa y continua que afecta a la mente. Con el tiempo, puede manifestarse en forma de ansiedad, depresión, inestabilidad emocional o desconexión permanente de tu propio corazón.

El desorden emocional tiene un alto coste espiritual

Que exista un desorden emocional no significa que estés destrozado. Significa que hay algo dentro de ti que exige ser sentido, escuchado y liberado. Las emociones no procesadas bloquean tu capacidad para escuchar claramente la guía divina. Entorpecen tu intuición y te mantienen apegado a los recuerdos, las heridas y los traumas del pasado. En ausencia de higiene espiritual mental y emocional, confundes tus reacciones emocionales con revelaciones divinas. Confundes el miedo con el discernimiento. Espiritualizas tu autoprotección llamándola «sabiduría». La verdad es que no puedes encarnar la claridad divina si tu campo emocional es caótico. No puedes ser un santuario de luz mientras vives en la oscuridad de la congestión emocional.

El desorden emocional es el combustible que alimenta la deshonestidad emocional y las formas como nos mentimos a nosotros mismos y sobre nosotros mismos. La razón de que la deshonestidad emocional esté tan extendida en el interior de tantas personas actualmente es que pocos de nosotros podemos distinguir entre una emoción y un sentimiento. Ambos son similares, pero en el ámbito de la higiene espiritual para la mente y el corazón son distintos.

La distinción entre sentimientos y emociones

El mensaje del momento frente al eco del recuerdo

Como estudiante de *Un curso de milagros*, creo firmemente en sus enseñanzas de que «... solo hay dos emociones: el amor y el miedo». Al mismo tiempo, soy consciente de que la persona media abraza una realidad que es concreta y fija. Esta realidad se basa en lo que ya se conoce, lo que prepara el escenario para lo que se espera y se anticipa. En esta realidad tridimensional, lo que sabes es lo que es, y punto. Es esta interpretación de la realidad la que difumina la distinción entre sentimientos y emociones. Desde la perspectiva de la higiene espiritual, dando crédito y deferencia a la psicología tradicional, las emociones dicen la verdad del momento. Los sentimientos llevan consigo el recuerdo de heridas pasadas. Cada herida tiene una historia que espera ser contada y presenciada.

Una **emoción** es una señal pura, instintiva y momentánea que ha sido generada por el sistema nervioso. Es un susurro o un empujón sutil, breve y profundamente honesto del alma. Las emociones surgen como respuesta directa a lo que hay delante de ti y que ocurre en el momento presente, sin las capas de interpretación o memoria. Son reacciones químicas desencadenadas por tu percepción de lo que está sucediendo. Por ejemplo, puedes sentir una repentina opresión en el pecho cuando alguien habla de forma desagradable o una oleada de cariño cuando oyes reír a un niño. Una emoción solo dura unos segundos o minutos, a menos que se resista o se reprima. Las emociones señalan, alertan, protegen y conectan. Son el primer lenguaje del cuerpo y no están cargadas de significado ni envueltas en defensas. Son simplemente la verdad en movimiento, en el momento, dentro de tu ser.

Las emociones son la forma que tiene el cuerpo de decir: «Esto es lo que está pasando en mí ahora mismo». Cuando se reconoce, una emoción surge y se disipa como una nube que pasa por el cielo. Esta es una enseñanza fundamental de la atención plena, una práctica de la fe budista, en la que observar las emociones en lugar de involucrarse en ellas es un camino hacia la paz. Cuando estamos espiritualmente limpios, podemos reconocer y dar nombre a una emoción, permitiéndole pasar por nuestra mente. Sin embargo, cuando desarrollamos la práctica o el hábito de suprimir o ignorar nuestras emociones, especialmente las más tiernas, como el dolor, la alegría, el deseo o la vulnerabilidad, estas se endurecen y se vuelven más pesadas. Se parecen menos a las nubes y más a las tormentas. Cuando esto ocurre, significa que un sentimiento ha comenzado a echar raíces.

Un **sentimiento** lleva consigo el eco de historias que no han sido contadas y tiene una respuesta energética más profunda, moldeada por la historia, la memoria, las creencias y el significado. Los sentimientos suelen surgir cuando una emoción no se siente o se comprende del todo: son las etiquetas que ponemos a las emociones y suelen ir acompañadas de una historia. A diferencia del surgimiento y la desaparición momentáneos de una emoción, los sentimientos perduran. Llevan consigo el eco de las heridas que aún no hemos sanado y las verdades que no hemos querido contar. Mientras que una emoción podría decir «Estoy herido», un sentimiento gritaría «Siempre me abandonan, nadie se preocupa realmente por mí».

Debido a que están tan conectados con nuestras experiencias e historias, los sentimientos son sagrados, pero no siempre puede confiarse en ellos. Son veraces en el sentido de que reflejan algo real en nuestra experiencia, pero también están contaminados por el pasado. Pueden protegerte, proyectarte y engañarte para que creas lo que escoges creer en lugar de lo que es verdadero o posible. Puede que en ese momento sientas que tu ira está justificada; sin embargo, la historia, el recuerdo y la emoción que subyacen en la ira actual podrían ser un resentimiento, una vergüenza o un dolor que nunca te has permitido expresar. Puede que te sientas incómodo con alguien y que la «emoción» que surja sea el miedo, pero también puede que esa emoción no tenga nada que ver con esa persona en ese momento. Puede que sea el eco de una vieja historia que se está desencadenando ahora, invitándote a revisitar una vieja herida que se ha reavivado. Si lo que se desencadena es una traición, un rechazo o una violación de la seguridad en el pasado, esa emoción se convertirá en un sentimiento.

Cuando somos jóvenes, no solo somos testigos de las experiencias, sino que las absorbemos. Cuando vivimos en entornos marcados por la violencia, el silencio, el caos o la traición, nuestras mentes jóvenes y susceptibles crean significados a partir de lo que se requiere para sobrevivir en esos entornos. Creamos significado a partir de la forma en que nos tratan y de cómo observamos las interacciones entre quienes ostentan el poder. Esos significados («Es culpa mía», «No hay nada que pueda hacer», «El amor es peligroso», «La ayuda no llegará») se convierten en las formas de pensamiento que ocupan el trono en el santuario de la mente.

También se convierten en las emociones que se filtran en el santuario del corazón. De esta manera, el pasado se convierte en una especie de acuerdo sagrado que no somos conscientes de haber hecho. A medida que comenzamos a practicar la higiene espiritual, tomando conciencia de nuestros patrones mentales y emocionales, podemos exponerlos a la luz de la verdad y preguntarnos: «¿Es esta la voz de mi alma o un eco de la supervivencia?».

Niebla tóxica espiritual: el templo nublado

Cuando se pierde la claridad y la luz interior se atenúa

En el mundo físico, la niebla tóxica se define como un tipo de contaminación atmosférica que reduce la visibilidad. Es niebla mezclada con humo y partículas en suspensión de productos químicos. En el ámbito espiritual, la niebla tóxica es una neblina invisible que se forma cuando la mente, el corazón y el espíritu se congestionan con pensamientos de problemas sin resolver, emociones estancadas, creencias falsas, enredos energéticos y comportamientos que no están alineados. Al igual que la contaminación en la atmósfera, la niebla tóxica espiritual nubla tu sentido de claridad interior, embota tu conocimiento intuitivo y distorsiona tu percepción de quién «eres», qué «es» y de qué eres responsable en un momento dado. Estoy seguro de que, al igual que yo, has oído a gente decir cosas como «Ya no puedo más con eso». En esos casos, «eso» es todo lo que hay en la vida o lo que la rodea. O «No sé qué me pasa».

Aunque no sean capaces de identificarlo con precisión, saben que algo no va bien. Son señales claras de que su desorden mental está fuera de control, su desorden emocional se ha vuelto demasiado pesado de llevar y hay una niebla tóxica espiritual que se cierne sobre su experiencia interna y externa.

La niebla tóxica espiritual se forma cuando:

- Estás sobrecargado mentalmente de información, pero desnutrido a nivel espiritual.
- Estás agobiado emocionalmente, pero desconectado a nivel espiritual.

- Mantienes rutinas externas, pero descuidas la alineación interna.
- Hablas un lenguaje espiritual, pero reprimes la verdad emocional.
- Vives por reacción en lugar de hacerlo por auténtica expresión personal.

Al igual que el desorden mental y emocional, la niebla tóxica espiritual se infiltra en tu mente y tu corazón con el paso del tiempo. Para cuando te das cuenta de que algo no va bien, la niebla tóxica se manifiesta de la siguiente manera:

- Falta de alegría o inspiración.
- Agotamiento por tomar decisiones o indecisión en la toma de decisiones.
- Duda o confusión persistentes.
- Sensación de estar desconectado de tu guía interior.
- Y lo peor de todo: aislamiento de las personas y actividades que antes adorabas.

La niebla tóxica espiritual es lo que se apodera de ti cuando tu templo interior está abarrotado, pero tu vida exterior sigue adelante. La quietud es sustituida por el deseo de complacer a los demás o por el cumplimiento de obligaciones. Además de una abrumadora pero comprensible cantidad de desorden mental, era bastante evidente que la vida de Nisa se había visto infiltrada por la niebla tóxica espiritual. Como dice el doctor en Filosofía Michael J. Lincoln en su libro *Messages from the Body: Their Psychological Meaning* («Mensajes del cuerpo: su significado psicológico»), la diabetes suele estar relacionada con temas como la decepción, la pérdida de control y la necesidad de una mayor conciencia y aceptación de uno mismo. Sus interpretaciones vinculan la manifestación física de la diabetes con la incapacidad de procesar la «dulzura» o la alegría de la vida. Relacionándolo con la familia, el Dr. Lincoln sugiere que la enfermedad se deriva de la experiencia de no recibir la «dulzura» que uno merece. También puede verse como una llamada a abordar desequilibrios emocionales o espirituales más profundos y a encontrar fuerza y significado en la fe y la espiritualidad durante el tratamiento de la enfermedad.

El peso invisible del polvo y el desorden

Cómo la congestión emocional se convierte en deshonestidad emocional

Hay un espacio entre lo que sabemos y lo que decimos, entre lo que sentimos y lo que expresamos. Este espacio, que suele ser silencioso y estar repleto de verdades implícitas, es donde reside la deshonestidad emocional. El corazón, cuando está obstruido por la deshonestidad emocional, se convierte en un lugar pesado y reactivo. Cuando se limpia a través de la autoconciencia y la honestidad con uno mismo, se convierte en un cáliz, una copa sagrada de compasión, claridad y amor.

La verdad debe integrarse en el cuerpo emocional, en aquellos lugares con heridas donde se encuentran los sentimientos que hemos silenciado, tergiversado u ocultado. Debe llegar hasta los recovecos y grietas del corazón que se han tragado el dolor, donde se ha reprimido la alegría y donde se han silenciado las necesidades hasta que han resonado en forma de sufrimiento.

Cuando el corazón recuerda: la comprensión de una madre

Los lugares donde nuestros hijos reflejan lo que nos hemos ocultado

No se puede alcanzar la verdadera higiene espiritual diciendo, simplemente, la verdad a un nivel mental. La mente puede reconocerlo, pero es el corazón el que recuerda. Cuando el corazón ha sido entrenado para mentir con el fin de mantenerse a salvo, hay que reintroducir la verdad, con delicadeza, compasión y constancia. Yo no sabía cómo hacerlo con Nisa. En lugar de seguridad, intenté darle estructura. En lugar de una delicada honestidad, le ofrecí una reprimenda. Le impuse reglas que creía útiles. Descubrí que ella las sentía como una exigencia de perfección. Yo quería que madurara. Quería que tuviera éxito. Finalmente me di cuenta de que yo quería que estuviera tan bien que me hiciera sentir que yo había hecho todo lo correcto; «las cosas perfectas que hace una madre».

Ahora soy consciente de que, al principio, yo quería que ella me hiciera quedar bien como persona. Más tarde, quería que ella se sintiera bien consigo misma. Ambas necesidades inconscientes estaban mezcladas con el amor. También estaban teñidas de expectativas. Ella lo percibía. Una vez me dijo: «Nunca estaré a tu altura». Le dije que no tenía expectativas sobre ella ni para ella, solo quería que fuera feliz. Ahora soy consciente de que mis palabras eran deshonestas. Yo sí tenía expectativas. Sutiles. Energéticas. Pero no las expresaba. Quería que saliera de lo que yo consideraba una depresión, porque aún no había perdonado a esa parte de mí misma que se había hundido. Quería que ella brillara porque yo aún no había reconocido, aceptado ni bendecido los lugares de mi interior que permanecían en la sombra. A medida que mi luz brillaba con más fuerza, la de Nisa comenzaba a apagarse. No porque le faltara brillo, sino porque ella no se sentía segura en mi reflejo.

Nisa era mi espejo. Ella era la única de mis tres hijos que reflejaba las partes de mí misma que había renegado: el peso emocional, el anhelo de pertenecer, de ser aceptada, el sufrimiento silencioso, la vergüenza, la supervivencia. El deseo de ser reconocida competía apasionadamente con el miedo a no ser suficiente. Cuando me di cuenta de lo que estaba pasando dentro de mí y entre nosotras, se me partió el corazón. También se me abrió el corazón de par en par. Me di cuenta de que Nisa no se sentía rechazada por nada de lo que yo dijera o hiciera. Lo sentía porque yo seguía rechazando las partes de mí misma que ella encarnaba. Los niños sienten la energía. Puede que no siempre tengan las palabras adecuadas para explicarla o describirla, pero saben cuándo el amor está entrelazado con la ira, el miedo, la negación o la evasión. Siempre digo que los niños sacan a la luz los problemas inconscientes de sus padres porque viven en sus cuerpos. La mayoría de los padres se resisten a aceptar esta idea, pero la verdad es que nuestros hijos nos conocen de dentro afuera. Nisa sabía que yo la quería, y también sentía el miedo que yo tenía a su dolor, porque reflejaba el mío propio.

Mi conciencia de todo lo que estaba sucediendo bajo la superficie, todo lo que estaba afectando e impactando mi relación con mi pequeña, me empujó más profundamente hacia mi propia higiene espiritual. Trabajé en mi propia necesidad de perdonarme por quién había sido cuando ella estaba creciendo. Tenía que afirmarla. Comprendí por qué tenía que afirmarla tal y como era, no por lo que podía llegar a ser. Tenía que reconocer y bendecir su yo maltrecho pero brillante, no a pesar de su fragilidad, sino precisamente por ella. Tenía que aceptar que, al igual que yo, mi hija, que había vivido en mi cuerpo, también estaba aprendiendo a sobrevivir a un linaje de dolor sin sanar.

Escribir un diario se había convertido en una faceta importante dentro de mi práctica espiritual. Gracias a ello me di cuenta de que mi relación con el padre de Nisa no era segura ni saludable ni para mí ni para mis tres hijos. No sería justo decir que discutíamos. Él medía 1,88 metros y yo 1,68. Él pesaba unos buenos 109 kilos. Yo pesaba 61 kilos. No discutíamos porque, en cuanto intentaba responder a sus acusaciones de infidelidad o falta de respeto a su hombría, me agarraba por el cuello y me susurraba al oído lo zorra que era y lo fácil que le resultaría matarme. Yo me defendía en silencio, golpeándole y arañándole sin hacer ruido, con la esperanza de que los niños no nos descubrieran. En las raras ocasiones en que no me estrangulaba, me agarraba por el cuello, me arrastraba al dormitorio y me amenazaba con matarme si abría la boca. No discutíamos, pero sí peleábamos. Quizás sería más exacto decir que me pegaba. Me tiraba al suelo, me amenazaba con darme patadas o me decía que si me movía, me estrangularía hasta matarme. Sabía que debía permanecer en posición fetal para protegerme la cara y las costillas. A veces funcionaba. A veces no. Con el tiempo, aprendí a reducir la hinchazón de los labios y a ocultar los ojos morados. Cuando los niños me preguntaban qué me había pasado en la cara, les decía: «Nada. Estoy bien».

Mi mente estaba llena de huellas y patrones que hacían que la violencia fuera algo aceptable en mi hogar. Nunca había visto a una mujer dejar a un hombre por su comportamiento violento. Tenía un profundo deseo de irme, pero mis prácticas de higiene espiritual y mental no eran tan fuertes que reforzaran mi deseo. ¿A dónde iría? Mi padre me había dejado claro que yo me lo había buscado, así que tendría que apechugar con las consecuencias. Mi hermano me dijo que no era asunto suyo. Mi madrastra me animó a irme. Sin embargo, también expresaba con claridad su temor de que él me matara, tanto si lo dejaba como si no. Mi mala higiene mental y la falta de apoyo físico me pasaron factura. Sin un plan, con pocos recursos y una dosis limitada de valor, tardé tres años en marcharme. La verdad es que él me abandonó después de que yo lo apuñalara.

En el proceso de sanar mi dolor, descubrí que Nisa no vino a este mundo para enseñarme a ser una madre perfecta. Su misión en la vida era ayudarme a recordar cómo podía ser una madre sincera. Ella me enseñó a aceptar y finalmente admitir lo siguiente: «te hice daño porque aún no me había sanado a mí misma». Esa verdad no fue el final de nuestra sanación. Fue el comienzo. La gracia de Dios, su libertad, mi regreso. La verdad de que había herido a mi hija no me destruyó. Me liberó. Levantó el velo de la deshonestidad emocional que, sin saberlo, había colocado entre mi corazón y el suyo. Cuando se levantó el velo, comprendí algo muy profundo: la deshonestidad emocional no siempre se manifiesta en forma de mentiras. A veces se manifiesta en forma de silencio, fingimiento, evasión o de dar demasiadas explicaciones. Se manifestó en mí misma y Nisa lo calcó diciendo «Estoy bien» cuando nuestras almas estaban sufriendo. Incluso puede manifestarse en nuestros intentos de amar a alguien que nos refleja las partes de nosotros mismos que aún no hemos aprendido a amar. Nisa era ese espejo para mí. Ahora entiendo que lo que antes interpretaba como manipulación o resistencia era, en realidad, su forma de sobrevivir a una realidad en la que nunca se sentía completamente segura para ser ella misma. Su comportamiento no era una traición. Era un código. Era ella preguntando a su manera: «¿Puedes verme, aunque no pueda contarte toda la verdad?».

El puente hacia el aprendizaje

La deshonestidad emocional como estrategia de supervivencia es la niebla tóxica espiritual del corazón, una pesadez sutil y omnipresente que se forma cuando se ha retenido la verdad durante demasiado tiempo. La niebla tóxica se intensifica cuando lo que debió decirse ha quedado oculto bajo capas de actuación, vergüenza o miedo. La higiene espiritual te invita a volver a tu centro. No se trata de que te limpies hasta alcanzar la perfección. Se trata de eliminar la niebla tóxica para que la verdad de tu corazón pueda volver a respirar.

Purificar esta capa no significa que haya que forzar la revelación de cada pensamiento o sentimiento secreto. Se trata de invitar y solicitar una liberación segura y sagrada. Se trata de ofrecer al corazón la suficiente seguridad para que no tenga que disfrazarse. Para recorrer este camino de limpieza, debemos tender un puente entre los dos mundos internos: el de la mente que justifica y racionaliza, y el del corazón que anhela ser libre. Debemos construir cuidadosamente un puente entre las historias que hemos contado a los demás y los sentimientos que nunca nos hemos permitido reconocer. Entre la verdad que nos sanaría y los miedos que nos han mantenido en silencio se encuentra el puente en el que viví con mi hija Nisa.

Los sentimientos sin expresar se convierten en residuos espirituales

Nisa no creció con las herramientas que le permitieran expresar lo que sentía o confiar en que podía satisfacer sus necesidades sin tener que actuar, dramatizar o manipular. Como muchos de nosotros, heredó el silencio emocional como su forma de comunicación. Aprendió que los sentimientos eran peligrosos, incómodos o demasiado pesados como para llevarlos consigo o compartirlos. Y, tal y como yo le había enseñado, enterró sus sentimientos. Y, como todo lo que se entierra vivo, no desaparecieron, sino que se pudrieron.

Nisa tuvo sobrepeso durante la mayor parte de su vida. Su cuerpo se convirtió en un contenedor de lo que no podía expresar: el dolor, las necesidades insatisfechas, los sentimientos de rechazo, la soledad y una profunda inseguridad. Después de que le diagnosticaran diabetes, perdió una cantidad considerable de peso. Sin embargo, el peso emocional permaneció allí. Se veía diferente, pero se sentía igual. Esta es la crueldad de la deshonestidad emocional: te desconecta no solo de los demás, sino también de ti mismo. Nisa era un alma sensible con un corazón herido. Reía a carcajadas y amaba con intensidad, pero casi nunca hablaba con honestidad sobre su propio dolor. Tengo claro que Nisa no mentía con malicia. Mentía a nivel emocional. Distorsionaba la verdad porque le parecía más seguro que revelar su verdad. No creía que mereciera ayuda. Dejaba que las situaciones empeoraran, tal vez para demostrar que ella era importante, aunque solo fuera gracias a una emergencia. Era desgarrador. Era agotador. Era familiar.

La verdad que ocultamos y el precio de cargar con ella

Vamos a respirar hondo y recapitular.

La deshonestidad emocional es la negativa, la resistencia o la incapacidad de ser sincero emocionalmente. Suele surgir del miedo, la vergüenza o la inmadurez emocional. Se manifiesta en forma de ocultación, desviación, exageración o represión de lo que sentimos de verdad, normalmente, porque no creemos que nuestros sentimientos sean válidos, seguros o dignos de atención. Puede manifestarse de la siguiente manera:

- Decir «Estoy bien» mientras nos hacemos pedazos en silencio.
- Ocultar necesidades por miedo al rechazo.
- Utilizar una crisis para llamar la atención en lugar de comunicarse con claridad.
- Echar la culpa a otras personas en lugar de expresar el dolor.
- Fingir que no te importa cuando tu corazón está destrozado.

Puede que sobrevivas siendo deshonesto emocionalmente, sin embargo, no puedes ser libre a nivel espiritual en tal estado. La higiene espiritual requiere claridad emocional. La claridad requiere honestidad. La honestidad requiere valentía. La clave aquí es que la mayor parte de la deshonestidad emocional es un comportamiento aprendido. Incluso si la razón para practicarla es inventada o innecesaria, es una forma de protección que suele ser heredada o haber sido modelada.

En mi vida, y en la historia de Nisa, la falta de sinceridad emocional era una estrategia de supervivencia. Sus historias y sus formas indirectas de pedir ayuda eran adaptaciones a profundos sentimientos de inutilidad. Bajo su evasión y manipulación se escondía un deseo sincero: ser amada sin tener que ponerse primero en peligro. Lo que aprendí sobre mí misma, y lo que sospecho que también era cierto en el caso de Nisa, es que los tres pilares de nuestra identidad emocional se hicieron añicos en una etapa temprana de nuestras vidas. Los pilares de la autoestima, el amor propio y la valía personal que constituyen la base de cómo nos percibimos, nos relacionamos y nos cuidamos a nosotros mismos, sobre todo a nivel emocional, se desbarataron cuando estábamos en el útero.

La «autoestima» es cómo te sientes contigo mismo, y está basada en la percepción que tienes de tu persona y en los comentarios de los demás que has interiorizado. Es cómo te ves, te consideras y te valoras a ti mismo cuando nadie más te está mirando. Yo me convencí de que era fea. Mi hermano reforzó esta conclusión burlándose sin piedad de cada parte de mi cuerpo: mi pelo corto, mis piernas delgadas, mis labios gruesos y, como él decía, una barriga que era más grande que mis pechos. Ya era una adulta cuando decidí deshacerme de esas etiquetas y convertirme en una mujer despampanante, simplemente porque sí. Hoy en día sigo llevando esa etiqueta.

El «amor propio» se refiere a las acciones y decisiones que reflejan cómo te tratas a ti mismo. Aquí es donde se plasman la autoestima y la valía personal. Desde muy temprana edad, llegué a creer que la única forma de gustar o ser querida por los demás era darles lo que querían o lo que yo creía que necesitaban. No solo tenía que demostrar mi valor, sino que también tenía que «pagar» para reconocerlo. No podía tener lo que quería porque no me lo merecía. Tenía que aceptar todo lo que me daban porque tenía que estar agradecida por cualquier cosa y por todo. Probablemente, la faceta más perjudicial de mi falta de amor propio era que tenía que seguir siendo leal a personas que me trataban mal, ya fuera física o emocionalmente. Cuando tienes poco amor propio, no pones límites, saboteas tu bienestar o buscas la validación externa sacrificándote por los demás.

La «valía personal» es la verdad inherente e innegociable de que eres valioso simplemente por el hecho de existir. Es la forma en que te valoras y consideras a ti mismo, en tu interior, lo que determina lo que esperas del mundo. No es algo que se gana. Es algo que se recuerda. Mi madre era una alcohólica. Suelo bromear diciendo que la razón por la que no bebo alcohol y nunca lo he hecho es porque ya estaba borracha en el útero. Solo por la gracia divina no nací con el síndrome alcohólico fetal, pero tuve muchas otras cosas que desentrañar a lo largo de mi vida que afectaron a mi valía personal. Cuando la valía personal es baja, sientes el amor como algo condicional. Crees que debes rendir, sufrir, demostrar o sacrificarte para recibir amor.

Higiene espiritual para el corazón

Al igual que la mente, el corazón es un recipiente sagrado. Es donde se cruzan la compasión divina, la intuición, el deseo y la vulnerabilidad, y como cualquier recipiente debe mantenerse limpio. Cuando las emociones se ocultan, se tergiversan o se reprimen, acaban estancándose. Se enquistan. Con el tiempo, la niebla tóxica de la energía estancada provoca que las raíces de la conexión se pudran por dentro. Es entonces cuando la higiene espiritual del corazón se vuelve algo fundamental. Las diversas prácticas higiénicas crean una liberación energética dentro del corazón que puede restablecer la claridad emocional. No se trata de una terapia (aunque la recomiendo encarecidamente para aquellas personas que tienen heridas muy complicadas), sino de todo un proceso de autocuidado.

Limpiar el corazón significa eliminar los residuos de la deshonestidad emocional que han surgido a partir de:

- Una necesidad sin expresar.
- El dolor reprimido.
- El miedo disfrazado de indiferencia.
- El anhelo ocultado bajo la actuación.
- La culpa encubierta por la crítica.

La higiene espiritual del corazón requiere integridad emocional, que es una elección consciente para crear una alineación entre lo que sientes, lo que sabes y lo que expresas.

Me llevó varios años, pero acabé descubriendo cómo le había roto el corazón a Nisa. Ella interpretaba todo lo que yo le decía como algo «personal». Nunca era por ella. Era respecto a ella e iba en su contra. No importaba cómo lo dijera yo, pues siempre consideraba que mis palabras eran «agresivas». No importaba lo que yo hiciera o cómo lo hiciera; de alguna manera, ella llegaba a la conclusión de que yo esperaba demasiado de ella o quería que desapareciera. Ella se tomaba mis reprimendas como críticas furibundas; mis ánimos, como una exigencia para que se esforzara más o fuera una persona distinta.

Prácticas para la honestidad e integridad emocional

He leído innumerables libros, recibido muchas clases y asistido a más talleres de los que podría contar; todo ello en un esfuerzo por limpiar la niebla tóxica espiritual de la deshonestidad emocional. Ninguno de ellos, por sí solo, ofrecía la solución. Lo que realmente me ayudó fueron las prácticas que decidí adoptar de forma regular; aquellas que permitieron que las partes de mí misma que se reflejaban a través de Nisa se convirtieran en aliadas en lugar de adversarias. Al compartir estas prácticas contigo, te invito a avanzar poco a poco y a darte permiso para estar totalmente presente en el proceso.

Revisiones diarias del corazón (15-20 minutos)

- Cierra los ojos. Coloca una mano sobre el corazón.
- Respira profundamente durante tres a cinco minutos.
- Pregúntate: «¿Qué sientes, querido?».
- Solo escucha. No juzgues lo que oigas. Mantente presente con lo que surja.
- Si lo consideras apropiado, puedes escribir lo que escuchas.
- Si lo que escribes no es amable o cariñoso contigo mismo ni con nadie más, puedes romperlo, tirarlo por el inodoro o quemarlo.

Escritura desde el corazón (20-60 minutos)

- Pon música instrumental suave de fondo.
- Cierra los ojos. Coloca una mano sobre el corazón.
- Respira hondo durante tres a cinco minutos.
- Reza en voz baja, pidiendo a tu corazón y a tu yo emocional que te hablen.
- Escríbete una carta a ti mismo desde el corazón.
- Deja que tu corazón hable a tu mente y deja fluir por tu mano lo que oigas. No pasa nada si es desordenado, crudo, real.
- Si no surge nada, reza de nuevo.
- Deja que tu corazón sepa que tiene permiso para decir lo que la mente ha silenciado.
- Dependiendo de lo que surja, quema o bendice la carta. Sabrás qué es lo correcto para ti.

Limpieza de lágrimas (20-60 minutos)

- Cierra los ojos. Coloca una mano sobre el corazón.
- Respira profundamente durante tres a cinco minutos.
- Pregúntate: «¿Dónde están mis lágrimas?».
- Siéntate en silencio durante unos momentos. Si no surge nada, vuelve a preguntarte.
- Permítete llorar sin vergüenza.
- Las lágrimas son sagradas. Son la forma que tiene el cuerpo de liberar el desorden espiritual.
- No detengas las lágrimas, sin importar cómo surjan. Dales la bienvenida. Son la lluvia que ablanda un corazón endurecido.

Expresión sagrada

Escoge una verdad al día que hayas estado evitando y date permiso para expresarla con delicadeza y claridad. Podría ser algo así como:

«Me siento abrumado y necesito descansar».

«Me sentí herido y no supe cómo expresarlo».

«Necesito ayuda y quiero pedírtela directamente».

Apoyar a otros que tienen deshonestidad emocional

Cuando alguien a quien quieres está luchando por ser honesto emocionalmente, como lo hizo Nisa, puede ser una experiencia dolorosa. Es posible que te sientas manipulado, confundido o, incluso, que se aprovechan de ti. La higiene espiritual para el corazón nos enseña a mirar más allá del comportamiento y ver el dolor que se esconde detrás del acto. Hay formas de crear y mantener un espacio para la sanación sin permitir ese comportamiento:

- Responde a la verdad, no al drama. Redirige con delicadeza las conversaciones hacia los sentimientos reales.
- Establece límites con amabilidad. «Quiero ayudarte, pero necesito que seas sincero conmigo».

- Identifica el patrón con amabilidad. «Me he dado cuenta de que sueles actuar cuando no queda más remedio. Quiero ayudarte antes de que llegues a ese punto».
- Reza por su claridad. Reza por su valentía. Reza por ti mismo para liberarte de la necesidad de «arreglar» a esa persona.

Tu claridad invitará a la claridad de los demás. Tu honestidad se convierte en un ejemplo que esas personas pueden seguir. Ten en cuenta que, independientemente de lo sinceros que sean tus esfuerzos, cuando se trata de sanar la deshonestidad emocional y limpiar la niebla tóxica espiritual del corazón, esas personas deben querer hacerlo. Hubo momentos en los que yo quería gritarle a Nisa: «¡Solo dime la verdad!». Hubo momentos en los que lo hice. Entonces recordé que las personas solo dicen la verdad cuando creen que estarán a salvo una vez que la hayan dicho. Hasta el día en que exhaló su último aliento, Nisa no creyó que estuviera a salvo conmigo. Por mucho que me duela reconocerlo, lo entiendo. De verdad que lo entiendo.

Cuando el corazón se purifica, el amor es el resultado natural

Hay un momento en todo proceso de sanación en el que la verdad se convierte en un bálsamo, en lugar de una espada. Esto significa que la verdad, tu verdad, ya no es una carga. Se transforma en un calmante bálsamo que alivia al corazón. Cuando practicas la higiene espiritual para el corazón, empiezas a darte cuenta de que lo que antes sentías como una traición, ya fuera tu propia deshonestidad emocional o la de otra persona, era en el fondo un grito de ternura. A medida que el corazón se hace más liviano, reconoces que la manipulación era una máscara que ocultaba una necesidad que estaba insatisfecha. Que el silencio que considerabas una desconexión irrespetuosa solía ser una tirita que cubría la vergüenza. El drama que te parecía tan innecesario era, probablemente, un dolor encubierto. Esta toma de conciencia marca el reencuentro sagrado del corazón y el alma. Es un regreso gozoso, no a quien solías ser, sino a la versión de ti mismo que dice la verdad porque quieres ser libre. Nisa me enseñó a regresar, pero no de la forma que yo hubiera imaginado, es decir, a través de constantes conversaciones sanadoras o de un avance emocional espectacular. Lo aprendí a través del trabajo sagrado que suponía criarla, ser testigo de su vida, estar presente para ella y, en última instancia, liberarla. Ella me mostró lo que sucede cuando el dolor emocional queda oculto bajo mil silencios. Me enseñó que el amor debe ser claro para ser puro. Que la higiene espiritual no consiste en tener «razón». Se trata de ser real. Su historia, nuestra historia y el dolor que conllevaba ahora viven como medicina en mi corazón y mi alma. La quería muchísimo. Creo que ahora ella lo sabe.

Si estás leyendo esto, tal vez haya una versión de Nisa dentro de ti. Una versión que evita hacer preguntas directas. Una parte de ti que teme que rechacen tu verdad. Una parte de tu desconsolado yo que espera hasta que llega la crisis para decir: «Necesito ayuda». Por favor, ten en cuenta que no estás equivocado y que no has hecho nada malo. No eres malo. Estás aprendiendo a ser honesto emocionalmente en un mundo que te ha enseñado a mentir. Estás aprendiendo a decir la verdad; no para que te rescaten, sino para que te restauren. Esto, querido mío, es una tarea sagrada, y no hay nada que tu santidad no pueda hacer.

Bendición para el corazón herido

Que tu corazón sea un lugar donde la verdad se sienta segura.
Que cada dolor sin expresar aflore con delicadeza
hacia la superficie y se disuelva en la luz.
Que te perdones a ti mismo por las formas en que intentaste
sobrevivir.
Que la claridad emocional se convierta en tu ofrenda a la divinidad
y a ti mismo.
Que el amor, sincero, claro e inquebrantable,
te encuentre una y otra vez.
Dentro de ti. A través de ti. Como tú mismo.

ORACIÓN DE APERTURA

Amada presencia de todo lo que es,
ánclame ahora en tu paz y perfecta sabiduría.

Hoy invoco la llama sagrada del coraje.
No la ausencia de miedo, sino la santa voluntad
de seguir adelante de todos modos.
Deja que el valor surja en mí como el sol de la mañana,
calentando lo que hay dentro de mí que me provoca inseguridad
o temor.

Luz divina de la verdad,
te pido que aclares mi mente.
Lava la niebla de la confusión, la pesadez de la duda
y el ruido de todas las voces que no me pertenecen.
Haz que mis pensamientos sean claros, centrados y honorables.
Ayúdame a ver con ojos espirituales, para que pueda escoger
con criterio sagrado.
Guíame para que solo diga lo que esté basado
en la integridad y el amor.

Abro mis manos y mi corazón ahora,
listo para recibir la instrucción divina

para que pueda caminar en alineación hacia mi mayor bien.
Guíame. Fortaléceme. Aclara todo lo que tengo en mi mente.

Que cada paso que dé hoy sea un paso hacia la verdad,
la paz y mi propia divinidad.
Pido. Permito. Acepto.

Amén. Aşẹ Aho.
Que así sea.

CAPÍTULO 3

El espejo no miente

La sagrada labor de la honestidad con uno mismo

No estoy segura de cómo sobrevivió Nisa a su madre. No fue criada por Iyanla. Rhonda era la madre de Nisa. Rhonda existía antes de que una higiene espiritual constante limpiara el santuario mental y volviera a ocupar el trono mental de la mente de Iyanla. Rhonda estaba destrozada desde que había nacido, herida por sus experiencias, y le enseñaron a sobrevivir mucho antes de que le enseñaran a respirar. Rhonda no fue concebida ni recibida con una intención sagrada. Sus inicios partieron de la ruptura y la perturbación. Su primer lenguaje fue la escasez: escasez de protección, escasez de ternura, escasez de amor y escasez de seguridad. En el entorno de escasez que ella llamaba «hogar», incluso cuando su cuerpo estaba bien alimentado, su alma permanecía hambrienta.

Tras sobrevivir a la violencia y al trauma que hubo durante su infancia, Rhonda conoció y se casó con un hombre que pensó que, finalmente, la haría sentir segura. Medía 1,88 metros, era «un hombre de la calle» y tenía estabilidad económica. Había salido de la cárcel y había dado un giro a su vida, convirtiéndose en un pilar de la comunidad. Ella había aprendido que el amor se daba como una recompensa que había que ganarse. Si quería estabilidad en la forma de un protector para sus dos hijos, tendría que desempeñar ese papel. Ya le habían enseñado que el silencio te mantenía a salvo, así que no lloras, aguantas, no sientes, funcionas. En las raras ocasiones en que su inocencia infantil afloraba y se olvidaba de las normas que debía seguir, la castigaba o golpeaba hasta someterla. El mundo en el que vivía era duro, cuando lo que ella necesitaba era delicadeza. Lo que ella más necesitaba era invisible, precisamente, en el lugar donde más deseaba que se viera, en casa.

El desmoronamiento de Rhonda no siempre era dramático. Como mujer, esposa y madre, ocurría de forma silenciosa. Cocinaba para su familia, para extraños y para la comunidad por igual, con una sonrisa que brillaba a kilómetros de distancia, sin importar lo desnutrida que estuviera por dentro. Cosía y confeccionaba ropa para cualquiera que se lo pidiera, dejándolo todo a un lado por un amigo que lo necesitara. Daba todo lo que tenía a todo el mundo, excepto a sí misma, con la esperanza de que, entre la multitud de destinatarios, alguien le diera las gracias u ofreciera algo a cambio. Se entregaba porque no tenía ni idea de lo que necesitaba. Rhonda no era cruel. Estaba desconectada. No era fría. Estaba abrumada. No estaba ausente. Había sido exiliada emocionalmente de su propio corazón. En el exilio, eso significaba que amaba por miedo, no por elección o por plenitud. Mostrarse así era una señal de que nunca se consideraba lo bastante buena.

Rhonda no sabía cómo confiar porque tenía que estar atenta y alerta ante lo que pudiera suceder en cualquier momento. No sabía cómo escoger por sí misma porque no se le había permitido desarrollar ni expresar su «yo». Rhonda no era reacia a ser mejor o a hacerlo mejor. Simplemente no conocía la verdad. Nunca le habían enseñado que la plenitud era su derecho de nacimiento, ni que la santidad era su identidad. Nunca le habían dicho que Dios podía encontrarse en su dulzura, por lo que la cubrió con una fachada de abnegación. Con honor a su fuerza y reverencia por su resistencia, Nisa hizo todo lo posible por sobrevivir al legado que Rhonda le había transmitido: las creencias que ella modelaba, las cargas que le transfería, los comportamientos que normalizaba y las normas que exigía en silencio. El amor, el resentimiento y la codependencia de Nisa hacia su madre se manifestaban en un firme control de la deshonestidad emocional, la rebeldía y la ira. No era consciente de que la misma fuerza y poder que ponía en desafiar a Rhonda eran, precisamente, las herramientas que necesitaba para recrearse y salvarse a sí misma.

Un viaje hacia la verdad

Quienes conocen a Iyanla hoy en día pueden leer sobre Rhonda con horror, incredulidad o tal vez con una silenciosa confusión. ¿Cómo es posible que la mujer que ahora camina con tanta sabiduría haya vivido alguna vez en tal distorsión? Pero esta no es una historia de contradicciones. Es un testimonio de transformación.

No es que Rhonda fuera «tan mala». De hecho, quienes la conocían, amigos, familiares y colegas, podrían resistirse a aceptar tales descripciones. Quizás recuerden su risa, su devoción, su dinamismo y su feroz instinto de supervivencia. Pero esta es la verdad: nadie conoce a Rhonda mejor que Iyanla.

Iyanla la conoce porque la ha vivido. La ha estudiado. Ha escuchado su monólogo interior, ha examinado sus creencias, ha rastreado sus heridas y ha analizado las historias que Rhonda utilizaba para sobrevivir. Iyanla tomó abundantes notas, notas del alma, sobre lo que Rhonda pensaba, sentía, temía y evitaba. Iyanla se adentró en los recovecos de la mente y el corazón de Rhonda y encontró malas hierbas, densas, espinosas y asfixiantes, que tenían el poder de estrangular cualquier esperanza de una nueva vida si se dejaban en su sitio.

No fue fácil. Fue doloroso dar nombre a lo que estaba oculto, reconocer lo que se había negado y sentir compasión por un yo que una vez había mentido, se había hecho daño a sí misma y a los demás, había manipulado a las personas y las situaciones para mantenerse a salvo, y había buscado el control, no con malicia en su corazón, sino desde un lugar de dolor sin sanar.

Un día, como respuesta a su enfoque intencional y su fe impulsada por el miedo, llegó un momento sagrado en el que el dolor de Rhonda dio paso a las lágrimas de una nueva mujer, y esas lágrimas se convirtieron en una oración. Un grito. Un acercamiento a algo superior. Ese grito la llevó a la rendición. Y la rendición la llevó a una verdad que reordenó todo: «No importa lo que haya hecho o lo que haya sido… Dios me ama de todos modos».

Fue esa verdad la que le dio el valor para tomar la honestidad consigo misma como su pala y su cincel. Utilizó ese cincel para forjar la fuerza necesaria para rezar y practicar ejercicios de respiración con regularidad, y para ir a la universidad, cuando no tenía ningún plan ni apoyo, ya que era la primera persona de su familia en pisar una universidad. Luego lo utilizó para graduarse como la mejor estudiante de su promoción. Utilizó la pala para enterrar las mentiras de Rhonda, sin permitir que la sacaran de su camino mientras estudiaba Derecho y seguía cosechando éxitos, con el espíritu en armonía.

Una tarde, ese espíritu la llamó de nuevo. Estaba en la oficina del defensor público de Filadelfia y acababa de regresar del tribunal, y no conseguía que se encendieran las luces de su oficina. Cuando entró en la habitación, todo estaba sumido en la oscuridad. La recepcionista entró y dijo que las luces funcionaban bien. Pero ella seguía sin ver nada.

Entonces, el espíritu dijo: «Vete de aquí y no vuelvas nunca más».

¡Y ella lo hizo! Dejó su título colgado en la pared, su miel en el cajón y sus papeles sobre el escritorio. Nunca volvió.

Un tiempo después, una amiga que dirigía un programa educativo en Filadelfia le preguntó si podría enseñar algo a un grupo de mujeres que estaban dejando de recibir ayudas sociales.

Fue entonces cuando recordó la misión que había permanecido viva, esperando, en su corazón todo ese tiempo: sanar. Tenía mucho que enseñar a esas mujeres, ya que ella misma había vivido esa realidad.

Aunque ya había adoptado ese nombre, con el tiempo, el cincel grabó el nombre de esta nueva mujer en su corazón.

Ella era Iyanla.

La honestidad de Iyanla había abierto una nueva forma de vivir, una nueva devoción por la integridad, en el templo de su mente y su corazón.

La bendición de la herida y el valor de escoger

Hay momentos en los que no es necesario saber el porqué, al menos, al principio. La búsqueda del porqué puede convertirse en una distracción, un bucle mental que te mantiene dando vueltas al dolor en lugar de entrar en tu poder. A veces, lo único que necesitas saber es el qué: «¿qué quieres ahora? ¿Qué estás dispuesto a dejar de hacer que te mantiene estancado? ¿Qué estás dispuesto a hacer de manera diferente, aunque te dé miedo?

¿Qué estás dispuesto a intentar, aunque una parte de ti no crea que vaya a funcionar?». Este es el terreno sagrado donde comienza la honestidad con uno mismo. La honestidad con uno mismo no necesita explicaciones. Es una elección.

Una de las razones por las que a Rhonda le costaba tanto cambiar y sanar era que no dejaba de justificar por qué había hecho o dejado de hacer ciertas cosas. Ella era una superviviente. Había sobrevivido al abandono, al abuso, a la violación y a una serie de mentiras sobre las que había forjado su vida. Le habían dicho tantas veces que era mala, que estaba equivocada y que era inaceptable, que se sentía culpable solo por respirar. Llevaba la herida de la falta de valor como una segunda piel. Como muchos, le daba sentido a su sufrimiento defendiéndolo: «No tenía otra opción», «Hacía todo lo que podía», «No sabía hacerlo mejor». Todo eso era cierto, pero nada de eso podía liberarla. Puede ser muy doloroso recuperarse del convencimiento de que eres fundamentalmente malo. Incluso si estás equivocado, la honestidad contigo mismo no viene a castigarte por lo que has hecho, sino a liberarte de quien no eres.

La bendición de la herida

La voluntad de ver, conocer y contar la verdad más profunda y radical es la única forma de sanar la herida, sea cual sea, porque tu dolor no es el final de tu historia. De hecho, tu herida suele ser el lugar donde comienza la verdadera historia. Tu herida no es tu debilidad. Es tu fuente de sabiduría. Cuando el grito de tu alma se vuelve más fuerte que los impostores que han gobernado el trono del pensamiento, más fuerte que la vergüenza, más fuerte que el miedo, más fuerte que las mentiras que has heredado, no necesitas dar explicaciones de la razón. Empiezas a escuchar. El dolor que antes te silenciaba empieza a decir la verdad. La culpa que antes te cubría empieza a desaparecer. Las estrategias de supervivencia que creías que te mantendrían a salvo pierden su fuerza y algo antiguo surge. Recuerdas porque el «quién» toma el control. Quién eres en lo más profundo de tu ser. Quién eras antes del dolor. Quién sigues siendo bajo las capas de crítica, defensa y fingimiento. Ese «quién» nunca fue herido ni se perdió. Ese «quién» es **más sabio** que los relatos sobre el pasado, **más fuerte** que el dolor que te ha perseguido, más **delicado** que la armadura que llevabas, más **auténtico** que la identidad que tuviste que forjarte para sobrevivir. Por desgracia, no puedes saber quién es hasta que estés dispuesto a conocer y decir la verdad sobre lo que esa persona siente y necesita.

La honestidad contigo mismo no exige que revises cada herida, pero sí que dejes de esconderte detrás de ellas. Tu herida no es sagrada porque haya ocurrido, sino porque **abre la puerta a la verdad**. Una vez que estás dispuesto a decirte la verdad a ti mismo, sobre ti mismo, a decir «Esto duele. Y estoy listo para sanarlo», puedes verte con claridad.

Cuando Rhonda comenzó a practicar la honestidad consigo misma, Iyanla comenzó a emerger. Cuanto más fuerte se hacía Iyanla, menos cautelosa, defensiva y temerosa se volvía Rhonda. El mayor desafío al que ambas se enfrentaron en el proceso fue reconocer, aceptar y perdonar lo que Rhonda había inculcado a sus hijos, y lo que Iyanla tendría que estar dispuesta a hacer para corregirlo.

Mentir frente a no decir la verdad

Quienes conocieron a Nisa puede que recuerden su agudo ingenio y su pícaro sentido del humor. Era el tipo de persona que querrías tener a tu lado en un mal momento. Leal. Apasionada. Divertida. También estarían de acuerdo en que, si movía los labios, era probable que no estuviera diciendo la verdad. Nisa mentía. A sí misma y a todos los que la rodeaban. A veces a sabiendas, otras sin saberlo, extendía esas mismas distorsiones a todos los que la rodeaban: te mentía, te traicionaba y hablaba mal de ti. Esto era muy cierto cuando se trataba de mí. A veces sus mentiras eran escandalosas. A veces innecesarias. Y, a veces, hacía todo lo posible por fabricar «pruebas» para convencerte de su historia. Nisa también se esforzaba (y tal vez carecía de la capacidad) para decir la verdad. Hay una gran diferencia en ello.

Podías ver a Nisa haciendo algo, pero si le preguntabas por la razón o le decías que dejara de hacerlo, ella protestaba con vehemencia, diciendo que no lo estaba haciendo ni lo había hecho. El problema se volvió tan grave que acabé llevándola a terapia. Después de varias sesiones en las que Nisa se negaba a hablar, la terapeuta nos dijo que ninguna de las dos podíamos obligarla a hacer algo que ella no quería hacer. Nos dijo que, en su opinión, Nisa vivía en un estado de miedo constante. De hecho, la palabra que utilizó fue «terror». También me preguntó si había antecedentes de violencia doméstica en casa. Nisa no volvió a ir a la terapeuta, pero yo fui por las dos. Necesitaba ayuda para desentrañar y afrontar el impacto que tendría una mandíbula rota en el bebé que llevaba en mi vientre en ese momento.

Una **mentira** es una distorsión consciente y deliberada de la realidad, ya sea verbalmente o mediante acciones. Se dice con la intención de engañar, manipular, ocultar o controlar. Un ejemplo de mentira sería decir «Estoy bien» mientras se oculta el dolor o el malestar para controlar cómo lo percibe alguien. También sería afirmar que se ha cumplido un compromiso que en realidad se ha incumplido, o negar que se haya hecho una mala acción, como engañar o robar, sabiendo que no es así. Las mentiras restringen la energía espiritual. Tienen su origen en el miedo. El miedo al castigo, al rechazo, a las críticas o a la pérdida. En el ámbito de la higiene espiritual, la mentira rompe la conexión y la alineación entre el alma y el yo consciente. Dios es la verdad. La verdad vive en el alma. Cuando se dice una mentira, se afirma activamente la creencia en la separación de la divinidad. La mentira enturbia las aguas internas, el movimiento de los sentimientos y las emociones. Reemplaza la claridad por la confusión. Degrada la confianza en desconfianza, tanto a nivel interno como en las relaciones. Cuando sabes que has dicho una mentira, también sabes que no puedes confiar en ti mismo. Si no se puede confiar en ti, ¿por qué confiarías en cualquier otra cosa o persona? Cuando mientes, te conviertes en un extraño para ti mismo y te desconectas del flujo de inspiración de la fuente.

No decir la verdad es diferente. Es ocultar la verdad. Puede ser consciente o inconsciente. Suele surgir a partir de un trauma, de la vergüenza, de estar abrumado emocionalmente o de la falta de claridad. Un ejemplo de no decir la verdad sería evitar una conversación porque aún no te sientes seguro para hablar. También sería acomodarse o tolerar un comportamiento dañino para evitar el conflicto. En su forma más común, no decir la verdad es la elección de silenciar tus necesidades, deseos o límites para mantener la paz. Este tipo de ocultación fomenta la contaminación espiritual. Aunque en el momento pueda parecer una medida protectora, con el tiempo favorece que nos traicionemos a nosotros mismos, la merma de la autoridad interior, la acumulación de vergüenza y un profundo sentimiento de inutilidad.

Tanto mentir como no decir la verdad son desviaciones de la verdadera naturaleza del alma. Uno tiene su origen en la distorsión. El otro crea y fomenta la desconexión. Uno manipula. El otro es un intento de ocultación. Uno dice: «Necesito controlar lo que ves». El otro susurra: «No me siento lo bastante seguro como para que me vean». Ambos requieren sanación. Ambos merecen compasión. Ambos pueden purificarse a través de la práctica sagrada de la honestidad con uno mismo, que podemos expresar primero ante el espejo y luego ante el mundo.

El peso del silencio

No comparto aquí la historia de Nisa para juzgarla, sino como una ofrenda. Conozco la historia de Nisa tan íntimamente porque también era mi historia. Ella no era solo mi hija. Era mi reflejo. Reflejaba mis heridas, mis patrones de supervivencia, mis hábitos emocionales y aquellas partes de mí misma que aún no había sacado a la luz. Solía decir que era mi «mini-yo», pero no entendí del todo lo que esto significaba hasta que fue demasiado tarde.

En el momento en que me di cuenta de quién era ella realmente para mí y qué sanación estábamos destinadas a hacer juntas, la distancia que había entre nosotras había aumentado. Yo había cambiado. Había cambiado la forma en que la veía, la forma en que la abrazaba, la forma en que anhelaba estar presente con ella y para ella. Por desgracia, ella no pudo (o tal vez decidió no hacerlo) desprenderse de la imagen que ya había grabado en su mente y en su corazón. Había creado un relato en torno a su madre que estaba basado en quién solía ser yo, es decir, basado en Rhonda. Cuando esa imagen dejó de encajar conmigo, la abandonó sin ningún sentimiento de arraigo. A veces, creo que estaba enfadada porque yo había cambiado, porque ya no era la madre con la que había aprendido a sobrevivir. Hay un dolor extraño que aparece cuando alguien a quien hemos encasillado comienza a liberarse de los límites de nuestra percepción y de la experiencia con esa persona. Amenaza las historias que nos hemos contado a nosotros mismos. Desestabiliza el marco emocional que creamos para protegernos de ella.

Es una experiencia real y muy habitual: cuando dejas de ser quien los demás necesitan que seas, y cuando ya no encajas en la imagen que se han hecho de ti, se enfadan. Se sienten traicionados; no porque les hayas hecho daño, sino porque has superado sus expectativas y opiniones. Les asusta porque pueden creer que esperas que crezcan contigo o que, de lo contrario, los rechazarás o abandonarás. Recuerdo el momento en que esta verdad se me grabó a fuego.

Estábamos discutiendo. Nisa insistía en que yo había dicho algo que no había dicho. Su tono no solo era duro, sino también agresivo, a punto de convertirse en irrespetuoso. En ese momento, sentí que algo se apoderaba de mí, pero en lugar de reaccionar, me quedé quieta. Tranquila por dentro. Tranquila por fuera. La miré a la cara, relajada pero firme, sin decir una sola palabra. Escuchaba más allá de las palabras. La abrazaba en mi corazón. Observaba cómo intentaba hablar el dolor. Tras unos treinta segundos de silencio, ella espetó: «¡Ya ves! Siempre haces lo mismo. Me miras como si fuera idiota». Lo único que pude ofrecerle fue la verdad de mi corazón. Le dije con delicadeza: «Nini…, por favor, perdóname. Esa no es mi intención». Ella respondió: «¡Sí que lo es! Solo que no lo quieres admitir». Con esto, la distancia entre nosotras se hizo más grande. Después de este episodio, estuvimos dos meses sin hablarnos.

Cargaba con sus palabras como si fueran piedras en mi pecho; no porque fueran ciertas, sino porque finalmente lo comprendí: ella no estaba reaccionando ante la madre que yo era en ese momento. Se estaba defendiendo del recuerdo de quien yo había sido en el pasado. Una versión de mí que era real para ella, pero que ya no lo era para mí. Esta es una de las verdades más difíciles del crecimiento espiritual:

- El hecho de que tú hayas sanado no significa que los demás se sientan sanados en tu presencia.
- El hecho de que hayas cambiado no significa que ellos dejen de lamentarse o de resentirse por quien solías ser.
- Y, solo porque ahora seas más consciente, no significa que ellos estén preparados para verte bajo esa luz.

Sin embargo, la única manera de superar esto es amar más intensamente. Pedir perdón por lo que fue real en su experiencia. Dejar de lado la necesidad de defender tu crecimiento. Mantenerte fiel a la honestidad de que ya no eres quien eras, incluso si ellos no están preparados para aceptar en quién te has convertido.

Comparto esto porque soy muy consciente de que muchos de nosotros cargamos con residuos emocionales en nuestros corazones. Muchos de nosotros todavía estamos aprendiendo a ser honestos a nivel emocional; no solo con nosotros mismos, sino también con los demás. Para recorrer el camino de la higiene espiritual, debes familiarizarte con el terreno interior de tu ser, tu mente, tus emociones, tus patrones de pensamiento y tus formas de relacionarte. Es ahí donde la práctica de la honestidad con uno mismo debe descender al corazón. No hay conclusiones lógicas en el proceso de sanación. Son verdades del alma que se revelan. Estas verdades, que yo llamo «verdades crudas», solo pueden revelarse a través del corazón.

La honestidad con uno mismo: un espejo sagrado del alma

Cuando escuché por primera vez la frase «La verdad es el filtro que limpia el altar mental», pensé que tenía algo que ver con la religión y con que la verdad te hace libre. Me llevó un tiempo comprender que la mente es el primer lugar donde se arraiga la distorsión. Es donde se ensayan las historias traumáticas, se construyen las suposiciones y las creencias se endurecen hasta convertirse en aspectos secretos de la identidad. Sin honestidad con uno mismo, la mente se convierte en un salón de espejos, donde la ilusión aparece como perspicacia y las reacciones se presentan como razón.

Practicar la higiene espiritual para la mente me ha enseñado que la mente es un espacio realmente sagrado. Es un templo de la percepción, un receptáculo de la memoria, la base de la lógica, el estudio creativo de la imaginación y las creencias. Mi práctica también me enseñó que cualquier estructura, incluso una sagrada como la mente, puede llegar a estar desordenada. Esto ocurre cuando la invaden pensamientos descontrolados, historias tergiversadas, patrones heredados y acuerdos inconscientes. Lo que permitimos que exista en nuestra mente se convierte en lo que adoramos, seamos conscientes o no de ello. En la práctica de la higiene espiritual, a todos los niveles, lo que quieres «adorar» es la verdad.

La honestidad con uno mismo es la práctica consciente de decirte la verdad a ti mismo, sobre ti mismo, incluso cuando es difícil, incluso cuando duele, e incluso cuando desafía la imagen que has creado de ti mismo. Este nivel de honestidad no se trata solo de admitir errores; también se trata de estar dispuesto y ser lo bastante valiente como para verte a ti mismo con claridad, sin esconderte, fingir o huir de tu verdad. La honestidad contigo mismo es el momento en el que haces una pausa interna, respiras hondo y te dices a ti mismo: «Esto es lo que siento», «Esto es lo que sé», «Esto es lo que necesito cambiar». También es uno de los momentos de transformación más poderosos que jamás vas a tener. Ese momento es sagrado. No es solo reflexivo, también es **revolucionario**. Es un momento en el que reconoces que eres consciente, que aceptas sin juzgar y que estás dispuesto a aceptar la responsabilidad de tu sanación. Este momento de decir la verdad con valentía es sagrado. Es una expresión de integridad espiritual que encaja quién eres a nivel interno con cómo deseas vivir a nivel externo.

La honestidad contigo mismo te invita a decir, primero a ti mismo y luego a los demás: «Me siento abrumado», «Me siento asustado», «Me siento abandonado», «Siento celos. Ira. Ternura. Inseguridad». Admitir estas verdades no es una debilidad. Es una señal de **respeto por tu mente, tu corazón y tu alma.**

«La he fastidiado». No se trata de castigarte a ti mismo. No es necesario que bajes la cabeza y te alejes de los demás para ahogarte en la culpa o la vergüenza. Esta expresión de honestidad contigo mismo significa mirar tu mundo interior con compasión y claridad, reconocer tu comportamiento o tus acciones y decir la verdad al respecto. No se trata de juzgar. Se trata de la voluntad de aceptar tu responsabilidad y rendir cuentas. Reconocer que has tomado una mala decisión, que has elegido mal o que tus acciones han tenido un impacto poco positivo o improductivo es un paso sagrado hacia el crecimiento. No es una admisión de fracaso. Es un acto de madurez que transmite: «Me preocupo lo suficiente por mi propio camino como para corregirlo». O bien: «En ese momento olvidé mis valores, mi propósito o mi intención». Incluso: «Reaccioné en lugar de responder». O tal vez: «La próxima vez, quiero hacerlo mejor».

Cuando practicas la honestidad contigo mismo, creas autoconfianza. Te enseñas que estás dispuesto a cuidar de ti mismo y que eres capaz de hacerlo. Creas espacio para la transformación, porque estás haciendo lo necesario para crear el resultado que deseas. Cuando eres honesto, cuando te dices la verdad a ti y a los demás, dejas de huir. Regresas a la verdad de tu alma y, por muy difícil que sea decir esa verdad, cuando lo haces, se convierte en tu medicina.

Cuando se permite que la verdad entre en la mente, la verdad cruda y sin filtrar, la mente comienza a funcionar como si fuera un tamiz espiritual. Atrapa y filtra lo que ya no está alineado con tus valores, tu valor y tu propósito, permitiendo que fluya la energía sagrada.

La práctica de la honestidad con uno mismo como higiene espiritual para la mente

A medida que consideres la honestidad contigo mismo como un elemento básico para cuidar tu mente, tu corazón y tu alma, las siguientes propuestas te ayudarán a desarrollar unas prácticas fundamentales:

La mente es una puerta sagrada

¿Sabías que tu mente no solo sirve para pensar? Es un altar. Un portal espiritual. La mente convierte la energía en significado en la tercera dimensión, que es la dimensión física de la vida. La mente es un puente entre tu alma, la conexión intangible e invisible con la vida, y las elecciones que haces en la tercera dimensión. Una buena higiene espiritual para la mente garantiza que esta puerta de entrada permanezca despejada, permitiendo que la inteligencia divina fluya a través de ti sin ninguna distorsión. Esta puerta de entrada entre lo espiritual y lo físico es el camino que transforma las reacciones basadas en el miedo en revelaciones divinas.

La higiene espiritual protege tu propósito y tu camino

Cada uno de nosotros tiene un propósito que nos ha dado origen. El camino hacia el cumplimiento de ese propósito está grabado en las mismas fibras de nuestra alma. Una mente desordenada te hará perder las sutiles señales que servirán para orientarte. Persigues lo que te resulta familiar, en lugar de lo que está destinado a ser para ti. Sin embargo, una mente limpia y cuidada espiritualmente protege tu dirección. Se convierte en una brújula que apunta hacia dentro en busca de orientación antes de que busques la aceptación en el exterior.

La higiene espiritual es devoción al alma

Escoger de forma consciente y cuidar tu mente significa honrar lo sagrado que hay en ti y la manifestación que eres de la divinidad en forma física. El compromiso que adquieres con la higiene espiritual de la mente es toda una declaración que haces al universo: «¡Yo importo!», «Yo escojo lo que permito que viva en mí. Escojo hacer espacio para la luz, la paz y el amor», «Escojo invitar a los pensamientos que me nutren y liberar los pensamientos que pueden agotarme». Una buena higiene espiritual de la mente no consiste en esforzarse por alcanzar un nivel imposible de perfección. ¡Tú eres humano! Es inevitable que resbales, patines y, a veces, caigas en el camino de la vida. La higiene espiritual, en todos los niveles, tiene que ver con la presencia. Ser consciente de ella. Honrarla. Permanecer en ella. Es tu presencia la que te ayuda a volver una y otra vez a la auténtica verdad de quién eres, una demostración de la divinidad.

ORACIÓN DE APERTURA

Reclamo cada parte de mí

Me mantengo en la autoridad de mi alma y digo esta verdad en voz alta:
no estoy destrozado. Estoy completo. Soy santo.
Lo que una vez se fracturó bajo el peso del trauma ahora
se levanta para ser reclamado por el amor.
Declaro que los yos de supervivencia que creé, el protector,
el complaciente, el intérprete, el que se esconde, el que
necesitaba
ser rescatado, eran estrategias de defensa.
Me mantuvieron con vida.
Ya no escojo solo sobrevivir.
Estoy aquí para vivir.
Estoy aquí para levantarme.
Estoy aquí para reinar con soberanía divina.

Convoco a mi energía dispersa a casa.
Llamo a cada fragmento olvidado de mí mismo a la luz.
Ninguna parte de mí está abandonada.
Ninguna voz dentro de mí está condenada.
Soy el autor sagrado de mi propia historia.

Transmuto la vergüenza en fuerza, el miedo en valentía,
las heridas en sabiduría.

Me siento firmemente en el trono de mi ser,
no como víctima de mi pasado.
Soy la encarnación viviente de la restauración divina.
Este es mi sincero decreto.
Todo mi ser es bienvenido.
Todo mi ser es digno.
Todo mi ser es amado y digno de ser amado.
Todo mi ser está regresando a casa.

Amén. Aṣẹ Aho.
Está hecho.
Y así es.

CAPÍTULO 4

La voz del trauma se fragmenta en identidades de supervivencia

El ascenso de Ronnie

Ya has conocido el caso de Rhonda. Ahora me gustaría presentarte a Ronnie. Es una luchadora ingeniosa, malhablada y movida por la supervivencia. Digo que «es» porque no la desterré. No es un fantasma de mi pasado. Es una voz viva en mi historia. No la exilié. Redirigí su fuego. La honré por lo que sobrevivió.

Si había algo que hacer, Ronnie lo hacía. Si había algo que decir, ella lo decía. Ella es quien aprendió a coser por su cuenta para tener algo que ponerse. Ella es quien cuidó de su hermano mayor, que padecía asma. Ella es quien aprendió a pelear, a pesar de que la golpearon hasta dejarla casi inconsciente. Ella es quien fue violada a los nueve años. Ella era la que se sentaba sola durante horas en la sala de Urgencias del hospital mientras atendían a su hermano. Como diría mi abuela: «No tomaba té para la fiebre». Ronnie luchó por todo: su lugar en el hogar, su necesidad de que la vieran, su valor en los sistemas y estructuras dominados por los hombres y, finalmente, como Pantera Negra, luchó por su comunidad. Una cosa que la gente solía pasar por alto de ella es que era un alma creativa. «Ellos» no supieron reconocer que bajo su determinación se escondía la elegancia. Ronnie era una amante del ballet clásico que fue rechazada porque su cuerpo no se ajustaba a los estándares. Ella confeccionaba sus propias faldas para la escuela porque nunca tenía suficiente dinero para comprarlas. Hacía delantales y pañuelos para ganarse el amor a través de ser una persona útil. Lo que más le gustaba a Ronnie era cocinar. Si había alguien en la cocina, Ronnie observaba y aprendía.

Por azares de la vida, su abuela paterna, una mujer indígena cherokee, se había ganado la vida como empleada doméstica y cocinera durante más de cincuenta años. Los sábados y domingos, llevaba a Ronnie al trabajo con ella, a las enormes mansiones de Yonkers y Scarsdale, en Nueva York. Allí se «sugería» que Ronnie ensuciaba las cosas. La obligaban a sentarse en una caja de madera cuando no estaba planchando o cortando verduras para su abuela. También hacía muchas cosas buenas, pero su bondad se veía eclipsada por su rebeldía e independencia. Verás, Ronnie era intuitiva. Tenía el don de la clariaudiencia. Escuchaba más allá de las palabras y podía sentir la verdad cuando la mentira se formaba en los labios de alguien. El problema era que solía decir lo que oía y sentía, lo cual contradecía lo que le habían enseñado a creer. Cuando desafiaba a los adultos a los que se les había confiado su cuidado, basta decir que eso los inquietaba. Como reacción, la golpeaban o castigaban, diciéndole lo «mala» que era y que tenía que dejar de serlo. Fue el anhelo de ser amada y aceptada lo que hizo que se callara. Fue la promesa de que acabaría en el infierno lo que le enseñó que su «regalo» era malo. Fue el trauma de no sentirse nunca bienvenida ni querida, de que siempre le dijeran que hablaba demasiado y de que su padre la golpeara hasta dejarla casi inconsciente lo que convirtió su lucha en sumisión. Cuando Ronnie se encogió en la sombra del trauma, autosuficiente pero muy complaciente, nació Rhonda.

La tristeza adora la compañía, y la voz del trauma no es diferente. Nunca domina sola; viaja con compañeros poco fiables, habla en muchos tonos, tiene muchas caras y se esconde detrás de muchas máscaras. Cuando el alma está herida y se descuida la higiene espiritual, esas experiencias traumáticas se alojan en la mente y el corazón, y se fragmentan en voces protectoras que han nacido del miedo. Disfrazadas a menudo de estrategia, lógica o frases como «Así soy yo», estas voces no son malvadas ni tus enemigas. Son tu yo más joven y momentos sin sanar que intentan, por todos los medios que conocen, mantenerte a salvo. Sin embargo, cuando permanecen sin ser nombradas, se deslizan hacia el trono de tu vida interior y hacia tu campo energético, donde agotan tu vitalidad, sofocan tu intuición y nublan tu percepción. El peligro es que, incluso cuando sientes esta tormenta dentro de ti, si no le das nombre y la atiendes, puedes encontrarte bajo la lluvia con nada mejor que una bolsa de papel como paraguas.

En un viaje espiritual hacia la sanación, es fácil que la inteligencia engañosa del ego te convenza de que una vez que lo has conseguido, lo tienes. La IE (Inteligencia Engañosa) quiere que pienses que una vez que tu mente lo comprenda, serás capaz de poner en práctica alguna técnica o adoptar un nuevo patrón que te salvará del problema. Asumir tal cosa es lo que muchos maestros espirituales etiquetarían como EPA (Engañado Por la Arrogancia) o PEI (Perdido En la Ignorancia). Del mismo modo, el trauma con el que yo cargo no es igual al trauma con que carga otra persona; el miedo, la vergüenza y la culpa que yo cargo puede que no se parezcan a los de nadie más. Tú tienes tus «piojos» y yo tengo los míos. Aunque puede que no sea agradable ni divertido, es fundamental que conozcas tus propios piojos por su nombre. Conozcámoslos y familiaricémonos con su *modus operandi*, con su forma de actuar. No queremos juzgarlos. Queremos reconocerlos y comprenderlos. No estamos tratando de desterrarlos. Nuestra intención es recuperar las partes de nosotros mismos que estos piojos han estado royendo.

La voz de la vergüenza: el espejo ensombrecido

La vergüenza es lo primero que habla cuando un alma ha sido expuesta, juzgada o rechazada. Es una voz que dice: «Hay algo malo en mí». Al creer que eso es cierto, el ego atenuará la luz antes de que nadie más tenga la oportunidad de verla. La humillación es una voz que encierra tu energía en tu interior. Encierra el corazón, endurece la garganta, nubla el plexo solar, el centro de poder del cuerpo. Cuando vives con vergüenza, tu poder personal se estanca. No puedes permitir que la alegría eche raíces porque la vergüenza te susurra que no te la has ganado. Esta voz te roba tu derecho a la plenitud al convencerte de que tu sanación es una recompensa, no un derecho de nacimiento. En respuesta, malgastas tu tiempo y energía (a veces tu vida) tratando de «arreglar» lo que está mal. Con el tiempo, la vergüenza se convierte en la lente invisible a través de la cual te ves a ti mismo, a los demás y a la divinidad. Esta es la verdad: la vergüenza no te pertenece. Es un residuo de experiencias traumáticas que te enseñaron a temer tu propia presencia, tus dones y tu derecho a ser la persona que estás destinado a ser.

Impacto mental:

La vergüenza reconfigura la mente para ver al yo como algo intrínsecamente malo. Crea los relatos internos, como: «No soy suficiente», «No pertenezco» o «Siempre lo estropeo todo». Con el tiempo, esto se convierte en la lente predeterminada a través de la cual interpretas cada experiencia, hasta que incluso la alegría se vuelve peligrosa.

Impacto emocional:

La vergüenza silencia los sentimientos auténticos. Suele conducir al entumecimiento emocional, al aislamiento social, a la autocrítica o a ciclos de autosabotaje. Sientes que no mereces amor, pertenencia o descanso.

Cómo se manifiesta:

Te disculpas en exceso. Ocultas tus dones. Reduces tu voz en espacios sagrados. Rechazas los cumplidos, pospones tus propios deseos y te subestimas de forma permanente en el trabajo, el amor y la creatividad.

El coste de no hacer una limpieza:

Cuando la vergüenza no se aborda, se entreteje en tu identidad. Se convierte en un bloqueo energético que rompe discretamente tu conexión con la verdad de tu alma. Empiezas a vivir en la superficie de la vida. Las relaciones son distantes. Las oportunidades se escapan y el amor propio, aunque siempre presente, se siente ajeno. Tu capacidad de amar y ser amado no te ha abandonado; dejas de ejercerla porque la vergüenza te ha convencido de que no la mereces.

La voz de la actuación: la máscara agotada

La voz de la actuación entra en la conciencia cuando el amor se ha condicionado. Dice: «Sé mejor», «Demuestra que eres digno», «Muéstrate bien pase lo que pase», «Gánate tu lugar». Puede parecer noble, ambicioso, incluso espiritual. La vida performativa también viene acompañada de un lenguaje. Conoces todas las palabras que están de moda. Sabes exactamente qué tienes que decir, en el momento adecuado, para mantener la farsa de que lo tienes todo bajo control. En la raíz del espectáculo, de la actuación, se encuentra el miedo a que la persona que eres no sea suficiente y/o no sea lo bastante buena.

Desde el punto de vista energético, la actuación crea una sobrecarga. Das más de lo que tienes. Dices que sí cuando tu espíritu dice que no. Empiezas a organizar tu identidad en torno a la utilidad. Tu campo se vuelve débil, frágil y sobrecargado. Te agota la energía porque nunca te permites descansar. En cuanto alcanzas un objetivo, se crea otro. No vas ni haces las cosas por el placer de hacerlo. Sigues moviéndote, esperando que el ruido de tu vida ahogue el silencio que podría exponer tu miedo más profundo: que nadie te ve realmente.

Impacto mental:

La actuación sustituye la auténtica verdad por una estrategia calculada, ya sea de forma consciente o inconsciente. Empiezas a pensar en términos de lo que «funcionará» o complacerá a los demás, en lugar de lo que te parece honesto o coherente. Confundes el valor con el éxito, y tu productividad se convierte en tu moneda emocional.

Impacto emocional:

La vida performativa te deja agotado a nivel emocional, desconectado de la alegría y con un miedo traumático al fracaso. Si descansas, te sientes ansioso. Cuando las cosas se ralentizan, es posible que no te sientas seguro. Temes que estar quieto te haga invisible o irrelevante.

Cómo se manifiesta:

La mayoría de quienes tienen este tipo de vida tienen demasiados compromisos. Quieren estar en todas partes y hacerlo casi todo. Aunque tus compromisos te estén destrozando, no puedes pedir ni recibir ayuda. Tu valor se basa en los resultados. Sonríes para ocultar tu agotamiento. Das un sentido espiritual a tu agotamiento llamándolo «ayuda», «servicio» o «apoyo».

El coste de no sanar:

La actuación acaba provocando agotamiento (físico, mental, emocional y espiritual) de forma gradual o repentina. Al final, el cuerpo se rebela con enfermedades o agotamiento. Tu corazón se siente vacío, más allá de la simple sensación de vacío. Atraes relaciones que solo valoran lo que tú ofreces. Si no lo controlas, empiezas a resentirte incluso con las tareas sagradas de tu vocación.

La voz de la culpa: el defensor de la puerta

La voz de la culpa nace cuando el dolor no tiene adónde ir. Surge cuando el hecho de dar nombre a tus propias necesidades te hace sentir demasiado vulnerable, demasiado peligroso. «Es culpa suya», «Me hicieron daño. Me destrozaron», «Ella/él/ellos son la razón por la que soy así». En muchos casos, la culpa no desaparece ni siquiera cuando se ha reconocido o admitido. Se repite y se aferra al pasado como una coraza. La culpa endurece el campo energético, lo que justifica la construcción de muros, en lugar de la creación de límites. La culpa te mantiene hipervigilante, reactivo y a la defensiva a nivel emocional, porque desvía la energía hacia la protección en lugar de hacia la vulnerabilidad o la sanación. Cuando la voz de la culpa te guía, es probable que confundas la responsabilidad con el ataque. Al hacerlo, te apegas a tu sufrimiento porque deshacerte de él significaría enfrentarte a la elección de quedarte estancado.

Impacto mental:

La culpa perturba la claridad personal. Te hace creer que tu crecimiento y tu sanación dependen de la disculpa, el cambio o el castigo de otra persona. Tu mente queda atrapada en ciclos de «si tan solo no hubieran… si tan solo hicieran… no puedo hasta que ellos…».

Impacto emocional:

La voz de la culpa siempre se utiliza para justificar el dolor, al tiempo que te incapacita para cambiarlo. El resentimiento, la amargura y la frustración se convierten en tus aliados emocionales. La vulnerabilidad es usurpada por la cautela.

Cómo se manifiesta:

Como repites la misma historia una y otra vez, desconfías de los demás por defecto. El conflicto y el distanciamiento emocional son tus posiciones de repliegue, incluso cuando es posible conectar. Evitas el trabajo interior porque «ellos deberían dar el primer paso».

El coste de no hacer una limpieza:

La culpa detiene tu evolución. Tu energía permanece atrapada en el pasado. Tu frecuencia está anclada por el mismo dolor del que quieres liberarte. Renuncias a tu poder bajo la ilusión de la justicia.

La voz de la postergación: el saboteador encubierto

La voz de la postergación siempre se muestra sabia y razonable. Paciente. «Ahora no», «Aún no estás preparado. Quizás la próxima vez». Esto es lo que hace que esta voz sea tan insidiosa. Cuando nace de un trauma, se confunde fácilmente con la sensatez. No es un conocimiento sagrado, sino evasión disfrazada de sagacidad. La postergación es una congelación energética que paraliza el potencial. Obstaculiza el desarrollo personal y bloquea el avance ofreciendo mil razones para esperar. Mientras la mente está ocupada razonando por qué no, el corazón anhela seguir adelante. La voz de la postergación surge de aquellos momentos en los que la verdad produjo una ruptura profunda. Cobró fuerza cuando el cambio significó la pérdida de algo o alguien. Cuando el crecimiento pasó de la alegría al dolor. Ahora, en lugar de avanzar, planificas. Te preparas. Estudias las lecciones sin llegar a poner en práctica los conocimientos que has adquirido.

Impacto mental:

Postergar la acción convence a la mente de que la sanación puede dejarse para más adelante. «No estoy preparado» se convierte en un mantra. Se piensa demasiado, se planifica más de lo necesario y se actúa de forma insuficiente. Se trata del clásico síndrome psicológico de «parálisis por análisis».

Impacto emocional:

Te sientes abrumado emocionalmente por la posibilidad de que suceda algo nuevo o diferente. Como tus sueños y deseos parecen tan lejanos, la ansiedad se convierte en la barrera entre la intuición y la acción.

Cómo se manifiesta:

Asistes a clases, cursos y talleres, pero nunca utilizas ni pones en práctica lo que aprendes. Dices que sí con el corazón, pero luego dudas respecto a qué pasos dar. Creas unos planes maravillosos, y luego encuentras razones para no llevarlos a cabo.

El coste de no hacer una limpieza:

La postergación es la madre del estancamiento. Se pierden ventanas sagradas y oportunidades divinas. La vida se convierte en una batalla contra el estreñimiento espiritual de verdades que no han sido vividas, dones que no han sido valorados y sueños que no se han realizado. Con el tiempo, la postergación se convierte en desesperación.

La voz de la evasión: la guardiana del dolor

La voz de la evasión no grita ni exige. Desvía tu atención de aquello que necesitas buscar o en lo que debes centrarte. La evasión distrae. Desvía. Llena tus días de ajetreo, tu corazón de consuelos superficiales y tu mente de falsas creencias. La evasión deja agujeros. Hay partes de ti que permanecen intactas. Sin sentir. Compartimentas las emociones como si fueran archivos que temes abrir. Esto embota tu intuición y emborrona tu claridad. Esto se debe a que tu altar interior se llena de las cartas sin abrir de tu alma. La evasión suele producirse cuando un trauma del pasado sigue siendo tan doloroso que no se puede soportar. También puede surgir cuando un momento de impotencia se vuelve tan abrumador que no podemos procesarlo. Te enseñó a «no ir allí». Con el tiempo, «allí» se convierte en todas partes. La aversión no es pereza. Es una protección que has aprendido y que está basada en el miedo a sentirte abrumado. Alejarte de algo no hace que desaparezca, al contrario, contribuye a que se haga más grande.

Impacto mental:
La evitación entrena a la mente para compartimentar el dolor. Te desconectas de los recuerdos, las heridas y la verdad. Creas lagunas mentales en tu propia historia. Estas lagunas destrozan tu identidad y fragmentan tu alma.

Impacto emocional:
Te sientes desconectado de cualquier tipo de profundidad emocional. Evitas los conflictos, las opiniones, la intimidad y el dolor. Prefieres «mantener la paz», incluso, cuando tu alma está en guerra.

Cómo se manifiesta:
Te distraes con el ruido del ajetreo, las redes sociales, las tareas y las necesidades de otras personas. Das un sentido espiritual el desapego. Sonríes mientras te disocias de forma silenciosa de tu cuerpo o tus sentimientos.

El coste de no hacer una limpieza:
La evasión crea estancamiento espiritual. Tu intuición se vuelve confusa. Liberar tus emociones se vuelve tan doloroso que resulta imposible. No puedes recibir totalmente el amor o la guía porque algunas partes de ti están desconectadas. La evasión genera una soledad silenciosa que nadie puede ver, pero que tu alma siente en todo momento.

La voz de la herencia: el fantasma familiar

La voz de la herencia es la más sutil de todas. Ni siquiera suena como una voz. Suena como tu personalidad. Como tu «forma» de ser, de actuar y de ver las cosas. Bajo las frases familiares se esconde el eco del trauma generacional que se arraigó antes de que tú nacieras. Quizás pienses: «Así soy yo», pero la herencia energética no es identidad. Es una transmisión que puede y debe ser eliminada. Cuando no se practica la higiene espiritual, estas creencias heredadas sobre el valor, el sufrimiento, el silencio y el sacrificio se arraigan profundamente en tu ADN energético. Te encontrarás repitiendo patrones: relaciones, dificultades económicas, posturas emocionales. En casos graves, incluso enfermedades físicas. Esto no se debe a que hayas elegido estas cosas, sino a que fueron elegidas por ti antes de que tuvieras el poder de decir que no. Por muy difícil que pueda ser vivirlo, limpiar la voz de la herencia puede ser un acto poderoso y sagrado. Es el trabajo profundamente sagrado de cultivar el alma: arrancar las malas hierbas con reverencia, eliminar las cosas que ya no necesitan florecer. Hacer este trabajo es importante porque, cuando lo haces, el impacto se siente siete generaciones atrás y siete generaciones por venir.

Impacto mental:

La voz de la herencia transfiere creencias sin examinar y las deja implantadas. La mente y el corazón adoptan guiones mentales, como «Así es la vida» o «Siempre lo hemos hecho así». Tu forma de pensar está más condicionada por la influencia de los ancestros que por tu propia sensatez.

Impacto emocional:

A nivel emocional, te sientes leal a sistemas que están obsoletos. Llevas contigo un dolor, una rabia o una escasez que no son tuyos, pero que te afectan muchísimo. La confusión emocional surge cuando tu alma desea el cambio, pero tu linaje exige lealtad.

Cómo se manifiesta:

Sigues las reglas familiares sin cuestionarlas. Reprimes tus dones espirituales. Tienes miedo al crecimiento porque podría significar separación. Te sientes culpable por llegar a ser más que aquellos que te criaron.

El coste de no hacer una limpieza:

La herencia no resuelta ata tu evolución a tu ascendencia. Repites ciclos a lo largo de generaciones. Los contratos de tu alma se entrelazan con los contratos generacionales. Tus posibilidades y tu legado se ven limitados por sus limitaciones.

La voz de la ira: la llama sagrada

La ira es un sentimiento que suele malinterpretarse. La ira no es mala, incorrecta ni un problema. Cuando se reconoce y se percibe de forma correcta, la ira es una señal. Es una declaración vehemente de que se ha deshonrado algo sagrado. Es la sirena del alma cuando no se han respetado los límites o se ha ocultado el dolor. Ya sea tu espacio personal o el buen nombre de tu madre, la ira te dice a ti y al responsable de haberla infringido que deis marcha atrás y tengáis cuidado. Por desgracia, cuando un trauma no superado manipula las señales de advertencia de la ira, esta se convierte en la única voz en la que confías. La ira habla en forma de ultimátum. Se enconará en el silencio. Es propensa a las explosiones. Enmascara el dolor, la tristeza y el miedo con agresividad. Construye fortalezas en lugar de puentes. Cuando se le quita importancia al trauma o se le ignora, la ira interviene como una protectora. A nivel energético, la ira no procesada quema. Crea inflamación en el cuerpo, alteraciones en el corazón y una actitud defensiva en el aura. Vives en un estado en el que estás listo para la lucha. Atacas para evitar ser atacado. El lado oculto de la ira es el dolor. Sufres porque nadie te enseñó a llorar.

Cómo se transforma la voz de la ira en la identidad del mártir

El alma que no puede expresar la ira de forma segura encuentra formas de sobrevivir a ella. Una de ellas es a través del sufrimiento noble. La voz de la ira intentó decir una vez:

- «Esto no es justo».
- «Esto no está bien».
- «¡Cómo te atreves!».
- «Necesito dejar de hacer esto, pero no puedo. Ellos tienen el poder».

Cuando esa voz se ve sofocada por el miedo al rechazo, el deseo de complacer a los demás, la culpa espiritual o las influencias que etiquetan la ira como algo impío, comienza a cambiar y dice:

- «Lo haré yo mismo».
- «Me quedaré callado para mantener la paz».
- «Te demostraré quién soy».
- «Si sufro lo suficiente, tal vez finalmente me vean».

Impacto mental:

La ira limita la percepción. La mente se vuelve combativa, sospechosa o reactiva. Asumes lo peor. Ensayas ofensas. Anticipas el daño antes de que llegue.

Impacto emocional:

La ira enmascara sentimientos más profundos. Se convierte en una emoción primaria porque el dolor, el miedo o la vulnerabilidad te hacen sentir inseguro. Explotas o experimentas una implosión; en cualquier caso, rara vez sientes alivio.

Cómo se manifiesta:

Reaccionas de forma exagerada ante pequeñas cosas. Te vuelves impaciente. Te sientes incomprendido o ignorado. Cortas a las personas sin hablar con ellas. Esperas que las personas te hagan daño y te sientes justificado al atacarlas cuando lo hacen.

El coste de no perdonar:

La ira endurece el corazón. Te cuesta perdonar. Tu sistema nervioso permanece hiperactivo. Los síntomas físicos (inflamación, tensión en la mandíbula, migrañas) se vuelven crónicos. La ira puede protegerte, pero también te aísla.

Cuando la ira se deja sin atender, cuando se permite que se vuelva más grave, nace el mártir. El mártir se ha convertido en la versión aceptada socialmente de la ira que no se ha expresado. El mártir es aquel que se excede en lugar de arremeter. En lugar de exigir justicia, el mártir se sacrifica. Para mantener la fachada de paz, el mártir absorbe la herida en lugar de decir la verdad. En la conciencia del mártir, la ira que antes tenía como objetivo protegerte se convierte en un papel que te castiga en nombre de la devoción. El mártir en tu conciencia te permite cortarle las muñecas y luego te muestra cuánto está sangrando.

A nivel energético, el mártir vive agotado. El aura es débil, tensa e hipervigilante. Hay la sensación subyacente de que uno no es apreciado o de que se le da por sentado, pero permanece sin expresarse, bullendo justo debajo de la superficie. Emocionalmente, el mártir oscila entre el resentimiento silencioso y el ansia de reconocimiento. Como no suelen expresar sus necesidades abiertamente, los mártires no pueden recibir lo que anhelan. El cuerpo soporta la tensión de la contención. Los hombros, la mandíbula y el estómago se convierten en el lugar donde se acumula la carga espiritual que deciden soportar.

El mártir no busca atención. Busca alivio. Quiere que lo abracen, que lo honren, que le permitan decir: «Estoy cansado. Estoy enojado. Merezco que me cuiden». La voz de la ira que nunca se expresó mantiene al mártir en silencio, incluso cuando está agotado. El mártir no es débil. El mártir es un fuego poderoso envuelto en años de cenizas. Para liberar al mártir, primero debes honrar la voz de la ira. Permite que el mártir aclare, no consuma. Debes darle a la llama reprimida un lugar sagrado para hablar.

Impacto mental:

Piensas en extremos. Anticipas el daño. Tu mente se vuelve defensiva, combativa o moralista.

Impacto emocional:

Sueles estar nervioso. Reprimes la tristeza y te permites desbordarte de irritabilidad o rabia. Te cuesta acceder a la ternura.

Cómo se manifiesta:

Te enfadas. Te aíslas. Utilizas el silencio como arma. Guardas rencor. Te cierras emocionalmente para evitar que los demás puedan hacerte daño.

El coste de no hacer una limpieza:

Huyes de las conexiones. Un estrés permanente se instala en tu cuerpo. Tu fuego sagrado se vuelve hacia dentro, quemando tu propio santuario interior.

La voz de la culpa: el pacto silencioso del alma

La voz de la culpa suele venir acompañada de sacrificio, de dudas sobre uno mismo, de silenciosas contorsiones emocionales que dicen: «Debo pagar por lo que he hecho» o, peor aún, «por lo que no pude hacer». Es la voz que te recuerda todo el tiempo: «Hay algo malo en lo que has hecho. Lo que has hecho es imperdonable y no vas a poder salvarte». Esta es la voz que nace cuando el trauma te convence de que eres responsable del daño que otros provocaron o del dolor que no pudiste evitar. Asumes cargas que no te pertenecen, confundiéndolas con el deber, el arrepentimiento o la prueba de amor. La culpa es un susurro constante que dice:

- «Debería haber hecho más».
- «Es culpa mía que estén sufriendo».
- «Si hubiera sido mejor, ellos no habrían…».
- «No merezco nada hasta que ellos estén bien».

Desde el punto de vista energético, la culpa comprime tu campo energético. Atrae tu corazón a personas, lugares y un pasado que no puedes cambiar. Interrumpe tu capacidad para recibir, celebrar o avanzar. La culpa bloquea la alegría con penitencia emocional. Identificar la culpa puede ser complicado porque a menudo se disfraza de humildad o compasión. Cuando está enterrada bajo buenas intenciones, puede pasar desapercibida. La culpa también puede ser despiadada porque suele ir acompañada de vergüenza. Proporciona la motivación para realizar actos vergonzosos, por los que luego te sientes culpable. Cuando no se practica la higiene espiritual, la culpa cargada de vergüenza se convierte en tu brújula. Empiezas a creer que la sanación debe doler. Que la alegría debe estar justificada. Que la bondad debe ganarse a través del sufrimiento. El camino para salir de la culpa es el perdón. El perdón a tu yo más joven. A tu yo limitado. A tu yo abrumado. A aquel que hizo lo que pudo, con lo que tenía, bajo el peso de lo que no sabía. Limpiar la voz de la culpa despeja un canal sagrado, para que ya no confundas el dolor con el amor, ni el castigo con la penitencia. Perdonar todo aquello de lo que te crees culpable te hace disponible para la liberación.

Impacto mental:

La culpa distorsiona la responsabilidad personal. Asumes la culpa por cosas que están fuera de tu control. La mente repite todo el tiempo lo que «deberías haber hecho» y crea castigos internos por los fracasos percibidos.

Impacto emocional:

Vives en un estado de pequeño autocastigo. La alegría te parece inapropiada. Niegas la tranquilidad, el éxito o la celebración. Te sientes agobiado a nivel emocional, incluso cuando la vida te va bien en términos generales.

Cómo se manifiesta:

Das más de lo que tienes. Mantienes relaciones desequilibradas. Te disculpas en exceso. Aplazas tus sueños por la comodidad de los demás. Te sientes incómodo con el perdón.

El coste de no hacer una limpieza:

La culpa mantiene tu vibración atrapada en ciclos de deuda y negación. No puedes aferrarte a las bendiciones porque la culpa te insiste en que no las mereces. El agotamiento energético se vuelve permanente y la confianza espiritual no puede echar raíces.

La voz de la falsa responsabilidad

Hay una voz primaria detrás de la falsa responsabilidad y la autoexigencia de cuidar de todo el mundo. Es un híbrido entre la voz de la culpa y la voz de la herencia, con un profundo entrelazamiento con la voz de la actuación y, en ocasiones, con la voz de la vergüenza. En esencia, la expresión más distintiva de esta voz dinámica es: «Si no lo llevo, si no lo hago, todo se vendrá abajo».

La voz de la falsa responsabilidad nació cuando el amor y la seguridad dependían de lo útil que fueras. De niño, es posible que hayas sido el ancla emocional, el que lo solucionaba todo, el fuerte. Aprendiste a sintonizar con las necesidades de los demás, incluso, antes de que pudieras identificar las tuyas. Esta voz suele formarse en hogares en los que había trauma, adicción, negligencia o inmadurez emocional. Te iniciaron en el deber antes de hacerlo en la individualidad. Lo más frecuente es que se herede, que se transmita a través del linaje familiar, donde se enseñaba sobre todo a las mujeres a medir su valor por su sacrificio. Esta voz te dice que tu trabajo es proteger, gestionar, sostener, calmar y servir a los demás, incluso a costa de tu propio bienestar. La mentira más profunda que se esconde detrás de esta voz es: «Su sanación es mi responsabilidad. Su felicidad, paz, éxito y bienestar dependen de mí».

Impacto mental:

Tu mente se vuelve hipervigilante, buscando el malestar o la incomodidad de los demás para apresurarte a solucionarlo. Llevas cargas emocionales y energéticas que no te pertenecen. Descansar te parece egoísta. Los límites te parecen peligrosos. Delegar te parece una traición.

Impacto emocional:

Estás sobrecargado a nivel emocional. Sientes culpa cuando descansas, resentimiento cuando das y confusión sobre tus propias necesidades. Puedes sentirte invisible, abrumado e irremplazable, así como atrapado por la identidad que tú mismo has creado.

Cómo se manifiesta:

- Te comportas como el reparador o el salvador en las relaciones.
- Asumes cargas espirituales, económicas o emocionales que no te corresponden.
- Te cuesta decir que no.
- Crees que si dejas de ayudar, los demás sufrirán.
- Evitas tus propios colapsos centrándote en la sanación de los demás.

El coste de no despejar:

Pierdes contacto con tus propias necesidades. Te agotas. Desarrollas un resentimiento que te da vergüenza reconocer. Tu claridad espiritual se nubla. Atraes dinámicas codependientes, en las que se te explota o se espera tu generosidad. Quizás la más trágica de todas las falsas responsabilidades resida en la creencia de que el amor siempre debe costarte algo. La falsa responsabilidad no es amor. Es esclavitud disfrazada de servicio. No estás aquí para atender a todo el mundo. Estás aquí para encarnar tu verdad, para que los demás puedan recordar cómo deben comportarse.

La voz de la falta de perdón: el corazón encadenado

Cada trauma que puedas imaginar o que hayas sufrido requiere una dosis de perdón para sanar. Esto no excusa lo que sucedió, sino que libera lo que aún te mantiene cautivo. Lo que decides no perdonar se convierte en el altar donde se venera tu dolor. Se convierte en la lente a través de la cual te ves a ti mismo, el peso que llevas en cada relación y la herida que habla cuando tu corazón intenta abrirse. El perdón no es olvidar. Es recordar sin revivir. Es escoger la libertad en lugar de la repetición. Demuestra tu voluntad de entrar en la plenitud, en lugar de aferrarte a la identidad en la herida.

La falta de perdón no suele tener nada que ver con alguien o algo. No se trata de mantener a otra persona como rehén. Siempre se trata de ti, que eres quien tiene la llave, aunque no sabes si estás dispuesto o preparado para usarla. La falta de perdón no es solo una cuestión moral y emocional. Es una trampa energética en la que, consciente o inconscientemente, has aceptado participar. La falta de perdón dice: «Llevaré este dolor hasta que lo entiendan». La higiene espiritual dice: «Entraré en la verdad y liberaré el dolor para poder ser libre». La voz de la falta de perdón es desagradable. Desagradable y compleja, dice lo siguiente:

- «No merecen mi perdón».
- «Si los perdono, significa que lo que hicieron estuvo bien».
- «Si perdono, tendré que bajar la guardia, y eso no es seguro».
- «No puedo perdonarlos. No por esto».

Lo que escapa a una mente y un corazón implacables es que «ellos» eres tú. La falta de perdón no es un defecto del carácter. Es protección, una fortaleza construida alrededor de un dolor que aún no se ha digerido. Suele formarse cuando la justicia no llega. Cuando la disculpa no llega. Cuando pasar página era un lujo que se negó a tu alma. A nivel energético, la falta de perdón atrapa tu espíritu en un bucle. Repites el momento.

Ensayas el dolor. Mantienes tu energía entrelazada con aquellos que te han hecho daño porque tu mente no sabe cómo liberarse sin fingir que lo que pasó no importa. Cuando no se aborda, la falta de perdón se convierte en un ancla. Te ata a tu propia amargura. Creces, pero no te expandes. Te elevas, pero no te vuelves más flexible. Predicas la sanación y el amor, pero llevas contigo un filo cortante en silencio. La higiene espiritual exige un ajuste de cuentas, no un perdón forzado, sino una liberación sagrada. La voluntad de dejar de estar definido por la herida. La voluntad de decir:

- «Ya no necesito que paguen por mi libertad».
- «Ya no necesito negarme el amor en su nombre».
- «No perdono para olvidar. Perdono para recordar quién soy».

La responsabilidad energética del perdón limpia tu campo energético de aquellos lazos del alma que ya no te sirven. Disuelve los cordones residuales del resentimiento. Restaura el espacio vibratorio para la delicadeza, la receptividad y la fluidez espiritual. Purificar del rencor no reescribe la historia. Recupera la autoridad interior y la autoría de tu futuro. El perdón es una elección para dejar de castigarte por las malas acciones de otra persona.

Impacto mental:
La falta de perdón encierra tu mente en el dolor del pasado. Se convierte en un bucle de dolor, justicia y venganza imaginaria. Repites una y otra vez la traición. Esto te motiva a ocultar tu ternura, equiparando el perdón con la traición que te das a ti mismo.

Impacto emocional:
Te haces más duro. Te proteges. Llevas contigo una tristeza silenciosa a la que no llega la alegría. La confianza se vuelve imposible. La gracia parece inalcanzable o inaccesible, sobre todo para ti mismo.

Cómo se manifiesta:
Te resulta difícil celebrar a los demás. Cierras tu mente y tu corazón rápidamente. Evitas la introspección. Desconfías del tiempo divino. Mantienes

a los demás como rehenes en tu corazón y te castigas a ti mismo en el proceso.

El coste de no hacer una limpieza:
La falta de perdón ata tu alma a la herida. Tu crecimiento personal se estanca. Tu aura se vuelve densa por el dolor y la protección. Tu poder sagrado no puede fluir del todo porque sigues cargando con lo que juraste haber enterrado.

Cada voz es una petición de reencuentro

Ya sea que se exprese como culpa, vergüenza, ira, reproche, evasión o falta de perdón, cada voz de supervivencia es una oración velada. Estas voces son fragmentos de tu alma que piden atención. En esencia, te dicen: «Ven a buscarme. Estoy atrapado aquí». Cada voz interrumpe tu flujo energético porque está incompleta. Si no las reconoces, estas voces te llevarán en círculos, devolviéndote al dolor del que tan desesperadamente quieres liberarte. Cuando se practica la higiene espiritual y las voces son escuchadas, honradas y llevadas a la luz de la verdad, se convierten en aspectos que han sido sanados de tu paisaje interior. Ya no son tus protectoras. Se convierten en participantes de tu integración espiritual y tu plenitud. Este es el poder y el valor que se encuentra en el corazón de la higiene espiritual:

- Encontrar lo que no ha sido amado dentro de ti.
- Asumir la responsabilidad de lo que carga tu alma.
- Restaurar el orden sagrado en tu reino interior.

Cuando estas voces ocupan el trono de tu vida interior, el resultado es un caos energético. Ya no te gobierna el alma, sino que te impulsa la supervivencia. Tus decisiones son reactivas. Tus manifestaciones se vienen abajo. Tu alegría titila por falta de combustible. Aunque pueda parecer que ha pasado demasiado tiempo desde que las voces tomaron el control, nunca es demasiado tarde para recuperar el terreno. La higiene espiritual consiste en enfrentarse a ellas y atenderlas con conciencia y compromiso. La devoción por la higiene espiritual de tu mente y tu corazón es la forma de honrar el origen de las voces sin entregarles tu futuro. Es el trabajo de convertirte en soberano. Todo el mundo lleva consigo el susurro de cada voz: vergüenza, culpa, reproche, actuación, ira, evasión, herencia, postergación, falta de perdón, falsa responsabilidad. Algunas son más fuertes que otras. Algunas están más arraigadas que otras.

Tanto si eres nuevo en el camino de la sanación como si estás tratando de averiguar qué tienes que hacer después de haber probado todo lo demás, la higiene espiritual te da la oportunidad de decidir qué vas a hacer a continuación y pone el poder en tus manos. Puede que te parezca que el trabajo de la higiene espiritual es demasiado para ti. No debes hacer caso a esa voz. Estas voces no son invasoras. Son simplemente ecos, residuos del camino que ha recorrido tu alma a través de la experiencia humana. Estas voces surgen y desaparecen dentro de nosotros como las mareas en el océano. Cada voz es una respuesta a una herida concreta del alma. La que se vuelve dominante es la que te protegió en el momento más trascendental o aterrador de tu vida. Cuanto más fuerte es la huella del trauma, más fuerte es la voz protectora. Ahora que lo sabes y, con suerte, lo entiendes, tienes el poder de escoger: más del pasado o un futuro bien definido. Para recuperar tu autoestima, tu valía personal, tu amor propio y tu soberanía espiritual, no es necesario que revivas el trauma y rechaces las voces. El camino hacia la recuperación es la voluntad de reeducarlas y, en el proceso, reeducarte a ti mismo.

He recorrido este camino durante mucho tiempo. He aprendido mucho sobre mí misma, incluyendo todos los aspectos de mi personalidad y las voces que me ayudaron a sobrevivir. A lo largo del camino, aprendí muchas cosas importantes y poderosas. Aprendí que llega un momento en el que las palabras ya no son necesarias. En esos momentos, aprendí a rezar. Rezo esta oración por ti:

Que cada parte de ti, que antes estaba silenciada
por la supervivencia,
ahora cante en la clave de tu alma.
Que tu campo energético se limpie con elegante gracia
y facilidad.
Que tu trono interior esté ocupado por la verdad.

Que te permitas indagar en tu interior y silenciar la voz
que más daño te ha provocado.
Que la voz que te guíe a partir de hoy
sea la voz del amor, claro, sin complejos,
inquebrantable e inconfundiblemente tuyo.

ORACIÓN DE APERTURA

Todo lo que me negué a llorar

Presencia divina, guardián de las penas, soberanía
de la quietud,
entro en este espacio sagrado con manos temblorosas y corazón
cauteloso, anhelando encontrarme en los lugares
que tanto tiempo he evitado.
Hoy me doy permiso para llorar, no como una debilidad
ni como fracaso.
Lloro como testimonio sagrado de todo lo que he cargado,
perdido y amado.

Doy la bienvenida al dolor sagrado de la sanación y la liberación.
Hago espacio para las lágrimas que me tragué para sobrevivir.
Abro la bóveda donde el recuerdo llora y el alma anhela respirar.
Pido que todo lo que ha sido enterrado vuelva a surgir.
Permito que hable todo lo que ha estado en silencio.

Pido ahora el valor para sentir lo que antes no podía sentir,
para llorar por lo que sucedió
y llorar por lo que nunca sucedió pero debería haber sucedido.
Sostenme, santo, en el espacio entre el dolor y la paz.

Deja que tu presencia sea mi refugio
mientras abro el puño de la represión.

Declaro que el dolor no es mi enemigo.
Es mi medicina, mi comadrona, mi río sagrado de liberación.
Deja que las aguas fluyan.
Deja que el entumecimiento se descongele.
Que este sea el comienzo de mi regreso a la plenitud.

Amén. Aṣẹ Aho.
Que así sea.

CAPÍTULO 5

Permiso para llorar la pérdida

Una invitación sagrada a la puerta final de la sanación

Eran las 8:27 de una luminosa mañana de domingo del mes de julio cuando recibí la llamada. «Nisa ha muerto». La voz de Laura era suave. Amable. Casi reflexiva. Yo sabía que ella sabía que me estaba rompiendo el corazón. Yo también sabía que ella podía darme la noticia porque ella estaba limpia a nivel espiritual. Aun así, al oír esas palabras se me fundieron varios circuitos en el cerebro.

La maestra espiritual sensata que hay en mí sabía que esto iba a pasar. Había rezado para que fuera más tarde que pronto. Dos semanas después de que el médico insistiera en que hiciera algo respecto a su dedo infectado, sus predicciones se hicieron realidad. La madre que hay en mí, la que se había resistido, negado y utilizado todas las herramientas de su bolsa de trucos maternales, cayó al suelo. Sin llorar. Sin gritar. Sin respirar. Tan solo escuchaba. Su hijo la encontró. Había pasado la noche con ella, se había quedado dormido en su cama mientras ella descansaba en el sofá. Le preguntó qué quería para desayunar. Ella no respondió. Él llamó a la policía. Luego a mi amiga Laura. Él no llamó a la madre de su madre. Laura sabía que eso no estaba bien, pero estaba lo bastante lúcida como para abrazarlo con compasión, en lugar de intentar corregir el error en ese momento.

Él salió del apartamento. La policía estaba en camino. Supongo que fue la maestra espiritual quien condujo durante cuarenta minutos hasta la casa de Nisa. Laura se reunió con ella fuera del edificio, la acompañó al ascensor y luego por el largo y caluroso pasillo. Fue la madre desconsolada quien abrió la puerta del apartamento y vio a su pequeña tumbada en el sofá con un cartón de ponche de frutas en la mano. Fue la madre quien se dio la vuelta y se desmayó en el pasillo. Cuando recuperé la conciencia, lo primero que pensé fue: «Debía de tener sed».

El duelo es el dolor sagrado del alma cuando está lista para liberar lo que una vez apreció, ya sea real o imaginario, alegre o doloroso, fugaz o duradero. No siempre se trata de la muerte. Se trata de finales, transiciones y despedidas tácitas a las que la mente no puede dar nombre, pero que el corazón siente a un nivel muy profundo. El dolor es sagrado. Es la prueba del amor y el anhelo. Es el residuo del apego y la expectativa. Es la respuesta del cuerpo a una ruptura energética, el duelo del corazón por lo que fue y el anhelo del alma por lo que no pudo ser. Solemos pensar en el dolor como algo que hay que soportar, algo a lo que hay que sobrevivir. Sin embargo, la higiene espiritual nos invita a ver el dolor como algo que hay que honrar. Para el que hay que hacer espacio. Al que hay que atender con reverencia. El dolor es un sanador y, cuando se aborda con conciencia, con honestidad, no nos destruye. Nos bautiza.

El dolor que llevamos, el dolor que vestimos

Antes de fallecer, Nisa llevaba mucho tiempo afligida. Su cuerpo lamentaba las traiciones que no podía expresar. Su corazón lamentaba la ausencia de seguridad, incluso en presencia del amor. Su espíritu lamentaba una libertad que no podía imaginar y una versión de sí misma que no sabía cómo alcanzar. Lamentaba a la madre que perdió cuando Rhonda no pudo estar presente del todo. Lamentaba a la niña que tuvo que abandonar para sobrevivir. Estaba afligida por la herencia del silencio, del miedo y la supervivencia, del evasivo espiritual que se había transmitido de generación en generación. Nisa no sabía cómo dar nombre a su dolor. En cambio, él le dio nombre a ella. Se disfrazó de rebelión, resignación o rechazo. Como evasión, ira, postergación e incapacidad para perdonar. Estas eran las voces de su trauma que hablaban más alto que su verdad.

Su dolor vivía en las sombras de su falta de conciencia de sí misma. Se escondía detrás de la voz de la culpa, susurrando que otra persona debería haber hecho más. Se enroscó alrededor de la voz de la vergüenza, convenciéndola de que había algo dentro de ella que estaba defectuoso. Bailó con la voz de la herencia, repitiendo viejos patrones con nuevo dolor. Alimentó la voz de la supervivencia, manteniéndola atada al familiar ritmo del aislamiento emocional. En ausencia de honestidad consigo misma, del tipo que dice: «Me duele. Estoy harta. Necesito ayuda», su dolor se convirtió en una puerta cerrada, bloqueada desde dentro. Sé esto acerca de mi hija porque lo aprendí de mí misma. Puedo compartir estas cosas sobre ella con atención plena, amor y compasión porque nadie las compartió conmigo acerca de mí. La práctica de la higiene espiritual me ha dado el valor y la claridad necesarios para compartirlas en voz alta conmigo misma.

La pérdida que no se ha llorado y la sabiduría de la rendición

Nunca lloré la muerte de mi madre. Ella murió cuando yo tenía dos años. Nadie me dijo que había fallecido, al menos, no de una forma que una niña pudiera entender, y aunque lo hubieran hecho, ¿cómo puede llorar la pérdida una niña de dos años? Nadie enseña a un niño a lidiar con el dolor en un mundo que apenas reconoce su derecho a sentir. En cambio, me dijeron y me criaron para creer que mi madrastra era mi madre. No descubrí nada diferente hasta los treinta años. Nunca lloré la pérdida de mi infancia.

Desapareció en el caos de la violencia doméstica, en el silencio que siguió al abuso físico y sexual. Llevaba la supervivencia como una segunda piel, sin darme cuenta de que el precio de la supervivencia era la delicadeza de mi propia alma.

Nunca lloré la pérdida de mi autoestima a los dieciséis años, cuando mi primer amor, el padre de mi hijo, me abandonó después de que le dijera que estaba embarazada. Me dije a mí misma que debía ser fuerte. Me dije que no lo necesitaba. Pero lo que no me dije es que eso me había destrozado. Nunca lloré la pérdida de mi dignidad cuando mi primer marido, el padre de Gemmia, un veterano de Vietnam adicto a las drogas, fue arrestado por robar en la casa de un vecino en la base militar de Fort Benning. Ese acto me robó mi refugio, mi seguridad y la poca estabilidad que había conseguido forjar. Me echaron de casa. Me recortaron la pensión alimentaria. Y volví a Brooklyn, embarazada, con una niña pequeña a cuestas, sin dinero, cargando no solo con un hijo, sino con la vergüenza de estar casada con un delincuente convicto.

Nunca lloré la pérdida de mi autoestima cuando decidí quedarme con un hombre que me golpeaba antes, después y durante mi embarazo de su hijo. Las peores palizas llegaron cuando alguien le insinuó que quizás el bebé no fuera suyo. Mi vientre estaba lleno, al igual que mi silencio.

Tampoco lloré la muerte de mi padre. Se quitó la vida. De sus cinco hijos, fui la única a la que le dejó una nota. No hice espacio para llorar a mi padre porque no sabía cómo hacerlo. No había tiempo para llorar la pérdida de amigos, de trabajos, de esperanza. No había ningún ritual para las traiciones. Ninguna ceremonia para los abandonos. Enterré cada dolor bajo la actuación, la perseverancia y un sentido del propósito. Durante un tiempo, eso me pareció suficiente.

La única vez que estuve a punto de enfrentarme realmente al dolor fue cuando murió mi hija Gemmia. Su muerte me sumió en un lugar muy oscuro. Por desgracia, estaba demasiado aturdida como para sentir miedo. El dolor me mantuvo en cama durante cinco meses. Olvidé honrarlo. No recordé caminar con él, así que luché contra él. Intenté negociar. Intenté huir de él con sueño, oración y diferentes prácticas espirituales. Aunque la higiene espiritual se había convertido en la base de mi vida, mi práctica no era rival para el tsunami de dolor sin procesar que subió a la superficie. El dolor no olvida. Espera. Espera la quietud. Espera el resquebrajamiento. Espera tu rendición. Supe que había llegado a un tiroteo con una pistola de agua el día que me senté con una pistola real en la mano, apuntando a mi propia cabeza. Ese fue el día en que pagué el precio del dolor que había aplazado. Ese fue el día en que me di cuenta de que incluso la fuerza debe inclinarse: no importa quién seas o cuánto hayas logrado, la sanación necesita de la verdad. Ese dolor no es un enemigo, sino una apertura. Gracias a Dios que la rendición es una ley sagrada de la higiene espiritual. Porque, cuando yo no sabía cómo salvarme, la rendición sí lo hizo.

El coste del dolor sin expresar

El dolor que no se reconoce se convierte en toxicidad. Se agrava en forma de resentimiento, desconexión, agotamiento crónico y rigidez emocional. Se convierte en congestión espiritual, una especie de niebla tóxica del alma que nubla la capacidad de sentir alegría, de dar amor, de recibir orientación. El dolor de Nisa, tácito y sin resolver, se convirtió en una guerra silenciosa dentro de su cuerpo. Nunca fue solo la diabetes. Era el agotamiento emocional de cargar con historias que no podía completar y preguntas que no podía hacer. Necesitaba permiso. Pero nadie le había enseñado cómo concedérselo a sí misma. Mi intención es que este capítulo haga lo que nunca se hizo por ella: ofrecerle el permiso sagrado de llorar su pérdida. Por ella. Por mí. Por ti. Por cada versión de ti mismo en la que tuviste que convertirte para poder seguir adelante.

El duelo y las cuatro puertas de la sanación

El duelo es la última puerta del nivel I, porque requiere que todas las demás estén abiertas. Sin la autoconciencia, la primera puerta, ni siquiera reconocemos lo que hemos perdido. Sin la honestidad con uno mismo, la segunda puerta, no podemos dar nombre a la verdad de nuestro dolor. Sin la responsabilidad energética, la tercera puerta, seguimos cargando con el peso de lo que no nos pertenece. Sin rendir cuentas al trauma y a sus voces, la cuarta puerta, confundimos el dolor con debilidad y el entumecimiento con fortaleza. Para llorar bien la pérdida, primero debemos darnos permiso: permiso para sentir sin tener que arreglar. Permiso para llorar sin disculparnos. Permiso para estar hechos pedazos, desprotegidos, desenmascarados. Permiso para no saber cómo podemos seguir adelante, sabiendo que no podemos volver atrás. En esa pausa sagrada, donde el dolor ya no se niega y la sanación aún no se ha completado, nos encontramos con la divinidad. Permanecemos allí, en la presencia sagrada, no para ser reparados, sino para ser recordados.

El poder de la limpieza espiritual en medio del caos

Cuando llegó la policía, el hijo pequeño de Nisa ya había montado en cólera dos veces. La primera vez fue cuando se volvió contra mi hijo (su tío) con los puños cerrados por la rabia y la boca soltando todas las heridas que su madre le había infligido. La segunda vez fue cuando arremetió contra Laura, su madrina, la única persona que se mantuvo firme en su compasión. Un momento estaba gritando salvajemente en la calle y, al siguiente, se enfrentaba a todo el mundo, incluyéndome a mí, cargando con el peso de la ira que había heredado, las historias sin resolver y los dolorosos relatos que Nisa le había transmitido como reliquias envueltas en dolor.

Los médicos habían previsto su muerte. Por eso, el médico que la atendía autorizó que su cuerpo no pasara por la morgue del hospital y fuera directamente a una funeraria. Tanto mi nieto como yo llamamos a diferentes funerarias. La que él llamó llegó primero. Le hice al director de la funeraria una pregunta sencilla que desencadenó otra tormenta. Él volvió a estallar. Acusaciones. Palabrotas. Condenas. Lo que yo había hecho. Lo que yo no había hecho. Lo que nunca me pediría. Cómo enterraría a su madre él solo. Su voz transmitía la furia de todas las heridas sin sanar, la agonía de todas las decepciones de la infancia, el fuego de un protector demasiado joven para soportar tanto dolor. Su agresividad era tan grande que el director de la funeraria se subió al coche fúnebre, dio marcha atrás y se marchó.

Cuando llegó el director de la funeraria al que yo había llamado, el ambiente cambió. Volvió a perder los nervios. Esta vez, agarró el bolso de su madre y su Biblia, que yo había apartado con cuidado para conservarlos como unas reliquias sagradas. Caminaba de un lado a otro. Maldijo. Se convirtió en la encarnación del dolor, crudo y voraz. Un alma rabiosa que arremetía contra cualquier cosa que se moviera. Se negó a dejar entrar al director de la funeraria en el apartamento. Me identificó como el «adversario» y les dijo que ellos podían entrar, pero yo no. Fue el alboroto en el pasillo lo que llevó a los vecinos a llamar a la policía. Cuando llegaron, les cerró la puerta del apartamento en las narices y les dijo lo mismo. No había infringido ninguna ley. Su nombre figuraba en el contrato de alquiler. Ellos podían entrar a recoger el cuerpo de su madre, pero yo no podía entrar en el apartamento.

Después de varios momentos de idas y venidas, caminé hacia la puerta y recé en silencio. Todo y todos se quedaron quietos y en silencio. Mi nieto abrió la puerta, tal vez creyendo que nos habíamos ido. Cuando miró hacia fuera, mi rostro fue lo primero que vio. Nuestras miradas se cruzaron. Sin levantar la voz por encima del tono normal de una conversación, le dije: «Querido, sé que es tu madre, pero también es mi hija. Del mismo modo que ella te defendería a ti, yo la defiendo a ella. Necesito que te apartes para que podamos sacar su cuerpo». Él abrió la puerta. Mientras llevaban la camilla con su cuerpo por el pasillo, yo caminaba detrás de ellos recitando el Salmo 23: «Aunque camine por el valle de la muerte… no temeré mal alguno».

Cuando el coche fúnebre se alejó, todos nos reunimos de nuevo frente al edificio de apartamentos. Los vecinos se habían enterado de la noticia. Algunos bajaron para darme el pésame. Mi nieto estaba furioso de nuevo. La gente nos miraba. Los coches reducían la velocidad al pasar. No recuerdo ahora qué estábamos discutiendo, pero sí recuerdo que mi nieto me amenazó. Corrección: dijo algo que podía interpretarse como una amenaza. Mi hijo, mi hermoso hijo, intervino: «No le faltes al respeto a mi madre». Me rogó que me fuera. Le dije que no me iría hasta que él lo hiciera. No por rebeldía, sino por honor. Por el compromiso que adquiere una madre de ser testigo de cada momento de la vida terrenal de su hijo. En mi mente, esta no podía ser, ni sería, la historia de un tío (mi hijo) golpeando a su sobrino (mi nieto) contra el suelo de hormigón. Nos fuimos todos juntos: yo, la madre afligida. Yo, la maestra espiritual. Mi hijo. La tía y madrina, Laura, y cuatro miembros de mi personal, que habían acudido con discreción en cuanto se enteraron de la noticia. Nos marchamos como uno solo. Pero yo llevaba a muchos dentro de mí.

Las siguientes horas transcurrieron en silencio. Hice algunas llamadas. Se lo conté a las personas a las que tenía que contárselo. Hablé con las personas que sabía que se pondrían nerviosas si no podían localizarme. Hablé con una inquietante calma que incomodaba a los demás. «¿Estás bien?», «¿Necesitas algo?», «¿Qué puedo hacer?». Me hacían estas preguntas como si no lo hubieran notado ya en mi voz. Estaba destrozada. Pero estaba limpia. No estaba entumecida. No estaba endurecida. No estaba en modo negación. Estaba procesándolo todo, interna y espiritualmente.

Estaba honrando cada pensamiento. Estaba escuchando cada sentimiento. No cuestionaba nada y reconocía todo. Estaba destrozada por dentro. Tenía el corazón roto. Y estaba limpia mental, emocional y espiritualmente.

El dolor, en su expresión más primitiva, no es agradable ni poético. A veces es rabia. A veces es silencio. A veces es la dignidad tranquila de mantener el equilibrio ante la tormenta de otra persona. La limpieza espiritual no es la ausencia de emociones. Es negarse a dejar que las emociones contaminen tu verdad. Ese día, no reaccioné. Respondí. Desde el alma. Desde la rendición. Desde el amor. Respondí desde la fuerza que había sacado tras años de trabajo interior y desde la experiencia de enterrar a Gemmia. Fue un pensamiento extraño. Cuando aterrizó, me sorprendió. Sé cómo hacer esto. Lo he hecho antes. Actúa como si supieras que esto no te matará. En ese momento, aprendí algo que ningún libro, ningún sermón, ningún texto sagrado podría haberme enseñado: cuando estás limpio a nivel espiritual, estás sólido dentro de ti mismo. Tu limpieza te deja lo bastante lúcido como para soportar el fuego del dolor, la ira o la vergüenza no procesados de otra persona y, aun así, recordar quién eres.

El dolor como umbral sagrado

El dolor no es un obstáculo para la sanación. Es la sanación. Para purificarte mental, emocional y espiritualmente, debes dejar que el río del dolor fluya a través de ti. No puedes controlarlo. Debes aprender a aceptarlo. A bendecirlo. Es el movimiento de la emoción lo que rompe la dura coraza que rodea el corazón. Es el ablandamiento del suelo interior, donde se pueden plantar nuevas semillas de verdad. Un alma madura y responsable a nivel espiritual no evita el dolor. Aprende a convivir con él. A respirar a través de él. A verlo y hablarle como a un amigo, no como a un enemigo. Quizás lo más valiente, con un profundo deseo de sanar, es que aprende a escuchar al dolor y a preguntarle qué ha venido a revelar. En medio del *shock* y el dolor que puede provocar una pérdida, es importante recordar que el dolor no solo se refiere a lo que se ha perdido. Se refiere sobre todo a lo que se ha amado. ¿Y si el dolor fuera la señal sagrada de que nuestros corazones estaban abiertos cuando pensábamos que estaban destrozados y cerrados? ¿Y si solo el dolor pudiera recordarnos que nuestras esperanzas siguen vivas? ¿Y si el dolor tuviera el poder de desafiarnos, de atrevernos a creer en algo más de lo que hemos conocido? ¿Y si…? Quizás. Quizás no. Podría ser. ¿Quién sabe?

El coste de no expresar el duelo

No asistí al funeral de mi hija. Había llegado a comprender que la bravuconería de mi nieto era una actuación impulsada por el dolor: ruidosa, intensa, impredecible. Pagué por los servicios funerarios, sí. Me aseguré de que alguien le preguntara qué quería y de que se lo proporcionaran. Pero, en el fondo de mi alma, justo debajo de mi corazón roto, sabía que emocionalmente no estaría a salvo con él. No podía confiar en que mi presencia, a pesar de mi apoyo económico y de mi silencio, no lo alterara. No iba a darle la oportunidad de deshonrar a su madre deshonrando a su abuela. Con esos pensamientos, sin juzgar ni enfadarme, creé mi propio ritual. Fui a la funeraria el día antes del funeral. Su madrina y algunos otros amigos cercanos también estaban allí. Nos sentamos con ella. Recé por ella. La ungí con las lágrimas que no había derramado con ella y por ella durante su corta y agitada vida. Le pedí perdón. Le ofrecí el mío.

Le pedí al director de la funeraria que le pintara las uñas de color morado. Era su color favorito. Le hice un collar de tres vueltas con amatista y nácar. La amatista, la piedra de la transformación, favorece el paso de un estado a otro. El nácar promueve la tranquilidad. Se cree que purifica el aura. Se asocia con la divinidad femenina, nutre el alma, calma el espíritu y fomenta la paz interior. Eso era lo que yo quería para ella. Con la higiene espiritual, me lo había concedido a mí misma.

No creo que la muerte sea el final. Creo que es una puerta. Un retorno, no solo a tu fuente y Creador, sino también un retorno a la verdad.

El reino físico, lo que podemos ver, oír y tocar, es la realidad tridimensional. El reino espiritual, lo que podemos percibir, sentir y lo que sabemos, incluso cuando no hay pruebas físicas, es la realidad de la quinta dimensión.

Imagina que, en una tarde soleada, estás corriendo por un campo sujetando la cuerda de una cometa. El viento eleva la cometa, dibujando un arco colorido contra el cielo. Pronto, la cometa desaparece entre las nubes.

A tus ojos, se ha ido. Sin embargo, el suave tirón de la cuerda en tu mano es la prueba de que la cometa sigue ahí, aunque no se vea.

Esta es la diferencia entre la tercera dimensión y la quinta dimensión de la realidad. La tercera dimensión es la cometa visible, lo que puedes ver, tocar y medir con tus sentidos. La quinta dimensión es el tirón invisible de la cuerda, lo que puedes sentir, saber y confiar más allá de la evidencia física.

Creo que la muerte es un paso de la forma a la ausencia de forma, de la tercera dimensión a la quinta dimensión y más allá. Creo que se nos conduce a un estado sin forma como una oportunidad para liberarnos de las cadenas de la personalidad impulsada por el ego, la contaminación espiritual del mundo tridimensional, para que podamos empezar de nuevo. Y así, adorné a Nisa con un lenguaje que el alma entiende: belleza, intención, reverencia. Le di a su alma lo que no supe darle a su mente y a su corazón cuando fue sometida a la pobre higiene espiritual con la que Rhonda la contagió. Le di lo que no pudo o no quiso aceptar de Iyanla.

Su funeral fue una ceremonia para las personas que la conocían. El tiempo que pasé con ella fue un ritual para aquellas partes de mí que aún anhelaban conocerla y que fueran conocidas por ella. En la quietud de aquella sala, en la planta baja de una funeraria, rodeadas de silencio y con una piedra sagrada, mi hija Nisa Camille y yo comenzamos a sanar.

Higiene espiritual para el corazón

El duelo es la respuesta natural, sagrada y, a menudo, tácita ante cualquier pérdida. No se limita únicamente a la muerte. En esencia, el duelo es el amor buscando un lugar al que ir. Es el dolor del alma al reconocer que algo que una vez tuvo, esperaba o con lo que se identificaba ya no está ahí.

Puede surgir por la muerte de un ser querido, la pérdida de un sueño, una traición, una transición, una identidad rota o la liberación de un patrón generacional. El duelo no es un problema que haya que resolver. Es un proceso de integración. Es el alma recalibrándose en presencia del vacío.

El duelo requiere presencia, y la presencia requiere rendición. A la mayoría de nosotros se nos ha enseñado que la fuerza es silencio, que el dolor debe ocultarse, que la supervivencia es más importante que la ternura. Evitamos el duelo porque:

- Tememos que nos abrume.
- Llevamos con nosotros la creencia heredada de que la emoción es debilidad.
- No sabemos cómo dar espacio al dolor sin intentar solucionarlo.

Nadie ha considerado nunca el duelo como un acto sagrado. Se suele considerar una crisis privada, a veces, vergonzosa. Quizás, en aras de la higiene espiritual, ahora podamos reconocer que nos resistimos al duelo porque exige la verdad. Para llorar la pérdida de una forma plena y auténtica, debemos admitir lo que importaba y lo que no. Debemos estar dispuestos a decir: «Eso me dolió. Eso me afectó. Eso acabó con algo que había dentro de mí». Sin embargo, cuando hablamos de un ser querido que ha fallecido, el ego nos dirá: «Eso no está bien». El nivel de honestidad que requiere el duelo puede aterrorizar al ego, pero libera al alma.

Quizás, en aras de la higiene espiritual, ahora podamos decir una verdad más profunda: resistimos el dolor no porque seamos débiles, sino porque el dolor exige honestidad. La honestidad, sobre todo la honestidad emocional, desmantela la ilusión de control del ego. Llorar sin cortapisas es renunciar a los relatos que habíamos seleccionado. Significa admitir lo que nos importaba de verdad. Requiere confesar lo que perdimos, lo que amábamos y lo que nunca recibimos. Permite que nos atrevamos a decir palabras que habíamos reprimido: «Eso me destrozó», «Eso me cambió para siempre», «Eso no fue justo», «Eso me dolió». El dolor no es solo un sentimiento, también es una revelación. Revela lo que el alma considera sagrado y lo que el ego intentó ocultar bajo la actuación, el orgullo o la cortesía. Cuando el dolor se refiere a un ser querido que ha fallecido, el ego suele resistirse aún más. La voz del ego dice: «No digas eso. No está bien. Sé agradecido. Sé fuerte». Menos mal que el dolor no tiene nada que ver con la amabilidad. Tiene que ver con la integridad. Para ser íntegros, debemos decir la verdad sobre nuestra experiencia, no solo el recuerdo.

El duelo exige que nos quitemos la máscara y cojamos el espejo. Nos invita a sentir el dolor sagrado de lo que es real. Aunque esta amplitud, profundidad y nivel de honestidad aterrorizan al ego, liberan el alma. Lo que lloramos, lo honramos. Lo que liberamos, ya no lo cargamos. Lo que limpiamos, lo recuperamos. Esta es la labor sagrada de la higiene espiritual:

purificar el corazón de la represión. Enjuagar el alma de la distorsión. Permitir que el dolor se convierta en un umbral, no en una trampa. Digámoslo así: llorar por la pérdida significa crecer. Llorar por la pérdida es volver a la verdad, y la verdad es siempre el comienzo de la sanación.

Distinción entre duelo y luto

El «duelo» es la experiencia «interna» de la pérdida. Es lo que ocurre dentro del corazón, la mente y el espíritu.

El dolor es personal, invisible y, a menudo, indescriptible. Permanece en la respiración, en los huesos, en los lugares reposados que nadie ve. El «luto» es la expresión «externa» de ese dolor. Es la forma en que honramos y hacemos visible lo que sentimos en nuestro interior. Expresamos el duelo a través de rituales, lágrimas, relatos, arte, silencio, ceremonias y recuerdos. Míralo de esta manera: el dolor es la semilla; el duelo es lo que florece. Sufrir y no llorar es llevar una pena sagrada sin liberarla. Llorar sin sufrir es representar el dolor sin tocar nunca su raíz. Ambos son necesarios. Ambos facilitan la sanación. Por desgracia, muchas personas se quedan estancadas en el luto. Esto ocurre cuando sentimos remordimientos. Ocurre cuando la voz de la culpa o la vergüenza nos convence de que algo que hicimos o dejamos de hacer debería haberse hecho de otra manera. La Dra. Elisabeth Kübler-Ross introdujo el modelo que más se enseña para comprender las etapas del duelo. Identificó la negación, la ira, la negociación, la depresión y la aceptación. Aunque estas etapas no se desarrollan de forma lineal, podemos ver que en cada una de ellas existe la posibilidad de que se desencadene un trauma y se alce la voz. Cuando eso ocurre, pasamos por alto la raíz del duelo y nos sentamos en las ramas del trauma que florece. Esa rama se llama «luto». Esa rama se centra en el exterior. Esa rama nos sostendrá hasta que alcancemos una herramienta de higiene espiritual que nos devuelva delicadamente a la verdad del dolor.

El duelo es un limpiador. Purifica el campo emocional. Vuelve más flexible la rigidez mental. Disuelve el entumecimiento espiritual. El duelo desatasca las arterias energéticas del alma. Elimina los residuos espirituales que dejan la negación, la evitación y la represión. Para honrar totalmente el dolor, debes estar dispuesto a:

- Practicar la honestidad contigo mismo: «Esto era importante para mí».
- Cultivar la autoconciencia: «Esto me afectó porque...».
- Asumir la responsabilidad energética: «Escojo sentir esto en lugar de esconderme».
- Practicar la higiene emocional: «Libero las toxinas del dolor sin expresar».

El duelo, cuando se siente de forma consciente, es una de las formas más puras de rendición. No pide permiso para entrar. Llega cuando le place, con la fuerza de una inundación o el lento dolor de un susurro. Sin embargo, cuando se le da la bienvenida, cuando se le observa con amor, el duelo se convierte en un iniciador. Humilla al ego, abre el corazón y reorienta el alma hacia lo que es realmente sagrado, auténtico y duradero.

En la práctica de la higiene espiritual, el duelo no se considera un desvío o una interrupción de la vida. No es un problema que haya que solucionar ni una debilidad que haya que ocultar. Es un rito de paso, sagrado, necesario y profundamente transformador. El duelo nos lleva a cruzar los umbrales de la identidad, la comprensión y el amor mismo. Donde hay duelo, ha habido amor y conexión. El duelo es el reconocimiento de que algo que alguna vez se apreció profundamente ha cambiado, ha terminado o se ha perdido. Ese cambio es sagrado. En ese cambio, el alma llora con reverencia cargada de dolor. El duelo nos recuerda los momentos sagrados que no podemos revivir. Honra lo que nos ha moldeado y a veces lo que nos ha destrozado. Se hace eco de la ilusión de que cualquier cosa, o cualquier persona, es realmente nuestra para siempre. Es esa ruptura la que nos pone de rodillas y nos ablanda. Son los fragmentos de esa ruptura los que nos llaman hacia nuestro interior.

El duelo es un fuego purificador, una lluvia purificadora. Puede mover energía estancada, limpia los residuos del apego y deja espacio para un nuevo devenir. El duelo, como nada más, nos despoja de la actuación y la pretensión. Revela los contornos honestos de nuestra alma. El ego se resiste a este tipo de desnudez porque quiere control, certeza y apariencia. Pero el duelo dice: «Ven tal como eres. Déjalo todo atrás. Di la verdad sobre lo que te importaba y se te sanará». Esta es la higiene espiritual del más alto nivel.

En el duelo, no solo estás lavando la superficie exterior de tu vida, también estás fregando el altar interior de tu corazón. No solo estás liberando a una persona o algo que te importaba. Estás liberando críticas, expectativas, remordimientos, ilusiones y las historias que nunca se vivieron del todo. El dolor te invita a adentrarte en las profundas aguas del recuerdo, donde lo que se ha perdido se convierte en un maestro y lo que se ha amado se convierte en un puente hacia tu yo más profundo. Si permaneces presente en él, cuando el duelo haya seguido su curso, cuando haya enseñado lo que vino a enseñar, no serás quien eras. Serás más delicado, te rendirás y serás más abierto en tu forma de pensar, sentir y ser. Caminarás más ligero porque habrás soltado lastre. Amarás más profundamente porque ya no tendrás miedo. Habrás hecho espacio para todas las cosas que pensabas que nunca llegarían. Ahora tal vez puedan hacerlo.

Página de reflexión sobre el duelo

Un espacio sagrado para sentir, recordar y liberar

Querido mío:

Al llegar a esta página de reflexión, ten en cuenta lo siguiente: no tienes ningún problema porque sientas dolor. No eres débil porque sientas con tanta intensidad. Eres humano. Más que humano. Eres un alma.

El duelo no tiene que ver, simplemente, con lo que se ha perdido; se trata de lo que has vivido dentro de ti, lo que te ha moldeado, lo que te ha importado a un nivel tan profundo que ha dejado una huella. El duelo es la forma sagrada que tiene el alma de recordar el amor, procesar el cambio y hacer espacio para lo que está por llegar.

Esta página no tiene la intención de arreglarte ni obligarte a pasar página. Tiene la intención de darte espacio para tu propia honestidad. Aquí, estás invitado a dejar a un lado las máscaras, la fortaleza, el silencio y los relatos con los que has cargado. Te invito a hablar desde el dolor. Te invito a honrar lo que tu corazón ya sabe.

Deja que tu pluma sea tu testigo. Deja que tus lágrimas sean tu medicina.

Deja que esta reflexión sea un baño espiritual que no solo limpie el dolor, sino que abra tu corazón y te dé permiso para volver a vivir con plenitud.

Respira hondo. Pon tu mano sobre tu corazón. Dite a ti mismo:

«Estoy a salvo para llorar. Estoy listo para sentir. Estoy dispuesto a sanar».

Y así, con amor, comienza.

Un encuentro sagrado con lo que se había perdido

Antes de empezar, crea un espacio agradable e intencionado. Enciende una vela. Pon música suave. Coloca una mano sobre tu corazón antes de responder a cada pregunta. Respira hondo.

1. ¿Qué estás lamentando en este momento?

(Escribe con sinceridad. Puede ser una persona, una relación, una oportunidad perdida, una versión anterior de ti mismo, un sueño que hayas aplazado o incluso algo intangible, como la seguridad o la inocencia).

2. **¿Alguna vez te has permitido sentir totalmente este dolor? ¿Por qué sí o por qué no?**

3. **¿Qué significó para ti esta persona/experiencia? ¿Qué parte de ti estaba o sigue estando conectada con ella?**

4. **¿Qué emociones se esconden tras tu dolor?**

(☐ Tristeza ☐ Ira ☐ Culpa ☐ Alivio ☐ Entumecimiento ☐ Vergüenza ☐ Gratitud ☐ Otro)

Descríbelas con sinceridad:

5. ¿Qué historias te has contado a ti mismo sobre esta pérdida? ¿Son ciertas? ¿Son amables? ¿Son tuyas?

6. ¿Qué te ha enseñado tu dolor?

7. ¿Qué estás dispuesto a soltar ahora, con amor y reverencia?

Que esta reflexión sea tu altar. Que tu dolor se convierta en tu maestro. Que tu corazón recupere su integridad, pieza a pieza sagrada.

Ceremonia de duelo y liberación

Un ritual sagrado para purificar el corazón y honrar la pérdida

Esta ceremonia puede realizarse solo o en compañía. Puede recitarse en voz alta, escribirse, bailarse o celebrarse en silencio ante la presencia de otras personas.

PREPARACIÓN

- Busca un lugar tranquilo.
- Reúne tres objetos sagrados: uno que represente el dolor, otro que represente la sanación y otro que represente tu fuerza espiritual.
- Ten a mano un cuenco con agua salada, una vela y un trozo de papel.

Paso 1: da nombre al dolor

Di en voz alta o escribe:

> «Hoy doy nombre a mi dolor, no como una debilidad, sino como un testimonio».
>
> «Estoy de duelo por la pérdida de ____________________________».

Paso 2: honra la emoción

Coloca una mano sobre el corazón. Susurra:

«Te entiendo».

«No me resisto a ti».

«No te juzgo».

«Te acojo como algo sagrado».

Permítete llorar. Deja que tu cuerpo hable. Deja que el silencio te envuelva. Mantente presente.

Paso 3: ofrece la liberación

Escribe lo que estás listo para liberar. Di:

«Libero el dolor que ya no me sirve».

«Conservo el amor».

«Honro la lección».

«Renuncio a todo lo demás».

Quema (de forma segura) o entierra el papel. También puedes disolverlo en agua salada.

Permite que el acto sea simbólico y completo.

Paso 4: unge con paz

Sumerge los dedos en el cuenco de agua salada.

Tócate el corazón, la frente o los hombros, mientras dices:

«Purifico el dolor».

«Recupero el aliento».

«Me unjo en recuerdo y en paz».

Enciende la vela.

Paso 5: declaración sagrada

Pronuncia estas palabras para finalizar el rito:

«Mi dolor es sagrado».

«Mi corazón está completo, incluso cuando duele».

«Llevo el recuerdo, no el peso».

«Estoy purificado».

«Estoy limpio».

«Soy libre para vivir y amar de nuevo».

Tu susurro final

El dolor no es tu enemigo. Es tu matriz. No viene a destruirte. Viene a entregarte a tu verdad, a tu ternura, a tu trono. No estás destrozado porque sufras. Te estás completando porque, finalmente, lo estás haciendo.

Así que llora si lo necesitas. Grita si lo necesitas. Siéntate en silencio si es lo único que puedes hacer. Hazlo todo como un acto sagrado. Hazlo ahora como un retorno a ti mismo.

Este es tu permiso para hacer el duelo. Este es tu primer paso hacia la sanación. Esta es tu liberación sagrada.

Reconozco tu valentía.

Honro tu fortaleza.

Estoy contigo y a tu lado en el recuerdo sagrado y en la sanación.

Amén. Àṣẹ Aho.

Cerrando la puerta del nivel I

Llega un momento en el camino de la sanación en el que el silencio ya no es sinónimo seguridad. En el que esconderse ya no es percibido como un hogar. En el que el dolor interior ya no puede superarse por medio de la actuación, la negación o la supervivencia. Este es el umbral sagrado de la higiene espiritual.

Con esta primera puerta (nivel I: sanación) has entrado en el terreno de tu mundo interior, no para juzgarlo, sino para limpiarlo. Tanto si las historias y ofrendas que has encontrado han despertado algo en tu interior como si simplemente las has aceptado como algo que deberías tener en cuenta, la limpieza ha comenzado. La intención energética de este trabajo es tal que tu sola presencia ya es suficiente.

Te has colocado frente al espejo de tu mente, tu corazón, tus hábitos y tu historia personal. Has recordado lo que se siente cuando te ves realmente a ti mismo. Has despertado el don de la **autoconciencia**, la luz que revela lo que ha permanecido oculto. Te has expuesto a la práctica de la **honestidad contigo mismo**, el arte sagrado de decirte la verdad, sobre todo cuando esta es difícil y duele. Has visto cómo debes enfrentarte a los patrones de la **deshonestidad emocional**, las máscaras, la represión, el fingir que no sentías. Y luego hiciste algo para lo que muchas personas nunca encuentran el valor: aceptaste tu **responsabilidad energética** pasando página y continuando adelante.

No solo prestaste atención a lo que te había sucedido, sino también a cómo había respondido tu energía. Al hacerlo, comenzaste el proceso de recuperar tu autoridad interior dejando de culpar a los demás y decidiendo que te responsabilizarías de tus experiencias pasadas, del dolor y de la sacralidad de tu viaje. Ya sea que haya sucedido de forma consciente o inconsciente, el proceso ha comenzado. Tienes derecho a escoger si continuarás o no con él.

Te has encontrado con las voces del trauma, esos protectores internos que van disfrazados de saboteadores. La voz de la actuación. La voz de la vergüenza. La voz de la postergación. Las voces de la evasión, la herencia, la culpa, la ira y el miedo. Aprendiste que no son malvadas. Son ecos de un alma que intenta mantenerse viva en un mundo que le pidió que guardara silencio. Son los residuos de lo que tu fuerza y tu coraje ya te han ayudado a superar.

Fuiste consciente del precio que tiene la farsa. Examinaste los residuos que trae la falta de perdón hacia los demás y, con gran cariño, hacia ti mismo. Has reconocido que lo que hiciste para sobrevivir tuvo un coste y has decidido perdonarte por el daño que le provocó a tu alma. Y por fin, quizás por primera vez en tu vida, te has dado **permiso para hacer el duelo.** Para recordar. Para abrirte en canal sin venirte abajo. Para dejar atrás la idea de que ser fuerte significa que debes permanecer en silencio. Para sentir la verdad sagrada de que el dolor no es el final, sino el comienzo de la sanación.

Ya no eres quien eras cuando empezaste este camino. Puede que aún no seas quien estás llegando a ser. Pero estás más limpio. Ves con más claridad. Eres más delicado en los lugares adecuados. Más fuerte en los aspectos adecuados. Has vuelto a ser tú mismo, no como una mera actuación, sino como una presencia.

Este es tu regreso sagrado al trono de tu mente, al altar de tu corazón, al centro de tu alma. Te saludo. Te honro. Doy las gracias a mi preciosa niña, Nisa, por guiarnos por esta fase del viaje.

Que llevéis estas enseñanzas como bendiciones, no como cargas.
No como reglas, sino como revelaciones.
No como presión, sino como presencia.

Eres digno de tu sanación.
Eres digno de confianza con tu verdad.
Estás completo, incluso en el devenir.
Estás limpio.

El nivel I ha sido completado.
Cuando te sientas preparado, deja que continúe la obra sagrada.

Que así sea.
Amén. Aṣẹ Aho.

NIVEL II

LIMPIEZA Y DESINTOXICACIÓN DEL ALMA

Un descenso sagrado al cuerpo

Bienvenido, querido, al nivel II: limpieza y desintoxicación del alma.

En este nivel, nuestro trabajo consiste en crear un santuario para la liberación sagrada y la purificación interior. Ahora nos adentramos en un espacio que nos permitirá ascender más en la mente y el corazón descendiendo más en los sentimientos y en el cuerpo. La intención es alcanzar aquellos lugares de ti mismo que son tiernos o están olvidados o enterrados bajo el polvo de la supervivencia. Esta tarea no consiste en esforzarse, sino en descubrir, eliminar las capas que ya no sirven a tu verdad, honrar los recuerdos que tu cuerpo ha estado llevando en silencio durante años. Este es el permiso sagrado que te das para sentir, recordar, purificar y volver al trono interior.

Para esta tarea, no se espera que seas fuerte. Se te invita a que seas honesto. Nuestro objetivo no es la sanación. Estamos creando espacio para que tenga lugar. Aquí, tu cuerpo se convierte en tu altar. Tus emociones se convierten en tus ofrendas, y la sabiduría de tu alma se convertirá en tu guía. Estamos cruzando hacia un espacio de ternura radical, donde los residuos del trauma, la memoria y el estancamiento emocional ya no son algo que haya que temer o de lo que avergonzarse; serán reconocidos, honrados y liberados. Se trata de desenmarañar de una forma sagrada; no porque tengamos ningún problema insalvable, sino porque algo santo está irrumpiendo en nosotros.

En el nivel II, recorreremos cinco territorios sagrados:

1. El cuerpo como archivo del alma.
2. El lenguaje del dolor.
3. El permiso para sentir.
4. Rituales de liberación.
5. Recuperar el ritmo.

Encontrarás historias de personas que te resultarán familiares, ya sea porque reflejan tu propia experiencia o la de alguien que conoces y quieres, tal vez tu propia Nisa.

Para apoyar nuestros esfuerzos, haremos lo siguiente:

- **Aprender el lenguaje de tu cuerpo** como guía para la sanación: comprender cómo se almacena el trauma en las células, los músculos y la respiración.
- **Identificar y liberar la congestión emocional** a través de movimientos sagrados, rituales acuáticos y prácticas suaves que invitan al cuerpo a hablar, temblar, llorar y recordar.
- **Purificar los patrones heredados y los residuos ancestrales** eliminando las huellas energéticas que no pertenecen a la verdadera esencia de tu alma.
- **Reconsiderar el dolor como una información sagrada.** Verás tus síntomas, bloqueos y experiencias pasadas como unos mensajeros que te invitan a volver a la integridad.
- **Restaurar tu ritmo físico y emocional** aprendiendo a vivir en armonía con la inteligencia y los ciclos naturales de tu cuerpo.

Cuando te encuentres con estas enseñanzas y recomendaciones, recuerda que no se trata de alcanzar la perfección y no puedes hacerlo mal. Esta tarea trata sobre la presencia, tu presencia para ti mismo, dentro de ti mismo, de forma auténtica. Esta tarea no consiste en negar o evitar el dolor. Se trata de aprender a bendecirlo y liberarlo. Aquí es donde purificas no solo lo que has experimentado, lo que te han hecho, sino que este trabajo también consiste en reconocer y limpiar todo lo que te has visto obligado a cargar en consecuencia.

A medida que avances por el nivel II, te animo a que hagas lo que puedas, lo que te parezca correcto, sin importar cuántas veces te susurre la engañosa inteligencia: «No te va a funcionar. ¡Puede que le funcione a todos los demás, pero a ti no!». Eso es algo que Nisa me decía a menudo. Comparto contigo lo que compartí con ella: «Un poco de algo es mejor que nada en absoluto».

Que tu respiración se haga más profunda.

Que tus lágrimas te bauticen.

Que tu cuerpo recuerde.

Que tu alma se purifique a través de la gracia de la encarnación.

No estás solo.

No es demasiado tarde.

Estás exactamente donde tu sanación puede volver a comenzar.

Como siempre, comenzamos con una oración.

ORACIÓN DE APERTURA

El descenso sagrado a mi cuerpo santo

Amada presencia de la gracia divina,
ahora me acerco al altar interior, no en busca de respuestas,
sino en devoción a la verdad.
Ahora me mantengo de pie, no como una actuación,
sino en presencia.
Escojo ahora no ser fuerte, sino ser visto, sentido y liberado.

Invito a la luz sagrada del recuerdo a descender
con delicadeza sobre mi cuerpo.
Permito que ilumine los espacios silenciosos, mi mandíbula apretada,
mi vientre sensible, el dolor en mi espalda,
la respiración que olvidé hacer.

No estoy aquí para escapar. Estoy aquí para entrar.
Estoy listo para tocar el dolor que silencié.
Estoy dispuesto a encontrarme con la vergüenza que heredé.
Ahora escojo bendecir las historias atrapadas en mi carne.

Este es mi descenso sagrado. Cuanto más profundamente voy,
más arriba me elevo.

Invoco la sabiduría de mis antepasados,
las oraciones de los que no han sido llorados y el coraje
de mi niño interior, que aún espera ser abrazado.
Pido y me abro para recibir la purificación
del polvo de la supervivencia.
La desintoxicación de las expectativas que me endurecieron.
La libertad de las ilusiones que me decían que sentir era peligroso
y estaba mal.
Haz espacio, ¡oh, espíritu bendito!,
haz espacio para que la sanación llegue
en oleadas, en llanto,
en temblores y con la verdad.
Que mi cuerpo se convierta en santuario.
Que mi aliento se convierta en bálsamo.
Que mi voluntad sea el testimonio de que algo sagrado
se está renovando.
No necesito saber cómo.
Solo necesito estar aquí.
Dispuesto. Presente. Honesto. Yo soy.

Que este trabajo se convierta en un río que fluye,
un movimiento poderoso,
un ritmo sagrado que me lleve de vuelta a mi integridad original.

Y así comienzo.
Ungido en gracia.
Sostenido por el amor.
Restaurado con elegante facilidad.

Pido. Permito. Recibo.
Amén. Aṣẹ Aho.
Que así sea.

CAPÍTULO 6

La santa liberación

Permitir que el cuerpo hable

> «Lo que el alma no puede expresar, el cuerpo lo recordará. Lo que el cuerpo no puede liberar, el espíritu lo llevará consigo. Hasta que se sea testigo de ello, seguirá existiendo».

En todo camino que se dirige hacia la sanación llega un momento en el que el alma ya no busca más comprensión, análisis o explicaciones. Busca alivio y liberación. Esta es la sagrada labor de la higiene espiritual para el cuerpo. Ya no se trata de un proceso de «arreglar» lo que está roto. Es el momento de desintoxicar y purificar lo que está enterrado, retenido o es demasiado pesado. Esta es la labor de volver al ritmo natural del cuerpo en cuanto a sentimientos, fluidez y libertad. Para algunas personas, estos estados del ser pueden resultar desconocidos, incluso inalcanzables, pero son su derecho de nacimiento. En el contexto sagrado de la higiene espiritual, no se trata de lujos, sino de intenciones sagradas.

En esta etapa de tu viaje, te invitamos a entrar en el templo de tu cuerpo y escuchar con atención lo que aún permanece en ese lugar. El dolor en tu columna vertebral. El peso en tu pecho. La tensión en tu mandíbula.

No se trata de molestias aleatorias. Son ecos de voces que tienen algo que decir. Son plegarias de dolor sin expresar, de ira que no se ha manifestado, de necesidades insatisfechas que esperan a ser escuchadas, honradas y liberadas. El cuerpo recuerda todo lo que la mente no ha podido procesar y lo que el corazón ha tenido miedo de sentir.

El grito del alma por la purificación

¿Alguna vez has sentido que había algo dentro de ti que faltaba o estaba defectuoso? ¿Un dolor mental o emocional que se niega a desaparecer, sin importar a cuántos talleres asistas, cuántos libros leas o cuántas herramientas de «autoayuda» utilices? ¿Has probado innumerables terapias, rituales e incluso sustancias que alteran el estado de ánimo, solo para terminar en la misma búsqueda incesante de alivio? Puede ser la voz de tu cuerpo pidiendo que lo sanes. El trauma deja un residuo energético que se instala en el cuerpo, la mente, el campo emocional y el alma. Ya sea un trauma personal, ancestral o incluso heredado de la sociedad, su residuo puede manifestarse en todos los aspectos de la vida: las relaciones, la salud, el trabajo, las finanzas y, sobre todo, la forma como te relacionas con tu propio cuerpo. No hablo desde la teoría. Lo digo como testigo. El viaje de Ronnie a Rhonda, y de Rhonda a Iyanla, estuvo marcado por traumas ocultos que residían en lo más profundo de mi cuerpo, en lugares que no sabía ni que existían. Los residuos de estos traumas retrasaron mi sanación, distorsionaron la percepción que tenía de mí misma y agotaron mis fuerzas durante años.

En 2016 viajé a Jamaica para dar una conferencia. Mientras estaba allí, sufrí una perforación intestinal. Al principio, pensamos que se trataba de una intoxicación alimentaria. Acababa de vestirme y maquillarme. Estaba lista para subir al escenario y dirigirme a un público entusiasta cuando, de repente, comencé a vomitar. Pensé que se debía a la maravillosa comida picante que había cenado la noche anterior. A los veinte minutos, me di cuenta de que me estaba pasando algo más serio, pero no sentía ningún dolor; me encontraba bien. Mi nuera me dio unas pastillas de antiácido mientras mi representante estaba al borde de un ataque de nervios. Con mi actitud habitual de «soy una supermujer y lo tengo todo controlado», decidí que subiría al escenario de todos modos. Con un cubo de basura a cuestas, salí ante el público y les anuncié que no me encontraba bien, pero que no había venido desde Estados Unidos para decepcionarlos. Les dije que si era necesario que utilizara el cubo de basura, lo haría, y que podríamos continuar con el evento. Me aplaudieron. Es curioso cómo la gente, sin saberlo, te apoya a la hora de mantener comportamientos autodestructivos que están motivados por el trauma. Hablé durante unos veinte minutos, con el estómago dándome vueltas como un 747 en medio de un tornado. Para entonces, también me sentía débil y mareada. Me pregunté: «¿Qué le dirías a alguien del público si te preguntara qué debería hacer si tuviera un compromiso pero se encontrara muy enfermo?». En ese momento, compartí con ellos lo que sentía. Les dije que tenía que irme a cuidar de mí misma. Les prometí que, si me encontraba mejor, volvería al día siguiente. Si no podía, me aseguraría de que les devolvieran el dinero de las entradas. Hay que reconocer que el público se puso en pie, aplaudió y me dijo que no era necesario que les devolviera el dinero.

Una doctora que estaba entre el público me atendió. Me recetó un medicamento contra las náuseas creyendo, como todos nosotros, que tenía una intoxicación alimentaria. Pude pasar la noche porque tenía el estómago vacío. Las arcadas sustituyeron a los vómitos, lo que me dejó físicamente agotada. Reservamos el primer vuelo que salía de la isla, con lo que conseguí un asiento central para dos horas y media de vuelo, compartiendo la fila con mi hijo y un desconocido. Tan pronto como nos sentamos, mi hijo le pidió a la azafata que llamara a una ambulancia para cuando aterrizáramos.

La morfina y un cóctel de medicamentos detuvieron las arcadas el tiempo suficiente para que me hicieran un análisis de sangre y una tomografía computarizada.

Resultó que tenía una perforación intestinal y podían ver una masa. Tenía sepsis y detectaron algún otro virus bacteriano, lo que significaba que tenía que estar en cuarentena. Todos los que se acercaban a mí tenían que llevar bata, mascarilla y guantes.

¡Espera! ¿Qué? ¿Soy contagiosa? ¿Tengo piojos? ¿Piojos físicos? Era demasiado para la sensibilidad de una virgo. No solo era contagiosa, sino que además me iban a operar de urgencia. Le dije al médico que antes de cualquier intervención quirúrgica, necesitaba rezar y preguntarle a Dios si eso era necesario. Con su tono de voz más respetuoso, me respondió: «¡Oh!

Yo también soy cristiano, pero será mejor que rece rápido porque la operación está programada para las once». Eran las 10:20.

Cuando desperté de la cirugía, la primera cara que vi fue la de Nisa. Me dijeron que se había negado a salir de la habitación. Llevaba mascarilla, bata y guantes cuando se levantó y dijo: «Hola, vieja amiga, bienvenida de vuelta». Durante los once días que pasé en el hospital, nunca se separó de mí. Nisa había trabajado durante los últimos siete años como asistente sanitaria a domicilio para una anciana. Todo lo que sabía, todo lo que había aprendido, lo utilizó conmigo. Era maravillosa, amable, bondadosa y paciente porque, como alguien que nunca había estado enfermo, yo era un paciente horrible.

La masa que me detectaron en el colon resultó ser mi ovario izquierdo. No sabían cómo (porque nadie había visto nunca nada parecido), el ovario había taponado el agujero del colon. No había hemorragia. No había tejido cicatricial. De alguna manera, el ovario se abrió camino hasta el colon y taponó el agujero.

El cuerpo no olvida

Antes de que la mente pueda formar un recuerdo, el cuerpo ya ha registrado la experiencia. Esto no es una metáfora. Es fisiología sagrada. Mucho antes de que pudiéramos hablar el lenguaje de las emociones, nuestro sistema nervioso ya dominaba la seguridad y la amenaza, el tacto y la tensión, la respiración y la preparación. El cuerpo, a diferencia de la mente, no discute, no negocia ni analiza. Simplemente registra. Esta es la base de la memoria somática, la comprensión de que el cuerpo almacena las huellas emocionales, espirituales y energéticas de nuestras experiencias vividas. Cada suspiro que reprimimos. Cada grito que silenciamos. Cada vez que apretamos la mandíbula, cerramos los puños o nos encerramos en nosotros mismos en lugar de permitirnos expresarnos de una forma plena, codificamos un mensaje en nuestros músculos, nuestra fascia, nuestros huesos. El cuerpo se convierte en el archivo del alma, una entidad viva que respira y recuerda, que alberga tanto lo que se ha procesado como lo que no.

Nisa no lloró cuando su padre nos abandonó. Sonrió. Ayudó. Actuó. Ahora soy consciente de que el dolor se alojó en su pecho. Veinte años después, lo describió como «una opresión que siento cuando respiro demasiado hondo». Por eso abandonó la meditación. Las lágrimas nunca llegaron a sus ojos, pero sus pulmones nunca lo olvidaron. El cuerpo recuerda las historias que intentamos pasar por alto. Las silenciosas decepciones amorosas. Las cosas que toleramos. Las traiciones que interiorizamos. Nuestros cuerpos las llevaron cuando nuestros corazones no pudieron.

Estas huellas pueden manifestarse como:

- Migrañas que coinciden con desencadenantes emocionales, ya sean conscientes o inconscientes.
- Enfermedades autoinmunes relacionadas con la represión de la ira o del dolor.
- Entumecimiento sexual o dolor en el lugar donde se produjo la violación.
- Trastornos digestivos relacionados con la ansiedad, la falta de seguridad o la traición.

Evita la tentación del ego de culpar a alguien. Para la higiene espiritual, se trata de reconocimiento. El cuerpo no te está castigando. Te está indicando, fielmente, dónde se necesitan todavía el amor y la liberación.

De la represión al estancamiento

Durante un retiro que llevé a cabo, animé a los participantes a que se dieran permiso para abrazar aquello que sintieran. Lo que fuera que surgiera. Una mujer se levantó y preguntó cómo sabría si le estaba funcionando si no pasaba nada. Dijo: «No lloro. Simplemente no puedo». Le expliqué que llorar, aunque era útil, tampoco era necesario. También le pregunté si estaba dispuesta a dar permiso a su cuerpo para llorar, aunque ella no lo hiciera. Más tarde, en un ritual que llevé a cabo, en el que hicimos un suave balanceo pélvico y ejercicios de respiración, todo su cuerpo comenzó a temblar. Se tensó al instante. Le pedí permiso para tocarla. Ella asintió con la cabeza. Le acaricié las mejillas y la frente. Le agarré y apreté las manos. Agité un pañuelo empapado en aceite de rosas bajo su nariz. Cuando su cuerpo finalmente se relajó, lloró durante cuarenta minutos. Después, dijo:

«Ni siquiera ha sido por hoy. Era mi yo de diez años. Por fin se ha sentido lo bastante segura para llorar». Ese es el poder del cuerpo cuando se le da espacio para expresarse. Las emociones no habían desaparecido. Estaban latentes. Estaban esperando.

El recipiente, no la bóveda

Si quieres sentirte con energía, centrado y despejado a nivel espiritual, tu cuerpo debe convertirse en un recipiente, no en una bóveda. El cuerpo es un recipiente sagrado, un altar viviente, y del mismo modo que nunca dejarías polvo y escombros en el altar de una iglesia o un templo, no debes permitir que los escombros emocionales o la contaminación energética permanezcan en el santuario de tu forma física. Por medio del descanso, el movimiento, la respiración y el cuidado ritual, creas un entorno físico en el que la divinidad puede morar en ti con plenitud. La higiene espiritual para el cuerpo no se limita a la alimentación y el ejercicio físico. Incluye la liberación del dolor acumulado, el miedo no metabolizado y el dolor heredado que suele estar incrustado en la memoria celular.

Dado que nos ocupamos del cuerpo físico, debemos utilizar medios físicos. La vista. El olfato. El oído. El movimiento. El tacto. Estos son los lenguajes sagrados del cuerpo que pueden honrarse mediante herramientas sagradas de purificación, como baños de sonido, aceites curativos, danza, estiramientos, sudoración, baños, llanto, quietud y ceremonias. La meditación, la oración y la afirmación son sagradas y poderosas. Sin embargo, algunos recuerdos traumáticos no se liberan solo con palabras o pensamientos. Algunos requieren tus manos, tu respiración, tus caderas, tus pies. Algunos requieren sudor, sal y sonido. Este es un trabajo sagrado.

Tu cuerpo es un portal, no una prisión

La mayor mentira que muchos se creen es que su cuerpo les está traicionando. Que es débil, está defectuoso o es una carga. En realidad, el cuerpo es el compañero más leal que hayas conocido jamás. Te ha mantenido vivo a pesar de todo. Quiere que se le escuche, no que se le controle, ni se le silencie, ni se le presione. El cuerpo quiere ser comprendido y honrado con reverencia.

La higiene espiritual para el cuerpo significa que debes hacer espacio para la liberación sagrada, dejando que el cuerpo se relaje de lo que lo ha ofendido o maltratado. Significa que debes estar dispuesto a prestar atención al lenguaje que utiliza tu cuerpo.

El lenguaje corporal no siempre es lineal o literal, pero siempre es sincero. El lenguaje corporal es universal en su forma, pero íntimamente personal en su significado.

- Un corazón acelerado puede indicar pánico en una persona, pero emoción en otra.
- Las lágrimas pueden significar tristeza, pero también pueden significar libertad.
- La quietud puede parecer seguridad para una persona y parálisis para otra.

Por eso la higiene espiritual nos enseña a escuchar atentamente y a distinguir de forma compasiva. No hay dos cuerpos que hablen exactamente igual, pero el cuerpo de cada uno dice la verdad de su experiencia con una honestidad radical.

Los noventa días que pasé con una bolsa de plástico colgando de un lado de mi cuerpo fueron los días más largos y reveladores de mi vida. Fue Nisa quien me ayudó a ponérmela y quitármela. Yo sentía una profunda aversión debido a su aspecto y olor. Ella la manipulaba como si fuera algo normal. Fue Nisa quien me ayudó en el baño de la peluquería el día que me puse mal la bolsa y dejé pequeños montones de excrementos en el pasillo de camino al salón. Había perdido mucho peso, menos mal, porque con esa bolsa sobresaliendo a un lado de mi cuerpo, no podía ponerme ropa ajustada. Esa era mi experiencia diaria. A nivel espiritual, tuve que reconocer que no había sido amable con mi propio cuerpo. No bebía ni tomaba drogas, pero tampoco comía con regularidad ni descansaba de la forma adecuada.

Alrededor de la segunda semana, cuando ya podía ponerme y quitarme la bolsa sin ayuda, tuve una revelación: durante la mayor parte de mi vida, había estado aguantando muchas cosas. La maldad de mi abuela hacia mí, rayana en el abuso emocional, que solía manifestarse en forma de abuso físico; el apoyo silencioso de mi hermano a la forma en que mi abuela me maltrataba y descuidaba. La tácita aceptación por parte de mi padre del maltrato que me infligía su madre y el mimo con el que ella trataba, en cambio, a mi hermano. Mi tía, que me convertía en su confidente e insistía en que siguiera llamando «papá» a mi tío incluso sabiendo que me había violado. Los susurros sobre mi «madre», que en realidad era mi madrastra, porque era «de piel clara» y tenía «buen» pelo, y todas las demás conversaciones inapropiadas de las que yo era testigo y sobre las que se esperaba que guardara silencio. Estos repentinos destellos de recuerdos también me dieron una visión más profunda: incluso de niña, solía ser la más sensata, algo que nadie apreciaba en absoluto.

Otra cosa que aprendí durante esos noventa días fue lo descuidada que yo había sido con lo que ingería, no solo con mi cuerpo, sino también con mi mente. Cuando te ves obligado a observar todo lo que te llevas a la boca, adquieres una gran conciencia sobre qué debes comer, cuándo hacerlo y cómo será cuando salga. Te das cuenta de la importancia que tiene masticar bien para que la comida se digiera por completo. Una cosa es hablar de comida, la cual puedes controlar, pero cuando se trata de lo que ves, oyes y sientes, estás subiendo la apuesta. Yo había escuchado y difundido chismes y comentarios maliciosos. Había tolerado y participado en insultos y tergiversaciones intencionadas sobre mí misma y sobre otras personas. Había ensayado en mi mente conversaciones airadas que nunca llegaron a salir de mis labios. Las guardaba. Las repetía. Las hacía más grandes y, finalmente, las asumía como mi verdad. «Era estúpida. Era fea. Siempre pensé que era mejor que todos los demás. Era desagradecida y arrogante. Tenía que mantenerme en mi lugar. Mis grandes ideas y yo nos dirigíamos hacia el desastre».

Había cientos de ellas flotando en mi mente. Cosas que había oído o me habían contado y que había asimilado y digerido sin tener en cuenta el impacto que tenían en mi cuerpo. Durante esos noventa días, esa bolsa que colgaba de mi cuerpo me enfrentó a todos los miedos que había experimentado. Por fin comprendí por qué dudaba cuando llegaba el momento de ejecutar un plan. También me di cuenta de que, una vez que mi mente había descubierto cómo podía superar las voces del trauma, conducía mi cuerpo como un camión Mack, un camión de dieciocho ruedas, decidida a llegar a mi destino en un tiempo récord y a cualquier precio.

¿Qué es el lenguaje del cuerpo?

El lenguaje corporal no está hecho de palabras, sino de:

Sensaciones (tensión, hormigueo, calor, entumecimiento).

Emociones (lágrimas, alegría, miedo, rabia).

Impulso (la necesidad de moverse, llorar, descansar, gritar).

Ritmo (patrones de respiración, latidos del corazón, niveles de energía).

Postura (cómo sostienes o proteges las partes de tu cuerpo).

Síntomas (dolor, agotamiento, enfermedad).

El dolor, la tensión, el hambre y el agotamiento no son enemigos. Son fragmentos de información. Cuando ignoras o niegas el lenguaje del cuerpo, te conviertes en un «muerto del cuello para abajo».

«Muerto de cuello para abajo» significa estar desconectado del cuerpo a nivel energético mientras se sigue funcionando en el mundo exterior; vivo en el pensamiento, realizando tareas, pero entumecido, silencioso o apagado por debajo de la barbilla. Es un estado de desconexión espiritual y emocional en el que el cuerpo se convierte en un recipiente de funciones en lugar de un santuario de sentimientos, fluidez y presencia divina. En la higiene espiritual, esta expresión refleja un alma que ya no escucha la sabiduría de su propio cuerpo; un yo que se ha vuelto tan dominante a nivel mental o que está tan protegido por el trauma que las sensaciones, señales y mensajes sagrados del cuerpo han sido silenciados o ignorados.

Cuando estás «muerto del cuello para abajo», la mente se convierte en el gobernante y el cuerpo en el sirviente. Es posible que seas capaz de decir la verdad, enseñar tu sabiduría u ofrecer ayuda a los demás, pero lo haces sin estar disponible para ti mismo. Este problema suele aparecer en:

- Supervivientes de traumas físicos y sexuales que han aprendido a desconectarse del dolor o la amenaza corporal.
- Personas muy espirituales que priorizan la teoría trascendente sobre la encarnación sagrada.
- Personas hiperactivas y cuidadoras que tienden a centrarse en los demás mientras descuidan sus propias necesidades.

El coste de estar «muerto de cuello para abajo» es dejar de atender tu altar interior. Dejas de sentir de verdad. Sabes lo que hay que hacer para que las cosas se hagan, y eso se convierte en tu prioridad. Puedes perder el deseo, la pasión, el placer o la vitalidad, o puedes tener un número excesivo de compromisos, estar en constante movimiento, demasiado ocupado para sentir, así que te preguntas qué deberías sentir y lo expresas en el exterior. En el proceso, el cuerpo comienza a almacenar pesar, vergüenza, agotamiento y dolor que ha heredado. Con el tiempo, esto se convierte en niebla tóxica espiritual y desorden emocional. También puede manifestarse en forma de problemas autoinmunes, inflamación, desequilibrios hormonales y bloqueos físicos. El camino de vuelta en esta situación no es mental. Es movimiento, respiración, sonido, olor, sensación sagrada (por ejemplo, masaje) y ritual. Para regresar a la vida, debes regresar al cuerpo.

La higiene espiritual del cuerpo requiere reverencia. Significa tratar tu cuerpo como un espacio sagrado. Escucharlo. Hablarle con amabilidad. Nutrirlo con comida y descanso. El cuerpo no miente ni guarda rencor. Como aprendí en Jamaica, no espera a que le den permiso ni al momento más conveniente para hablar. Este increíble recipiente que se nos ha dado para recorrer el camino de la vida nos dice la verdad sobre cómo está nuestra alma, cada uno de los días. Aprender el lenguaje que habla tu cuerpo tiene que ver con la comunión. Es la forma en que puedes volver a ti mismo con reverencia.

Aprender el lenguaje de tu cuerpo

Aprender el lenguaje de tu cuerpo significa que debes dominar los sutiles mensajes que te envía: el cosquilleo en el estómago, la opresión en la garganta, el dolor en el pecho. No se trata de señales aleatorias, sino de comunicaciones sagradas que proceden de tu mundo interior. Aprender el lenguaje de tu cuerpo te llevará a establecer una relación de confianza con tu propio templo, honrar lo que siente y responder con presencia en lugar de rechazo. Esta es la base de la higiene espiritual encarnada.

Sigue las sensaciones en lugar de los relatos

En lugar de decir «Me siento ansioso», di:

«Siento opresión en el pecho. Cuerpo, ¿qué quieres que sepa?».

«Tengo la mandíbula apretada. Cuerpo, ¿qué sientes en este momento?».

«Siento calor en el vientre. Cuerpo, ¿hay algo que debería saber?».

Esto te ayudará a decodificar las señales de tu cuerpo sin hacer interpretaciones prematuras.

Honra el primer impulso

El primer movimiento que tu cuerpo quiere hacer suele ser el más sincero.

¿Estirarse?

¿Tumbarse?

¿Caminar rápido?

¿Balancearse hacia delante y hacia atrás?

Es el cuerpo el que habla. Escúchalo. Déjalo hacer lo que te pide.

Anota los mensajes

Lleva un diario del lenguaje corporal. Pregúntale a cada sensación:

«¿Qué intentas decirme?».

«¿Qué necesitas?».

«¿Qué estás reteniendo que aún no he reconocido?».

Ritualiza la respuesta

Una vez que recibas el mensaje, dale una respuesta.

> Si el cuerpo dice: «Estoy cansado», entonces el descanso se convierte en tu higiene espiritual.
>
> Si el cuerpo dice: «Estoy guardando dolor», entonces las lágrimas y el movimiento se convierten en tu ritual de liberación.

Unas palabras sobre el ritual: volver al ritmo sagrado

En la práctica de la higiene espiritual para el cuerpo, el ritual no se considera una religión, una restricción o una serie de normas. A efectos de sanación y restauración, el ritual tiene que ver con el ritmo, la reverencia y la reconexión. El ritual es la forma en que honramos aquello que nos importa. Es cómo aportamos presencia a nuestra respiración, intención a nuestros movimientos y alma a lo cotidiano. Muchas personas temen la palabra «ritual» porque se ha malinterpretado, utilizado mal o desconectado del amor. En realidad, el ritual es simplemente el arte de convertir los actos ordinarios en sagrados. Encender una vela con intención es un ritual. Darse un baño recitando una oración, estirarse con gratitud, respirar de forma consciente; todo ello son rituales cuando se hacen con conciencia y con un propósito sagrado.

En la higiene espiritual, el ritual se convierte en un puente entre lo que tu cuerpo lleva consigo y lo que tu alma está lista para liberar. Crea contenedores de seguridad para limpiar lo que es pesado, restaurar lo que es sagrado y dar la bienvenida a la divinidad en tu forma física. El ritual no siempre es algo que se realiza con o para otras personas. Es algo que se hace con intención divina para uno mismo. Esto significa que no debes temer el ritual. Es algo que se utiliza, se practica y se emplea para recordar y realinear. Es tu derecho de nacimiento el hecho de dar sentido, moverte con intención, convertir lo mundano en milagroso. El ritual es la forma que tiene el cuerpo de rezar.

El movimiento sagrado como higiene espiritual

Al igual que nos cepillamos los dientes y nos duchamos para mantener la limpieza física, el alma demanda higiene espiritual por medio del movimiento para mantenerse limpia y completa. El movimiento no siempre es ejercicio. No sirve solo para actuar. También se utiliza para establecer presencia y conexión. El movimiento sagrado es movimiento con intención. Es el hecho de dejar que el cuerpo hable sin necesidad de palabras. Puede parecerse a:

- Hacer suaves estiramientos con respiraciones lentas y profundas.
- Sacudir las extremidades para descargar la energía acumulada.
- Balancear las caderas para recuperar el flujo de sensualidad.
- Colocar las manos sobre el corazón y balancearse lentamente.
- Dejar que el cuerpo baile, llore, gatee o se arrodille sin inhibiciones.

Cuando el movimiento es intencional y sagrado, se convierte en medicina. La medicina no está destinada a sanarnos. Está destinada a devolvernos a nosotros mismos. Para entrar en el flujo del movimiento sagrado, prueba este sencillo ejercicio, que puedes utilizar para empezar el día. Empieza con quietud y curiosidad. Di: «Cuerpo, ¿qué necesitas decirme hoy?». Coloca una mano sobre el corazón y otra sobre el vientre. Espera. Escucha. No te apresures.

Aunque parezca que no surge nada, la pregunta abre el canal.

Renuncia a la necesidad de hacerlo bien. No te preocupes si necesitas varios intentos antes de que tu cuerpo responda, sobre todo si estás empezando a dominar el lenguaje del cuerpo. No estás actuando. Estás liberándote. Estás despertando. Estás reconectando. ¿Cómo te sientes?

La sabiduría del cuerpo

Todo comenzó con una opresión en el pecho. Ella decía que no era dolor exactamente, sino una presión persistente que latía como un grito silencioso bajo la superficie. Nisa había estado «manteniéndose entera» durante tanto tiempo que había olvidado lo que significaba sentir. Cuando sus pies comenzaron a hincharse, se compró zapatos más grandes. Cuando se sentía débil y mareada, sonreía más. Su presencia, obediente y atenta, comenzaba a mostrar señales de desconexión y agotamiento. Una noche, mientras se desplomaba sobre la cama, su cuerpo comenzó a temblar sin motivo aparente. No lloró, pero le temblaban las manos, le faltaba el aire y le latía el corazón con fuerza, como si le estuviera transmitiendo un mensaje en un código que había olvidado hacía mucho tiempo. «Estoy enferma», dijo finalmente en voz alta. La habitación estaba en silencio. En esa quietud, el cuerpo habló, y por primera vez en muchos años, Nisa estaba lista para escuchar. La verdad es que no tenía otra opción.

¿Qué es la asistencia somática?

La «asistencia somática» es el arte sagrado de recuperar la relación con el cuerpo. Comienza por dejar de considerar el cuerpo como una carga que hay que manejar, y hacerlo como un lugar sagrado de memoria, significado e inteligencia divina. Es la práctica diaria de honrar el cuerpo como un oráculo viviente: un revelador de la verdad, un transmisor de sabiduría y un santuario para la encarnación del alma. Tu cuerpo no es una máquina que hay que manejar ni una imagen que hay que perfeccionar. Es un altar viviente que respira, siente y recuerda.

Asistir al cuerpo es entrar en una relación sagrada con sus sensaciones, considerar un pecho oprimido no como una molestia, sino como un mensaje sagrado. Reconocer el cansancio no como un fracaso, sino como una llamada divina al descanso. Es ralentizar lo suficiente como para escuchar los ritmos que hay bajo el ruido y moverse con el cuerpo en lugar de hacerlo contra él. En el marco de la higiene espiritual, la asistencia somática significa cuidar el cuerpo como altar, antena y archivo:

- Como altar, es un espacio sagrado digno de reverencia, purificación y devoción.
- Como antena, es tu receptor energético, que capta verdades sutiles de tu entorno y tu espíritu.
- Como archivo, es el lugar donde se almacenan historias no contadas, recuerdos ancestrales y residuos emocionales que buscan liberarse.

La cultura moderna te enseña a adormecer, ignorar o juzgar el cuerpo, a pasar por alto sus señales, a desconfiar de sus necesidades, a moldearlo para que sea aceptable externamente. La asistencia somática enseña lo contrario. Te pide que reduzcas la velocidad, te suavices por dentro y vuelvas a habitar el hogar en el que siempre has vivido. Esta práctica no tiene nada que ver con el control, sino con la conexión. No tiene nada que ver con la dominación, sino con el diálogo. No se trata de perfección. Se trata de presencia. Convertirse en un asistente somático significa recuperar tu integridad a través del cuerpo y permitir que tu sanación sea más que una simple idea. Tu sanación e integridad deben convertirse en una experiencia sentida, vivida y encarnada, en la quietud de tus células y en el lenguaje de tu respiración, para que tu verdadera autoridad comience a surgir.

Ser un asistente somático significa que vives en una relación consciente con el terreno sagrado de tu cuerpo y lo consideras un compañero divino en el camino del recuerdo. Esta gestión requiere integridad espiritual. Requiere la humildad de escuchar cuando tu cuerpo dice «basta» y el valor de responder cuando dice «descansa». No se basa en la vanidad, la fuerza o la apariencia. Se basa en la reverencia, donde cada respiración se convierte en una comunión, cada sensación en un mensaje y cada dolor en una invitación a volver a lo que ha sido exiliado en tu interior. La asistencia somática es una recuperación sagrada del cuerpo como maestro espiritual, testigo de lo invisible y mapa vivo del viaje de tu alma. No se trata de un trabajo teórico. La profundidad de este trabajo es íntima, celular y sagrada.

El cuerpo como un templo que dice la verdad

Nisa llevaba tres días en el hospital antes de que yo supiera que estaba allí. No es que no hubiéramos hablado. Lo habíamos hecho. Una noche, me llamó y me dijo que estaba enferma. Sin pensarlo dos veces, conduje 45 minutos hasta su apartamento. Una vez allí, llamé a la puerta con nerviosismo. No respondió. La llamé por teléfono. No respondió. Llamé a su hijo. Él no había hablado con ella. Le pregunté a su vecina si la había visto. Sí, tres o cuatro horas antes. Para entonces, yo tenía la boca seca, me temblaban las manos y estaba a punto de llamar a la policía para que tiraran la puerta abajo. Nisa me llamó. Había ido al supermercado a comprar zumo. «Te dije que iba a ir. Podría haberlo comprado yo por ti». Dijo que necesitaba algunas otras cosas y que no pensaba que yo fuera a ir enseguida. «¿Cómo has llegado a la tienda?». Llamó a un Uber. «¿Dónde estás? Puedo recogerte». Decidió que, ya que estaba fuera, se haría la manicura. El salón estaba justo al lado de la tienda. Mi cuerpo gritaba: «¡No me está diciendo la verdad!». Ahora bien, si iba al supermercado más cercano y no la encontraba, ¿qué haría? Si no la encontraba en el salón de belleza, ¿qué significaría eso? «Nisa, me dijiste que no te encontrabas bien y he venido a apoyarte. ¿Qué quieres que haga?». Ella se sentía mejor. Estaba bien. Podía irme a casa. Me llamaría más tarde y quizás vendría al día siguiente. Sabía que algo no iba bien, pero no tenía ni idea de qué se trataba. Más tarde descubrí que la habían ingresado en el hospital ese mismo día.

Tu cuerpo es el primero en saberlo y el último en olvidarlo. Mucho antes de que tu mente consciente haya dado sentido a una experiencia, tu cuerpo la ha registrado. La tensión en la mandíbula, el cosquilleo en el estómago, la tensión detrás de los ojos; estas no son molestias aleatorias. Son mensajes de tu santuario interior, el sutil lenguaje de la verdad que intenta salir a la superficie. El cuerpo no puede mentir. Puede ser silenciado. Puede ser ignorado. Puede ser adormecido. A diferencia de tu boca, no puede mentir. Mientras que la mente puede racionalizar la traición, el cuerpo seguirá temblando en su presencia. Mientras que la voz puede decir «Estoy bien», los hombros pueden hundirse, la respiración puede volverse superficial, la columna vertebral puede encorvarse. Estas no son traiciones a tu voluntad. Dan confirmación de la sabiduría. Son una invitación a tratar el cuerpo como un templo y a considerarlo un lugar sagrado. No solo porque tu cuerpo alberga tu espíritu, sino también porque es tu más fiel revelador de la verdad. Revela lo que está sin resolver. Refleja lo que no se dice. Recuerda lo que no era seguro expresar. Los mensajes y las señales que envía el cuerpo no tienen como objetivo castigarte por un mal trato que le hayas dado o porque no existe higiene espiritual. Son tu invitación a la sanación.

Escuchar el lenguaje del cuerpo

Hay un lenguaje más allá del lenguaje. Un ritmo más allá de las palabras. Un sistema de comunicación sagrado que precede a la lógica y trasciende el intelecto. Es el lenguaje de las sensaciones. Es el primer lenguaje que tu alma utilizó para comunicarse contigo en esta vida. Antes de que pudieras hablar con coherencia, ya sabías lo que era la seguridad por la sensación que te proporcionaba el latido de un corazón contra tu oído. Sabías lo que era el peligro no por una explicación que te dieran, sino por la oleada de miedo que aparecía en tu estómago. Aprendiste lo que era pertenecer no por las palabras, sino por el cariño. El cuerpo no habla con palabras. Habla con señales:

- Un cosquilleo de ansiedad antes de cruzar un límite.
- Un nudo en la garganta cuando no se dice la verdad.
- Un repentino dolor de cabeza cuando tu mente intenta anular tu intuición.
- Una pesadez en el pecho cuando no se expresa el dolor.

Escuchar al cuerpo es aprender a interpretar estas señales sagradas con ternura. La mayoría de las personas solo escuchan al cuerpo cuando grita en forma de enfermedad, agotamiento o colapso nervioso. La asistencia somática nos pide que escuchemos cuando susurra. Que prestemos atención a la mínima tensión, al sutil cambio de postura, a la respiración que no llega a completarse. Cuando te sintonizas con la voz del cuerpo, comienzas a escuchar el eco del alma. El cuerpo no está separado de tu alma, sino que es su instrumento sagrado.

Escuchar a tu cuerpo puede resultar incómodo en muchas ocasiones. El cuerpo puede decirte «despacio» cuando la vida te exige acelerar. A veces, te dice «Esto no es seguro» cuando tu ego intenta impresionar o ser aceptado. Quizás hayas oído decir «Vete» antes de que tu mente haya encontrado el valor para actuar. Tu cuerpo no te abandonará, ni siquiera cuando tú lo hayas abandonado. Espera pacientemente a que regreses a tu propio terreno sagrado. Este es, pues, el primer voto de la asistencia somática: «Escucharé a mi cuerpo como escucharía a Dios. Con reverencia. Con paciencia. Con confianza».

Desintoxicar la opresión internalizada que está almacenada en el cuerpo

Enseñé a mis hijos que no me contaran nada hasta que se sintieran abrumados. Esto se debía a que yo solía estar abrumada. Peleando contra mi marido. Manteniendo la apariencia de que lo tenía todo bajo control ante mis hijos, los vecinos y cualquiera que me mirara. Cuando descubrí que Nisa había estado sola en el hospital durante tres días hasta que su hijo me llamó, no le pregunté la razón. Le dije: «Perdóname».

Lo que llamamos «opresión internalizada» no es solo una idea o una creencia; es un problema que puede sentirse. Da forma a la manera en que el cuerpo se encoge hacia dentro, se tensa entre la multitud, se encoge bajo el escrutinio y se prepara bajo la presión. No siempre es consciente. De hecho, suele arraigarse tanto en el tejido somático que lo confundimos con nuestra personalidad.

La higiene espiritual nos permite desintoxicarnos de esta opresión en un sentido sagrado. Es la vía para superar la culpa. Elimina la necesidad de un reconocimiento o una disculpa. Le dice al cuerpo: «Ahora estoy aquí. Podemos liberar este recuerdo» para dejar espacio a la verdad en tus tejidos.

Esta desintoxicación va más allá del reino físico tridimensional. Es energética, emocional, ancestral y profunda para el alma. Puede parecerse a:

- Sacudir el miedo acumulado a través de la danza o prácticas de temblor.
- Llorar desde las entrañas para liberar el dolor acumulado en el útero.
- Masajear la mandíbula para liberar generaciones de verdades silenciadas.
- Practicar movimientos que ocupan espacio como una recuperación del valor.

Puede parecerse a decir en voz alta las mentiras que has creído sobre tu cuerpo:

«Soy demasiado intenso».

«Mi dolor no es importante».

«Debo ganarme mi lugar».

«Mi dolor es una carga para los demás».

«Mi cuerpo no merece cuidados a menos que sea productivo o agradable».

Estas no son verdades. Son limitaciones que has heredado. La asistencia somática te invita a exhalarlas. A sudarlas, sacudirlas y dejar que tu cuerpo diga la verdad en lugar de la historia que le enseñaron. Es un trabajo sagrado. No siempre es agradable, pero siempre es liberador. No solo estás limpiando el cuerpo, sino que lo estás descolonizando. Lo estás santificando. Estás liberando los residuos de la opresión para que tu soberanía pueda volver a residir en tu carne.

Sobrecarga del sistema nervioso por exceso de responsabilidad

Existe un agotamiento muy particular en aquellos que cargan con lo que nunca fue suyo; un cansancio que se evidencia en los ojos del que se responsabiliza por todo; una respiración superficial en la líder que no se permite flaquear nunca. Esto no es simple agotamiento físico, sino agotamiento del sistema nervioso. Un estado permanente de alarma interna que está arraigado en la creencia de que tu seguridad, supervivencia o importancia dependen de cuánto hagas por los demás. El exceso de responsabilidad es una adaptación que parte del trauma. Es lo que el cuerpo aprende cuando no se respetan sus límites, cuando no se satisfacen sus necesidades y cuando debe ganarse el amor con una entrega excesiva. Es algo que está muy arraigado en la gestión, la reparación, el agrado y la actuación. Puede que te digas a ti mismo que eres «responsable», mientras que el cuerpo está contando una historia diferente. Detrás de la competitividad puede haber una taquicardia. Detrás de la sonrisa, una respiración superficial. Detrás del cuidado, unos puños cerrados. Detrás de una capacidad infinita, un niño interior abrumado que susurra: «¿Alguna vez me cuidará alguien como yo cuido a los demás?». Cuando vives con un exceso de responsabilidad crónica, tu sistema nervioso siempre está en un estado de activación: lucha, huida, paralización o sumisión. No estás relajado. Estás preparado. Puede que ya ni siquiera lo notes, porque es el único ritmo que conoces.

La asistencia somática significa atender esas turbulencias internas con una compasión sagrada. Significa llevar al cuerpo hacia un estado de descanso y seguridad, con límites, por medio de la respiración profunda y diciendo «no» cuando lo pida. Significa reconocer que su valía no reside en lo que hace y que su valor no está en la utilidad que tenga para los demás. La higiene espiritual te recuerda que tu divinidad no está determinada por lo mucho que aportes a los demás. La higiene espiritual para el cuerpo significa limpiar tu energía de las obligaciones que han sofocado tu libertad. No estás aquí para ser el salvador de nadie. Tampoco estás aquí para ser el fuerte todo el tiempo. Estás aquí para estar completo. La integridad incluye la quietud y la recepción. Y también requiere el acto radical de dejar que los demás crezcan sin tener que rescatarlos. Es el cuerpo recordándote: «No soy una máquina. Soy sagrado». Es la soberanía somática. Es el camino del sistema nervioso hacia la paz. Y ese camino es sagrado.

Dieta e higiene espiritual

El consumo de alimentos, bebidas y otras sustancias no es solo un acto físico, sino también espiritual. La comida no es solo combustible, sino también frecuencia. Conlleva memoria, intención, vibración y una influencia ancestral. Esto significa que con cada bocado, cada respiración y cada creencia, ingieres energía, frecuencia e intención. Cada experiencia, cada comida, cada emoción se convierte en parte de tu campo energético. Al igual que tus pensamientos, relaciones y entornos pueden nublar tu claridad o elevar tu conciencia, con lo que alimentas a tu cuerpo puede tener un efecto similar.

En la práctica de la higiene espiritual, la dieta no se reduce a reglas, restricciones o vergüenza. Se replantea como un alimento sagrado. Una oportunidad diaria para honrar tu templo con las cosas que favorecen la vitalidad, la claridad y la armonía. La pregunta no es simplemente «¿Es saludable este alimento?». Las preguntas más profundas son:

- «¿Este alimento aporta vida a mis células?».
- «¿Esta comida encaja con la frecuencia que deseo mantener?».
- «¿Esta comida me hace sentir conectado a la tierra, limpio y honra mi santuario interior?».

La energía de los alimentos

Cada alimento tiene una firma energética única:

Los alimentos vivos e integrales (frutas frescas, verduras, hierbas aromáticas, agua de manantial) son de alta frecuencia y favorecen la vitalidad, la sensibilidad intuitiva y la regeneración celular.

Los alimentos procesados (como los aditivos artificiales, el exceso de azúcar y las carnes tratadas con hormonas) tienden a tener vibraciones más bajas, lo que suele conducir al estancamiento, la inflamación o la pesadez energética.

Los alimentos sagrados a nivel social (como los cereales ancestrales, las infusiones de hierbas o la comida tradicional preparada con intención) pueden tener una profunda resonancia espiritual cuando se elaboran con reverencia y equilibrio.

Tu cuerpo es un altar viviente y lo que colocas sobre ese altar es importante. La comida se convierte en parte de tu sangre, tus huesos, tu respiración. Afecta a la claridad de tus pensamientos, la profundidad de tu meditación y la estabilidad de tus emociones. Comer perfectamente puede ser un objetivo difícil de alcanzar para muchas personas. Comer de forma consciente se está convirtiendo en un requisito para todos nosotros. Comer de forma consciente es una forma de integridad espiritual. Es una forma de decir: «Yo honro este recipiente que transporta mi espíritu. Lo trato como un lugar sagrado». Cuando notes que recurres a la comida para adormecer tus sentimientos, distraerte o, simplemente, porque es hora de comer, haz una pausa. Coloca las manos sobre el vientre y di: «Cuerpo, ¿qué es lo que necesitas ahora mismo? ¿Qué es lo que me pides?». Quizás descubras que lo que realmente te apetece es consuelo, descanso, alegría o un ritual para honrarte a ti mismo. Una buena higiene espiritual requiere que consideremos la comida como un alimento para el alma, no un sustituto que compense nuestro dolor o nuestros malos hábitos.

Pausa sagrada

Comer como un acto sagrado

- Antes de tu próxima comida, haz una pausa en silencio.
- Coloca las manos sobre el corazón o el plato.
- Bendice la comida en voz alta o en silencio.
- Pide que nutra tu cuerpo, tu claridad, tu valentía y tu vocación.
- Come despacio y con atención.
- Saborea, respira y da gracias por cada bocado.
- Cuando termines, coloca las manos sobre tu vientre y afirma: «Honro lo sagrado que hay en mí por medio de lo que recibo para nutrirme».

Una nota sobre las drogas, el alcohol y otras sustancias que alteran la mente

La pregunta que podría hacerse a cualquiera que consuma drogas, alcohol u otra sustancia es la siguiente: «¿Cuál es tu intención?». Muchas culturas creen que el uso de medicinas vegetales u otras drogas que alteran la mente, como la ayahuasca, puede expandir la conciencia, lo cual es una aspiración sagrada. Sin embargo, si bebes alcohol o fumas marihuana para adormecerte, solo obstaculizarás el camino hacia la claridad.

También es posible que, cuando estás sentado frente al televisor viendo una serie y fumándote un porro, o bebiendo, o haciendo cualquier otra cosa que embota tus sentidos, en realidad tengas una herida que estás ignorando o negando. Cuando quieres tener el corazón y la mente limpios, Dios es el único subidón posible.

Hace muchos años, en mi programa *Iyanla, Fix My Life* («Iyanla, arréglame la vida»), le pregunté al fallecido artista de hip-hop DMX si querría dejar las drogas y el alcohol. Él respondió: «¿Sin marihuana, sin alcohol, sin nada?». Recuerdo su expresión de dolor cuando le respondí: «Sí, sin nada». Le expliqué que, para ser un canal claro y puro de la voz de Dios, tal vez debería plantearse dejar las drogas, a lo que él respondió: «Creo que estoy exactamente donde debo estar con Dios». Por desgracia, murió nueve años después, a los cincuenta años, por una sobredosis de drogas.

He oído que Justin Bieber citó esa entrevista en sus redes sociales, y solo puedo rezar para que haya sacado una conclusión diferente. Si me enterara de que él, o cualquier otra persona, abusara de las drogas y el alcohol, le preguntaría: «Dime dónde te duele. ¿Qué parte de ti desearías que nunca hubiera existido? ¿Qué es lo que no quieres ver? ¿Te duele en tu carrera? ¿Te duele en tus relaciones? ¿Te duele en tus finanzas? ¿Te duele cuando estás solo en la ducha? Ahí es donde tenemos que empezar».

Ejercicio e higiene espiritual

El movimiento físico no es una tarea. Es una ceremonia. Cuando se aborda con presencia, el ejercicio se convierte en un acto sagrado de recuerdo. Desarrollar músculos, aplanar el abdomen y tonificar los glúteos no es la única intención. El ejercicio también tiene que ver con la colaboración. Es una forma de volver a la respiración, al ritmo, a la sensación. Es la forma en que el cuerpo desbloquea lo que la mente no puede articular. En el mundo actual, el ejercicio se ve a través de la distorsionada lente del control: «Quémalo». «Adelgaza». «Tonifica». Sin embargo, en la práctica de la asistencia somática, el movimiento tiene que ver con la revelación. Es la forma en que el espíritu se estira para recuperar su forma y su figura.

Cuando tu cuerpo está estancado, tu energía se congestiona. Cuando tu energía está congestionada, tus pensamientos se vuelven pesados. Cuando tus pensamientos se vuelven pesados, tu claridad espiritual se oscurece. Por eso el movimiento físico es una faceta fundamental de la higiene espiritual. Es el proceso que elimina las interferencias que se acumulan en el campo energético, expulsa los residuos emocionales almacenados en los tejidos y restaura el flujo natural del chi, el prana o la fuerza vital. El movimiento somático sagrado puede adoptar muchas formas:

- Caminar como oración. Paso a paso, con intención y gratitud.
- Estirarse como ofrenda. Crear espacio en el cuerpo para permitir que lleguen nuevas percepciones.
- Bailar como liberación. Sacudirse las historias, liberar la vergüenza, encarnar la alegría.
- Practicar yoga centrado en la respiración como una invitación al flujo intuitivo. Recalibrar el sistema nervioso a través de la conexión consciente.

Cuando el ejercicio se convierte en parte de tu práctica de higiene espiritual, no necesitas un gimnasio ni equipamiento. Tan solo necesitas presencia. Lo que importa no es la cantidad de ejercicio que haces, sino la profundidad de la conexión que establezcas con tu cuerpo mientras lo haces. Antes de tu próxima sesión de entrenamiento, tómate unos minutos para preguntarte:

- «¿Qué estoy limpiando?».
- «¿Qué le estoy ofreciendo hoy a mi cuerpo?».
- «¿Qué quiere experimentar mi cuerpo, no solo lograr?».

De esta manera, el movimiento se convierte en un baño espiritual, una limpieza de los poros energéticos. Tu movimiento consciente también se convierte en un retorno, una reconexión y un proceso de reparación. Cuando te mueves con conciencia y amor, envías a tu cuerpo este mensaje: «Mereces que te cuiden». Se trata de un mensaje sanador. Este es un mensaje sagrado. Como una forma de compromiso que adquieres con la higiene espiritual del cuerpo, cada vez que realices ejercicio físico, deja que tu sudor sea un sacramento. Deja que tu respiración sea una bendición. Deja que tu movimiento sea tu medicina.

ORACIÓN DE APERTURA

El permiso sagrado para sentir

Amada presencia, santa fuente de todo lo que es,
entro en este momento sin respuestas, pero con voluntad.
No me mantengo firme con certeza, sino con un tembloroso
«sí» a lo que es auténtico.
Dejo a un lado la armadura de la actuación,
la máscara de la compostura
y la carga de tener que ser fuerte.
Me doy permiso para volver al santuario interior
donde todos los sentimientos son bienvenidos
y nada sagrado es negado.
Me doy permiso para sentir.
Me doy permiso para sentir lo que duele,
sin ofrecer una disculpa.
Me doy permiso para sentir lo que ha sido ocultado,
sin apresurarme a alejarlo.
Me doy permiso para sentir lo que está surgiendo,
cobrando vida dentro de mí, sin controlar su forma.
Me doy permiso para permitir que las lágrimas
que nunca tuvieron voz
se conviertan en mi bautismo.

Me doy permiso para permitir que la rabia que no tenía espacio
se convierta en mi fuego sagrado.
Me doy permiso para permitir que el entumecimiento
que me silenciaba sea levantado por la gracia.
Me doy permiso para permitir que cada emoción que alguna vez
silencié encuentre su camino de regreso al amor.
Ya no escojo avergonzarme de lo que siento.
Ya no escojo postergar lo que es auténtico.
Ya no escojo confundir el silencio con la sanación.
Permito que este capítulo sea mi regreso a lo que es honesto.
Permito que mis emociones se conviertan en mensajeras sagradas.
Permito que mi alma conozca la seguridad de la expresión plena.
Permito que la verdad de mi naturaleza emocional
se convierta en un río
que me lleve de vuelta a la plenitud.
Renuncio a la necesidad de ser fuerte.
Reclamo mi derecho a ser auténtico.
Celebro mi deseo de ser libre.

Amén. Aşẹ Aho.
Hecho está.
Que así sea.

CAPÍTULO 7

Limpiar la atmósfera interior

La voz del silencio nace del trauma.
La voz de la verdad nace de la divinidad.

La sanación de Malika

Malika era madre y tenía una fuerte presencia en la vida de los demás: amigos, familiares e incluso compañeros de trabajo. Sin embargo, con el paso de los años, algo comenzó a cercarla. En la iglesia, levantaba las manos para alabar a Dios, pero no sentía nada. Durante la oración, su mente empezaba a divagar. Conocía todos los rituales, pero habían perdido el sentido para ella. No creía que estuviera enfadada, pero se enfadaba por cosas sin importancia que hacían los niños. No se sentía triste, pero se alarmó cuando se dio cuenta de que no había llorado durante meses, tal vez en años. Por las noches sentía opresión en el pecho, así que empezó a hornear el pollo que antes habría frito. Lo que le llamó la atención fue darse cuenta de que no podía encontrar las palabras para expresar lo que sentía. Lo que Malika estaba experimentando era congestión emocional y niebla tóxica espiritual.

Malika sacó a relucir el tema a regañadientes en su reunión mensual. Se le recomendó un ritual sagrado de duelo para que pudiera practicar la higiene espiritual. El proceso de duelo es una serie de acciones diseñadas para honrar lo que se ha perdido. Puede ser una persona, una versión de uno mismo, un sueño o incluso el tiempo. La intención de esta práctica es darle a tu duelo un lugar sagrado donde puedas expresarlo y liberarlo. Malika tuvo que intentarlo varias veces antes de poder llorar por el bebé que había perdido y al que nunca pudo poner nombre. Gritó contra una toalla las palabras que no le había dicho a su expareja después de que la engañara y abandonara. Escribió una carta a su yo más joven sobre lo que significaba ser víctima de acoso escolar, tener sobrepeso y ser responsable de sus hermanos pequeños. Cuando terminó, quemó las treinta páginas. Luego se dio un baño espiritual, se ungió con aceite de mirra y se sentó en silencio por primera vez en varios meses. A la mañana siguiente, respiraba de manera diferente porque se había aliviado algo en su pecho. Nada había cambiado en su vida, pero había hecho espacio para que la vida volviera a fluir. Sus aguas emocionales se habían aclarado. Su cielo mental se había abierto. La comunión divina había regresado y Malika estaba presente en su cuerpo por primera vez en muchos años.

La congestión emocional es una señal de que la energía de tu flujo emocional se ha visto interrumpida en su ciclo natural. Las emociones son la energía que nos mueve. La energía emocional está destinada a moverse, no a estancarse. Cada experiencia que vives y cada historia que te cuentas tiene una emoción o un sentimiento asociado. Cuando la energía emocional no se mueve, el cuerpo emocional se congestiona como una tubería obstruida. Derramarás irritabilidad, filtrarás agotamiento y podrás estallar sin que lo esperes.

Cuando el silencio se convirtió en un síntoma

Talía siempre había sido el pegamento de la paz en su familia. Cuando se producían discusiones, cambiaba de tema. Cuando alguien lloraba, le traía algo de beber. Cuando su tío decía algo inapropiado durante la cena, se reía para romper la tensión. Lo había hecho así durante años, hasta que un día, durante una simple conversación sobre la compra, rompió a llorar. No lloraba por la comida. Lloraba, de forma descontrolada, porque su cuerpo emocional estaba lleno. Talía había reprimido su verdad durante tanto tiempo que su cuerpo se había convertido en el campo de batalla de un dolor que estaba sin resolver. Se dio cuenta de que tenía problemas de digestión después de sufrir varios episodios de acidez estomacal. Sabía que le dolían los hombros. Se decía a sí misma que era el resultado de usar sujetadores baratos. Sus horas de sueño eran inquietas y sus horas de vigilia parecían durar una eternidad. Talía estaba congestionada a nivel espiritual. Estaba atascada con palabras no dichas, lágrimas pospuestas, verdades negadas y sentimientos que se habían enquistado. Había sido amordazada, no por la fuerza, sino por el miedo, la tradición y el trauma. El silencio que una vez la había mantenido a salvo se había convertido ahora en su enfermedad. Estaba llena de niebla tóxica espiritual.

Vivir con niebla tóxica espiritual

Como hemos visto en capítulos anteriores, la niebla tóxica espiritual es el denso residuo energético que se acumula en tu campo espiritual cuando la desconexión emocional se convierte en tu ritmo diario. La contaminación espiritual se acumula cuando hay una ausencia prolongada de práctica espiritual. En el caso de Talía, fue el resultado de la evasión espiritual, la desalineación emocional y los enredos energéticos inconscientes. Otras causas habituales de la niebla tóxica espiritual pueden ser:

- Exposición prolongada a entornos engañosos o de baja vibración.
- Aferrarse al rencor o a contratos espirituales obsoletos.
- Absorber traumas colectivos o residuos ancestrales.
- Decir una cosa y vivir otra (esta es la definición de «desalineación espiritual»).
- Abandono del ritual, la oración o la presencia emocional.

El cuerpo como puente

El cuerpo contiene los residuos de lo que sientes (emociones), lo que crees (mente) y lo que cargas a nivel energético (espíritu). Cuando la contaminación espiritual se intensifica y la congestión emocional se hace permanente, el cuerpo se convierte en un lugar de desbordamiento, la parada final de todo lo que no ha sido procesado. La niebla tóxica espiritual nubla tu conexión con la fuente, haciendo que te sientas desorientado, sin inspiración o entumecido espiritualmente.

Cada práctica puede consagrarse al trabajo de limpiar, alinear o restaurar el problema que requiere sanación. De esta manera, tu práctica se convierte en una medicina viva, adaptada por el espíritu para satisfacer la necesidad que se te presentan.

Diferencias clave entre la congestión emocional y la niebla tóxica espiritual

Congestión emocional	Contaminación espiritual
Arraigado en el corazón y el sistema nervioso.	Arraigado en el aura y el campo energético.
Proviene de emociones sin expresar o negadas.	Proviene de una desalineación espiritual o contaminación energética.
Se siente como un bloqueo emocional, pesadez o reactividad.	Se siente como estar desconectado, confuso o estancado espiritualmente.
Requiere expresión emocional y permiso interior.	Requiere limpieza energética y reajuste espiritual.
Implica el cuerpo, la respiración y los sentimientos.	Implica rituales, intención y volver a santificarse.
Ejemplo: reprimir el dolor y no permitirse llorar.	Ejemplo: rezar mientras aún se alberga resentimiento o intentar manifestar algo mientras se está desalineado.

Al igual que los pulmones y la sangre deben purificarse para que el cuerpo mejore, el corazón y el aura deben limpiarse para que el alma irradie con claridad. Uno sin el otro creará un fallo, un peso emocional en un recipiente espiritualmente desconectado o un potencial espiritual que no puede moverse teniendo el corazón congestionado a nivel emocional. Con la higiene espiritual, purificamos las aguas emocionales y purificamos el aire espiritual, para que la vida divina pueda fluir sin obstáculos.

El peso de las lágrimas no derramadas

La congestión emocional no siempre comienza con una crisis; más bien se instala como un silencioso compromiso. No siempre está en ese momento de desamor en el que nos aguantamos las lágrimas. Al contrario, suele formarse cuando nos decimos a nosotros mismos: «Ahora no es el momento», «No es tan grave», «No quiero empeorar las cosas».

En esos momentos sagrados en los que la verdad quiere expresarse (ya sea en forma de sollozos, silencio o ira sagrada), pero la reprimimos, algo se queda atrapado en el cuerpo. La emoción se convierte en un fantasma. Se siente, pero no se libera. El cuerpo siempre recuerda lo que la mente le dice a la boca qué no puede o debe decir. El sistema nervioso se prepara entonces para el siguiente momento de represión. El corazón levanta un muro invisible de protección. Con el tiempo, ese muro se llena de grafitis, un hogar para el dolor, la vergüenza y las necesidades insatisfechas.

Permiso para sentir: un retorno sagrado a lo que es real

Carlos nunca le dijo a su mejor amigo lo mucho que le dolió que no le invitara a su boda. Le dijo: «¡Lo entiendo perfectamente!», pero una amargura creció dentro de él como si fuera musgo. Empezó a no devolver los mensajes de texto a su amigo tan rápido como lo hacía antes. Cuando salían a tomar algo, hablaba con menos libertad. Lo peor de todo fue cuando empezó a cuestionarse su propio valor como amigo y como persona. Sí, es cierto, a muchos hombres les cuesta más procesar y expresar sus sentimientos que a las mujeres. Un hombre es mucho más propenso a ignorar sus sentimientos que su madre, su hermana o la mujer de su vida. Esto no solo crea problemas importantes con la intimidad y la comunicación, sino que también provoca una contaminación espiritual y una congestión emocional que pueden conducir a un comportamiento muy negativo. En muchos casos, no es la herida lo que le duele a él, a quienes le rodean o a sus seres queridos. Es el silencio que se calcifica a su alrededor lo que provoca los problemas más importantes. El dolor sin expresar se acumula. Se agrava. Reescribe la forma en que confiamos, amamos y nos mostramos. Lo que no sacamos afuera se convierte en el arquitecto silencioso de nuestra desconexión.

Carlos no necesitaba venganza ni tomar represalias. Necesitaba una voz. Necesitaba dar nombre al dolor para poder liberarlo.

La congestión emocional es el residuo de verdades que han sido enterradas bajo la cortesía y el miedo.

La mente se nutre de información, de algo en lo que pensar o en lo que detenerse. Procesar información mantiene activa la mente. Cuando estás en el camino de la sanación, el corazón no necesita ni quiere más información. El corazón quiere sentir. El corazón no necesita analizar, justificar ni expresar emociones. Cuando es estimulado por la energía o la experiencia, el corazón necesita sentirlo y procesarlo. Este es el delicado y a menudo aterrador límite en el que la higiene espiritual comienza su trabajo más profundo; no en la mente, sino en el templo sagrado del cuerpo y el corazón. Podrías preguntarte: si un sentimiento está ligado a una historia, ¿qué es lo que sentimos realmente? Sientes la emoción en sí misma: el dolor, la rabia, la vergüenza, la ternura y el residuo del significado que le diste a la historia. Te sientes abandonado, no solo porque alguien se fuera, sino porque te dijiste a ti mismo que eso significaba que no valías nada. Te sientes desconsolado, no solo porque la relación ha terminado, sino porque alguna parte de ti cree que eso confirma que eres «incapaz de ser amado». Darte permiso para sentir no es simplemente liberar una emoción, sino también recuperar la autoría de tu verdad interior. El permiso para sentir es similar a decir: «Ya no me negaré la medicina de mi propia autoridad interior».

La mente cree que, cuando reprimimos nuestros sentimientos, podemos evitar el dolor. Esa suposición es errónea.

El permiso es:

- Un acuerdo espiritual que haces contigo mismo para estar presente con lo que es auténtico.
- Un «sí» enérgico a sentir, liberar, recordar, llorar o descansar, incluso cuando resulta incómodo, complicado o desconocido.
- Una llave purificadora que abre las puertas de la represión y permite que tu alma pueda exhalar.

Cuando te preguntas qué deberías sentir, estás sintiendo sin permiso. Tus tareas cotidianas se convierten en hábitos y tus tareas espirituales se convierten en actuaciones. Puedes rezar, escribir un diario o meditar y seguir llevando tensión en tu cuerpo, dolor en tu interior y miedo detrás de tu sonrisa. Puedes recitar palabras sagradas y seguir sintiéndote desconectado. Puedes buscar claridad, pero la confusión impregnará tu mente pensante porque la verdad está atrapada tras una puerta interior cerrada con llave. Esa puerta se llama permiso para sentir. El permiso para sentir no consiste en venirse abajo. Es un acuerdo contigo mismo para permitir que lo que ya no te pertenece se desvanezca. Cuando te concedes este permiso, el yo falso comienza a desmoronarse. La actuación se disuelve. La farsa muere. Y lo que queda es la verdad palpitante y desnuda. No necesitas ser fuerte. Te debes a ti mismo y a todos tus seres queridos ser auténtico.

En el espacio sagrado del permiso que te das a ti mismo, tu alma regresa a su centro purificada, bautizada, renacida en las aguas de la verdad. Es tu responsabilidad despejar tu congestión emocional. No a través de la fuerza, ni con lógica, ni porque el intelecto lo comprenda. Despejas la congestión emocional y la niebla tóxica espiritual permitiéndolo. Deja que las lágrimas fluyan cuando lleguen. Deja que se diga la verdad, aunque solo sea en la oración. Deja que el cuerpo exprese lo que el ego tenía demasiado miedo de nombrar. Así es como desatascamos el corazón. Así es como el alma vuelve a respirar.

Práctica de higiene espiritual: encontrar la voz del silencio

Da nombre a la voz

Cuando oigas la voz que dice «Déjalo estar», coloca una mano sobre el corazón o el vientre. Responde con:

«Cuerpo, escucho tu miedo. Esta verdad necesita respirar».

Deja que el cuerpo hable.
Deja que las lágrimas fluyan.
Deja que tu cuerpo tiemble.

Deja que tu voz se quiebre.

No son señales de debilidad. Son señales de que el trauma está saliendo de tu cuerpo.

Reestructura la creencia. Crea una afirmación espiritual que reclame tu derecho a expresarte:

> «Mi voz está a salvo. Mis lágrimas son sagradas. Mi verdad está permitida».

La voz del trauma, que habla más alto que tu voz sagrada, siempre te pedirá que pospongas las cosas. Tu alma siempre te invitará a desarrollarte. Recuérdate a ti mismo que solo tú puedes darte permiso para sentir. Puedes hablar con seguridad. Puedes sanar con seguridad.

Práctica de higiene espiritual: eliminar la mordaza

Si esta enseñanza te resulta familiar, te invito a comenzar aquí:

Escribe las palabras que no te permitieron decir.

Cuando sientas que has terminado, quema el papel, entiérralo o léeselo en voz alta al espíritu.

Habla en voz alta a la voz del trauma

Dile a la voz:

> «Sé que intentaste mantenerme a salvo cuando...». (Habla sobre de qué o de quién necesitabas que te salvara. Habla sobre tantas cosas como puedas recordar).
>
> «Gracias».
>
> «Ya no necesito guardar silencio para sobrevivir».

Crea un altar de la verdad

Coloca tu diario, una vela y algo que te recuerde a tu yo más joven en un lugar seguro.

Siéntate en silencio en este lugar.

Respira hondo y saca las palabras que te has estado tragando. Date permiso para hablar con libertad en este espacio sagrado.

Cuando sientas que no tienes nada más que decir, respira y muévete.

Deja que tu voz vuelva a la vida en susurros, suspiros, oraciones, canciones y movimientos.

Pon tu canción favorita y baila.

Usa una escoba o una fregona como compañero de baile.

Este es el antídoto sagrado contra la mordaza.

Práctica de higiene espiritual: liberar la voz del miedo

Para quienes llevan consigo este silencio, especialmente los hombres, aquí hay un comienzo:

Expresar el miedo en voz alta:

«Tengo miedo de sentir porque nunca me enseñaron que fuera seguro».

«Tengo miedo de hablar porque temo perder el control».

Ritual de liberación segura:

Enciende una vela. Coloca la mano sobre el pecho.

Di o llora las palabras que has estado reprimiendo.

Sin actuar. Tan solo presencia.

Recupera la voz interior:

Crea una nueva afirmación para contrarrestar la voz del trauma:

«Mi verdad está a salvo conmigo».

«No soy débil cuando siento; soy sabia».

Respira a través de la ruptura:

La congestión emocional comenzará a disiparse cuando introduzcas la respiración y el sonido.

Déjate gemir, suspirar y exhalar.

Deja que la voz vuelva a la vida.

La congestión emocional no tiene por qué ser el fin de tu paz, alegría o vitalidad. Es simplemente el alma llamando desde dentro, pidiendo ser liberada.

Bendición final

Querido, nunca más reprimas tu verdad para mantener la paz.

Que tu voz vuelva como la lluvia.

Que tu corazón se desatasque como un manantial.

Que tus lágrimas se conviertan en aguas sagradas de purificación.

Que el silencio que una vez te asfixió se convierta ahora en el espacio donde canta la sanación.

ORACIÓN DE APERTURA

Precioso Señor del Universo,
Ten piedad, Señor.
Perdóname, Señor.
Restáurame, Señor.
Tu gracia es mi suficiencia.

Ten piedad, Señor.
Perdónalos, Señor.
Restáuralos, Señor.
Tu gracia es su suficiencia.

Ten piedad, Señor.
Perdónanos, Señor.
Restáuranos, Señor.
Tu gracia es nuestra suficiencia.
Descanso en ti.
Amén. Aşẹ Aho.
Que así sea.

CAPÍTULO 8

Desatando el vínculo sanguíneo

Limpiar los patrones traumáticos y los residuos ancestrales

Una invitación sagrada: cómo abordar este capítulo

Querido, al adentrarte en las verdades de este capítulo, deja que sea algo más que una simple lectura. Deja que sea un retorno. Un retorno a ti mismo. Un retorno a tu verdad. Un regreso a tu cuerpo, a tu respiración, a tu espíritu.

Tómate tu tiempo. Deja que cada verdad sagrada se asiente en tu conciencia como agua bendita sobre tierra seca.

Este capítulo no está pensado para que lo leas de un tirón. Está pensado para que lo medites. Para que lo reces. Para que lo honres. Si algo surge dentro de ti, ya sea una emoción, un recuerdo o una pregunta, déjalo salir. El ego querrá que lo reprimas. El intelecto puede motivarte para que etiquetes lo que consideras una debilidad. El corazón te susurra con delicadeza: «Esta vez no lo ignores. Podemos hacerlo. Tenemos que hacerlo ahora». Escucha a tu corazón. Está hablando en nombre de tu cuerpo y tu alma.

Es posible que sientas la necesidad de moverte, balancearte, estirarte o colocarte una mano sobre el corazón o el vientre.

Es posible que necesites decir en voz alta: **«Ahora estoy a salvo». «Eso sucedió, pero ya no estoy allí». «Puedo afrontar esto con Dios, la fuente, el Creador, la divinidad. Puedo superar esto con gracia, con una guía».** Recurre a tu apoyo espiritual, a tus antepasados, a tus ángeles, a tu equipo divino.

Lee una página, reza una oración. Lee otra, date un baño. Enciende una vela y sigue leyendo.

Deja que lo sagrado te envuelva. Te lo mereces. Por fin estás defendiendo tu valor, tu dignidad y tu libertad.

Lo más importante es que sepas esto: nada de lo que se ofrece en este capítulo sustituye la atención profesional. Si tienes un consejero, terapeuta o asesor espiritual, lleva a tus sesiones lo que surja aquí. Utiliza este trabajo como un puente, no como un atajo. La sanación tiene varias capas. La restauración es gradual. La reclamación es un proceso sagrado.

La tarea que encontrarás aquí no consiste en evitar tu dolor mediante prácticas espirituales. Se trata de la tarea sagrada de recuperar esas piezas de ti mismo que te viste obligado a abandonar. Es el hecho de desenmarañar de forma sagrada lo que te abrumaba y regresar con delicadeza al yo que aprendió a esconderse para mantenerse a salvo. Aquí dejamos atrás el peso que nunca nos correspondió cargar y recuperamos las partes sagradas de nosotros mismos que tuvieron que desaparecer para sobrevivir. En este capítulo se te ofrecerán varias herramientas sagradas. El ego puede intentar convencerte de que la tarea es demasiado difícil, demasiado fácil o que no te servirá para nada. No te dejes engañar por el ego ni por el poder de la simplicidad. Las herramientas son las siguientes:

> **La higiene espiritual** es una revelación sagrada que ayuda a esclarecer cómo están afectando a tu bienestar espiritual las experiencias no procesadas, los residuos emocionales o las huellas energéticas. Aporta claridad a lo que tu cuerpo, mente, corazón o alma han estado reteniendo, y ofrece orientación sobre cómo purificar, liberar y realinearse con la verdad divina. No es solo información, sino iluminación, una verdad que invita a la sanación.

Los residuos somáticos son la huella persistente de experiencias, emociones o traumas no procesados que se han almacenado en los tejidos, los músculos y el sistema nervioso del cuerpo. Son el eco físico de lo que la mente, el corazón o el alma no pudieron expresar o liberar del todo en el momento de su impacto.

El movimiento de limpieza es una práctica sagrada e intencionada que utiliza la respiración, la postura, los gestos y el movimiento para liberar el trauma acumulado, la tensión y los residuos emocionales del cuerpo. En el contexto de la higiene espiritual, ayuda a restaurar el flujo, la seguridad y la presencia al reconectar el alma con el cuerpo como templo de la verdad y la sanación. Es un movimiento que tiene el propósito de purificar.

La práctica de la higiene espiritual es un acto constante e intencionado, como la respiración, la oración, el movimiento, la unción o la escritura, que se utiliza para purificar el cuerpo, la mente, el corazón y el alma de residuos energéticos, congestión emocional o patrones heredados. Estas prácticas son herramientas sagradas que restauran la alineación espiritual, la claridad interior y la integridad encarnada. Son rituales para la desintoxicación, la restauración y la liberación.

El replanteamiento higiénico es un cambio consciente en el pensamiento, el lenguaje o las creencias que elimina los relatos tóxicos y restaura la perspectiva sagrada. Reemplaza la vergüenza, el miedo o la distorsión internalizados por la verdad, la dignidad y la alineación espiritual. En la práctica de la higiene espiritual, es la forma en que purificamos la mente y recuperamos la voz del alma. Un replanteamiento no es solo un nuevo pensamiento, es una recuperación sagrada de cómo te ves a ti mismo.

Esta parte del viaje te invita a renunciar a lo que ha oscurecido tu luz y a dar la bienvenida a las verdades que silenciaste para proteger tu alma. Es el proceso de dejar ir el dolor heredado y recuperar la

inocencia, la verdad y la belleza que guardaste para poder sobrevivir. Es donde liberas los residuos de la supervivencia y recuperas la esencia sagrada de quién eres realmente. No es solo sanación; es el acto sagrado de deshacerte de lo que sofocaba tu espíritu y recuperar las partes de ti que aún recuerdan cómo brillar. Así que respira. Siente. Haz una pausa cuando lo necesites. Llora si te apetece. Regresa cuando estés listo. No estás solo. Dios, la fuente, el Creador, la divinidad, la presencia soberana en todas las cosas, puso este trabajo en tus manos por una razón. Esta es la tarea de regresar a tus auténticos «hogares»: tu corazón y tu cuerpo. Comencemos.

El trauma diario y la llamada a la purificación

Hay cosas que hacemos todos los días sin ser conscientes del impacto que tienen en nuestro cuerpo, mente, corazón o alma. Hay cosas que hemos soportado, aceptado y tolerado durante tanto tiempo que ya ni siquiera las cuestionamos. Se han integrado en nuestras rutinas, relaciones y respuestas. Algunas de estas experiencias nunca tuvieron un nombre. Nunca se reconocieron ni se cuestionaron. Se heredaron, se aceptaron o se consideraron «normales», cuando «normal» no es lo mismo que «saludable». «Corriente» no es lo mismo que «inofensivo». Aunque la sociedad no las reconozca, aunque nuestras familias las hayan normalizado, el alma no las olvida. Son traiciones a las que quitamos importancia. Son silencios que nos han herido a un nivel más profundo que la violencia. Son miradas, gestos, rechazos, suposiciones y expectativas que no registramos en la escala de Richter emocional, pero que sacudieron los cimientos de nuestra seguridad, nuestro valor, nuestra dignidad y nuestra confianza. **Son traumas cotidianos, pequeñas rupturas constantes en el alma.** Si no se atienden, se acumulan como polvo en el altar del cuerpo. Se disfrazan de rasgos de personalidad como la ansiedad, la irritabilidad, el perfeccionismo y el deseo de complacer a los demás. Se manifiestan como tensión crónica, entumecimiento emocional o una silenciosa desconexión con el centro de nuestro ser.

La higiene espiritual para el cuerpo es la práctica sagrada que revela lo que se ha enterrado y restaura lo que se ha dañado. No es una simple modalidad de sanación de la Nueva Era. Es cómo que purificamos los residuos de nuestras caóticas experiencias humanas. Es cómo recuperamos las partes de nosotros mismos que nos fueron arrebatadas por la fuerza o que quedaron atrás en lugares de silencio, confusión y supervivencia. En este capítulo, daremos nombre a lo que antes no lo tenía. Reconoceremos lo que antes no tenía espacio para ser reconocido. Comenzaremos el proceso de liberación sagrada a través de prácticas espirituales que limpian no solo el cuerpo, sino también las huellas que se han dejado en la mente, las heridas del corazón, los residuos del cuerpo y los ecos del alma. Esta es la verdad sagrada: no tienes que justificar tu dolor para poder sanarlo. No es necesario que lo llames «trauma» para poder limpiarlo. Lo que tu alma recuerda, tu sanación debe honrarlo.

Cicatrices sagradas que lleva el cuerpo

Tus heridas son un testimonio de la fuerza y el coraje de tu espíritu. Son insignias de poder.

Los azotes como trauma

El trauma no solo es lo indecible, sino que también suele ser lo que no se ha dicho, lo que se ha normalizado, lo que se ha minimizado, lo que se ha transmitido. Hay historias escritas en el cuerpo que nunca llegaron a ser tema de conversación en la familia. Y, sin embargo, viven en la curvatura de tu columna vertebral, en la forma en que tus hombros se tensan cuando alguien levanta la voz, en cómo se te corta la respiración cuando te dicen «Supéralo».

A muchos de nosotros nos decían «Lo hago porque te quiero» mientras nos pegaban. El niño interior recibía un mensaje totalmente diferente: «El amor duele. Mi cuerpo no me pertenece. El dolor es mi forma de aprender. La obediencia me mantiene a salvo». Los azotes enseñan al cuerpo a retroceder. A prepararse para la violencia bajo el pretexto de la rectificación y en nombre del amor. Los azotes, aunque se han normalizado, imprimen miedo en el sistema nervioso y contaminan el campo energético con confusión entre el amor y el control. Para algunos, se convierten en la base de una disciplina basada en la vergüenza, en la que el sistema nervioso nunca se relaja por completo y la confianza se equipara con la sumisión.

La higiene espiritual nos recuerda que el dolor no es un requisito a la hora de instruir a nuestros hijos, que el dolor no es purificación y que el amor nunca es violento con el cuerpo.

Perspectiva de la higiene espiritual:

La higiene espiritual enseña que el amor no violenta al cuerpo. Los azotes dejan una huella energética de miedo y confusión. La higiene espiritual recupera los límites y la seguridad por medio de la respiración y del contacto con uno mismo.

Residuo somático:

La huella persistente de experiencias, emociones o traumas no procesados que se han almacenado en los tejidos, los músculos y el sistema nervioso del cuerpo. Es el eco físico de lo que la mente, el corazón o el alma no pudieron expresar o liberar por completo en el momento de su impacto. Los azotes contribuyen a:

- Glúteos tensos y contracción pélvica.
- Tensión muscular constante o dolor lumbar.
- Hipervigilancia o respuesta de sobresalto ante sonidos repentinos.
- Desconfianza grande e inconsciente hacia las figuras de autoridad.

Movimientos de limpieza:

- Movimiento de conexión con el suelo: tumbarse boca abajo y sentir el sotén de la tierra.
- Movimientos de balanceo con la respiración para calmarse y recuperar la seguridad.
- Toques suaves y afirmaciones: «Estoy a salvo en mi cuerpo. Nadie puede hacerme daño aquí».
- Reestructuración por medio de abrazarse a uno mismo: abrazar al niño interior y darse golpecitos en el esternón.

Práctica de higiene espiritual:

Para limpiar esta huella es necesario eliminar la vergüenza y la culpa que hay incrustadas en la memoria celular del cuerpo. A través de movimientos sagrados y caricias afirmativas, recuperamos los límites energéticos y restablecemos la seguridad como un derecho de nacimiento, no como una recompensa que se obtenga por cumplir las normas.

Reencuadre higiénico (afirmación):

> «Purifico la creencia de que el amor debe doler. Purifico mi campo energético del castigo disfrazado de protección. Restablezco la seguridad en mi cuerpo».

La pobreza como trauma

La pobreza es más que la falta de dinero. Es la exposición crónica a la inestabilidad. La pobreza no es solo económica; también es el residuo psíquico y emocional de la falta de autoestima, la escasez y el instinto de supervivencia heredado. Es ver cómo tus cuidadores se esfuerzan, se angustian, se sacrifican y, a veces, se vienen abajo por los problemas económicos. Enseña al cuerpo a vivir en modo de supervivencia, a prepararse por no ser suficiente, a equiparar el valor con la lucha. La pobreza también crea una niebla energética que satura el campo energético con miedo, exceso de trabajo e injusticia. La higiene espiritual exige que se despeje esa niebla con quietud, belleza y confianza. Aborda la niebla energética de la pobreza reforzando la verdad de la provisión divina. Dado que la pobreza incrusta el miedo en el sistema nervioso, los residuos de la experiencia traumática pueden permanecer, incluso después de que las circunstancias hayan cambiado.

Perspectiva de la higiene espiritual:

La pobreza no es solo económica; también es el residuo psíquico y emocional de la falta de valor, la escasez y el instinto de supervivencia heredado. Es ver cómo tus cuidadores se esfuerzan, se angustian, se sacrifican y, a veces, se vienen abajo bajo los problemas económicos. Enseña al cuerpo a vivir en modo de supervivencia, a prepararse para la escasez, a equiparar el valor con la lucha. La pobreza también crea una niebla energética, que satura el campo energético con miedo, exceso de trabajo e injusticia. La higiene espiritual exige despejar esa niebla con quietud, belleza y confianza. Aborda la niebla energética de la pobreza reforzando la verdad de la provisión divina. Debido a que la pobreza incrusta el miedo en el sistema nervioso, el residuo de la experiencia traumática puede permanecer, incluso después de que las circunstancias cambien.

Residuo somático:

- Mandíbula apretada, tensión en los hombros y las manos (por estar aguantando cosas todo el tiempo).
- Hipervigilancia constante e incapacidad para descansar.
- Exceso de trabajo o autosabotaje de la prosperidad.
- Tics nerviosos o insomnio derivados de la sensación de «no ser suficiente».

Movimientos de limpieza:

- Movimientos restaurativos centrados en ralentizar: yoga restaurativo y ejercicios de respiración con exhalaciones largas.
- Estirar las manos abiertas y afirmar: «Libero la supervivencia. Acepto el apoyo».
- Caminar tranquilamente por la naturaleza para restablecer una sensación de abundancia y provisión.
- Risas profundas como forma de riqueza energética y liberación emocional a través de la respiración.
- Afirmación diaria en voz alta: «Hay más que suficiente. Yo soy más que suficiente. Estoy a salvo para recibir. Ya no estoy en peligro».
- Estiramientos con las palmas abiertas, ejercicios de respiración tumbado, caminar tranquilamente por la naturaleza.
- Afirmación: «Libero la lucha. Doy la bienvenida a la facilidad divina».

Práctica de higiene espiritual:

La quietud, la delicadeza y el movimiento restaurador actúan como una fuerza contraria al ajetreo. Al cuidar el cuerpo sobrecargado y recuperar el placer, desintoxicamos el sistema nervioso de la adicción a la escasez y la identidad de la lucha.

Reencuadre higiénico (afirmación):

«Purifico la adicción a la lucha. Honro mi energía como riqueza sagrada. Vivo de la abundancia divina».

El hambre como trauma

Tener hambre y no saber cuándo se va a comer (ni si se va a hacerlo) provoca una ruptura primigenia en el sistema nervioso. La comida significa supervivencia. Muchas personas normalizaron el hambre durante su niñez, y el cuerpo recuerda ese vacío. El hambre afecta más que al estómago. Distorsiona la noción de seguridad, cuidado y provisión. La higiene espiritual para el cuerpo nos invita a honrar la nutrición como un principio espiritual. El trauma del hambre obstruye el campo con patrones de escasez, imprimiendo la creencia de que la supervivencia debe ganarse o que la satisfacción es peligrosa. Este trauma puede llevar a acumular comida, a comer de forma compulsiva o a disociarse por completo de las señales del hambre.

Perspectiva de la higiene espiritual:

- La escasez imprime el pánico de la supervivencia en el cuerpo. El trauma del hambre enseña al cuerpo a desconfiar de la satisfacción. La higiene espiritual invita a la nutrición como un acto ritual de restauración.

Residuo somático:

- Abdomen tenso o respiración superficial en el plexo solar.
- Comer rápido, nerviosamente o no comer nada.
- Inestabilidad del azúcar en sangre, fatiga suprarrenal.
- Sobreproducción de cortisol (hormona del estrés) debido a la escasez de alimentos durante la infancia.

Movimientos de limpieza:

- Frotar rítmicamente el vientre con palabras cariñosas: «Ahora estás nutrido».
- Movimientos lentos y conscientes antes de comer (por ejemplo, balancearse o apoyar los pies en el suelo para crear una sensación de seguridad).

- Meditaciones caminando que restauran la conexión con el ritmo, la abundancia y el entorno.
- Bendición del vientre con las manos calientes, pausa con la mano en el corazón antes de comer y conexión con el suelo con los pies.
- Movimientos con afirmaciones como: «Estoy alimentado», «Estoy mantenido», «Ahora estoy provisto».

Práctica de higiene espiritual:

Moverse antes de comer se convierte en un acto purificador que restablece el sistema nervioso para recibir con confianza. A través de la respiración, la bendición y el contacto con el vientre, el campo se libera de la energía de la escasez, incluso de la escasez ancestral, y se restaura el flujo.

Reencuadre higiénico (afirmaciones):

> «Purifico el miedo a no tener suficiente. Santifico la nutrición. Recibo con plenitud lo que antes temía pedir».
> «Estoy alimentado. Estoy nutrido. Ahora recibo».
> «Santifico la nutrición. Recibo con plenitud lo que antes temía».

El abandono como trauma

El abandono es el trauma de la ausencia. Es el dolor de lo que nunca llegó. El contacto que no reconfortó, las palabras que nunca se dijeron, la protección que nunca se sintió. El abandono enseña al niño que sus necesidades son excesivas o que no vale la pena satisfacerlas. A diferencia de los traumas ruidosos y visibles, el abandono suele ocultarse en las sombras. Se convierte en el trauma de la invisibilidad. El abandono no siempre es un acto de crueldad. A menudo, proviene de cuidadores que están abrumados y, por lo tanto, no disponibles a nivel emocional o desconectados a nivel espiritual. El cuerpo del niño abandonado no reconoce ni comprende los diferentes matices de esa experiencia. En la experiencia del niño, se registra como una falta de seguridad, una falta de sintonía y una falta de cuidado.

El abandono enseña:

- «No pidas ayuda».
- «Nadie va a venir».

- «Tú o tus sentimientos sois inmanejables».
- «Estar solo es más seguro que volver a sufrir una decepción».

Perspectiva sobre la higiene espiritual:

El abandono es la ausencia de cuidado, lo que deja residuos emocionales en el espacio del corazón. La higiene espiritual que sirve para abordar el abandono incluye la restauración de la presencia, la ternura y el reconocimiento de uno mismo.

Residuo somático:

- Entumecimiento en el cuerpo, sobre todo en el pecho y las extremidades.
- Un sistema nervioso «congelado»: en lugar de luchar o huir, la persona se viene abajo o se retrae.
- Respiración superficial, postura encorvada o sensación de «desaparecer».
- Dificultad para confiar en la intimidad o recibir cuidados sin sentirse culpable.
- Un agotamiento que se siente en el fondo del alma, pero que no tiene explicación médica.

Huellas conductuales:

- Hiperfuncionalidad y crianza de uno mismo desde muy temprana edad.
- Apego ansioso o gran miedo al abandono.
- Gran independencia disfrazada de fortaleza: «Lo haré yo solo».
- Distanciamiento emocional o disociación durante la vulnerabilidad.

Los movimientos de limpieza pueden incluir:

- **Prácticas que tocan el corazón:** coloca ambas manos sobre el pecho y susurra afirmaciones.

  «Tú importas», «Te veo», «Estoy aquí contigo».
- **Movimientos espirales lentos:** movimientos circulares suaves con los brazos, el torso o las caderas para invitar a la fluidez y la conexión.

- **Ritual de envolverse en una manta:** envuélvete en algo cálido, balancéate de lado a lado y haz esta afirmación:

  «Me doy el cariño que una vez necesité. Merezco este cuidado».
- **Mirarse en el espejo con movimiento:** mírate a los ojos mientras te balanceas o te estiras, ofreciendo una presencia constante y amorosa.
- **Práctica de silencio y quietud:** siéntate con el cuerpo, pon las manos sobre el corazón o el útero y observa lo que surge sin intención de arreglar nada.
- **Afirmación diaria en voz alta:** «Mereces ser visto. Eres suficiente».

Práctica de higiene espiritual:

Aprender a abrazarte, consolarte y honrarte a ti mismo se convierte en una higiene sagrada para el corazón. Estas prácticas regulan el campo emocional, eliminan los residuos del abandono y restablecen el yo como un digno cuidador del alma.

Reencuadre higiénico (afirmación):

«Purifico el dolor de la invisibilidad. Santifico mi presencia. Soy digno de amor, cuidado y ternura emocional».

Movimiento para recuperar el valor propio después del abandono:

La sanación del abandono comienza restaurando la presencia donde antes había ausencia. El objetivo es reeducar el cuerpo recuperando la confianza en que es un lugar seguro para vivir, sentir y ser testigo de ello.

Recordatorio diario:

Para escribir o decir en voz alta:

«Lo que faltó nunca fue culpa mía».

«Ahora se me permite lo que yo necesitaba».

«Ya no soy invisible; soy sagrado y estoy aquí».

El abandono como trauma

A muchos de nosotros no nos abandonaron con un portazo, sino que se trató de ausencias emocionales, promesas incumplidas y un amor impredecible, inaccesible o que se retiraba a modo de castigo. El niño interior recibió un mensaje: «No merezco que te quedes conmigo. Soy demasiado exigente. El amor siempre se acaba yendo. No necesito nada para sentirme seguro». El abandono no siempre es físico. Es el momento en el que alguien escoge su silencio antes que tu seguridad, su incomodidad antes que tu cuidado. Es la herida que enseña al corazón que debe cerrarse para protegerse, marcharse antes de que te dejen, encogerse antes de que alguien te pida que te vayas. El cuerpo comienza a reconocer el momento de la partida y a cargar con la ausencia. El abandono crea la niebla que precede a la intimidad, que teme la belleza de la conexión, que desconfía incluso de la presencia del amor.

Perspectiva de higiene espiritual:

El abandono deja un vacío o un hueco en el campo energético del alma. Es un vacío que resuena. La higiene espiritual nos enseña que el abandono no es una simple experiencia emocional, sino una fractura espiritual, en la que el yo aprende a desconectarse de sí mismo y de los demás para sobrevivir. Nos abandonamos espiritualmente cuando reprimimos nuestras necesidades, silenciamos nuestros sentimientos o buscamos amor donde no podemos obtenerlo. Sanar el abandono requiere un regreso, un acto diario y sagrado de estar presente para el niño interior que aún espera junto a la puerta.

Residuo somático:

- Opresión o dolor en el centro del corazón o en el plexo solar.
- Respiración superficial o contener la respiración de forma inconsciente.
- Entumecimiento en el pecho o los brazos, sobre todo al recibir afecto.
- Apretar la mandíbula o el pecho durante los momentos de intimidad.
- Retirada repentina o disociación durante momentos de vulnerabilidad.

- Inquietud cuando se está solo o tener ansiedad por asegurar la conexión.

Movimientos de limpieza:

- Posturas que abren el corazón, como elevaciones del pecho sentado, suaves flexiones hacia atrás o brazos extendidos hacia fuera haciendo respiraciones.
- Balancearse de un lado a otro mientras uno se abraza a sí mismo, con un ritmo tranquilo.
- Postura de rodillas o sentado mientras uno se balancea adelante y atrás para calmar el sistema nervioso.
- Movimientos espejo con contacto visual y afirmaciones de presencia y valor.
- Golpecitos sobre el esternón y el corazón haciendo respiraciones y con el mantra «Estoy aquí».

Práctica de higiene espiritual:

Purificar la huella del abandono significa restaurar el sentido sagrado de pertenencia del alma. No comenzamos con otras personas, sino con el pacto divino de que no volveremos a abandonarnos.

A través de la respiración, el ritual, el movimiento y las afirmaciones espirituales, cuidamos el espacio donde desapareció el amor y lo llenamos con presencia.

Reencuadre higiénico (afirmación):

> «Purifico la mentira de que no soy digno de un amor duradero. Regreso a mí mismo con devoción. Nunca estoy solo en presencia de mi propia alma».

El acoso como trauma

A muchos de nosotros nos decían «Sé fuerte», «No le hagas caso» o «Que no te vean llorar». Pero el niño interior recibía un mensaje totalmente diferente: **«No estás a salvo. Tu voz no es suficiente. Debes cambiar para encajar. Estás solo».** El acoso provoca un lenta desgaste de la autoestima por medio de repetidos daños emocionales, verbales, físicos o psicológicos que suelen producirse mientras aquellos que ostentan el poder guardan silencio o son cómplices. Ya sea en la infancia, la adolescencia o la edad adulta, el acoso imprime un mensaje somático de «Encógete para sobrevivir» y «Permanece en silencio para estar a salvo». El cuerpo interioriza el acoso como una forma de exilio social y terror emocional. Empieza a anticipar el rechazo, la crítica y el abandono, incluso en entornos que son seguros.

Perspectiva sobre la higiene espiritual:

El acoso no solo hace daño al ego, sino que distorsiona el resplandor del corazón. Cubre tu luz con múltiples capas de inseguridad, una necesidad constante de adaptación y una vergüenza silenciosa. En la higiene espiritual, el acoso es un contaminante espiritual: una fuerza que nubla tu imagen divina y llena tu campo energético con miedo a la visibilidad y al rechazo. Purificar este trauma permite eliminar los residuos de indignidad que dejan las proyecciones de los demás:

- No eres lo que ellos dijeron.
- No eres aquello de lo que se rieron.
- No eres su miedo disfrazado de crueldad.
- Eres un ser radiante.

Residuo somático:

- Postura encorvada, pecho hundido (por haber aprendido a ser invisible).
- Mandíbula apretada, tensión en el cuello y los hombros (por reprimir las emociones).
- Risa nerviosa, querer complacer a los demás o pedir disculpas por existir.
- Aumento de la ansiedad social e hiperconciencia de las reacciones de los demás.
- Incapacidad para recibir elogios o para sentirse seguro en público.

Movimientos de limpieza:

- **Recuperación postural:** ponerse de pie con la espalda recta, levantar el pecho y abrir los brazos mientras se respira profundamente.

- **Liberación vocal:** emitir sonidos (gritos, suspiros, cánticos) para recuperar la expresión.
- **Movimiento de afirmación frente al espejo:** contacto visual con el espejo mientras se mueve con fuerza o elegancia.
- **Pisotones o posturas de poder:** recuperar el espacio en el cuerpo y el entorno con frases como: «Pertenezco a este lugar», «No soy invisible», «Ocupo un espacio».

Práctica de movimiento de limpieza:

- Comienza con un movimiento de brazos abiertos, pecho elevado y respiración profunda.
- Coloca las manos sobre el plexo solar y afirma:
  «Soy fuerte. Estoy a salvo. No soy lo que dicen de mí».
- Trabaja con espejos con contacto visual y expansión postural.
- Termina con una conexión con la tierra: pies bien plantados en el suelo y voz firme:
  «Ocupo un espacio. Me mantengo firme en mi valor. Pertenezco».

Práctica de higiene espiritual:

Limpiar la huella del acoso implica despejar el campo energético de la humillación y restaurar la identidad sagrada del yo. A través de declaraciones encarnadas, la recuperación de la postura y afirmaciones espirituales, restablecemos el campo dándole dignidad, presencia y pertenencia legítima. **Esta es la sagrada labor de recuperar tu espacio, tu cuerpo, tu respiración y tu voz. Es el valiente retorno a la plena estatura de tu alma, completa y sin complejos. Aquí recuperamos el terreno sagrado: en tu cuerpo, en tu campo, en tu voz. Aquí es donde te elevas a la plena medida de tu alma, sin encogerte, sin vergüenza. Se trata de encarnar tu verdad sin disculparte, de habitar tu voz, tu energía, tu presencia sin dejar atrás pedazos de ti mismo. El camino de la sanación es un retorno a la integridad. Es donde te elevas en la plena presencia de tu espíritu y ya no pides permiso para ser.**

Reencuadre higiénico (afirmación):

«Purifico los residuos de la vergüenza y el rechazo. Reclamo mi derecho a ser visto, escuchado y honrado tal y como soy».

El abuso sexual en las mujeres como trauma

El espacio sagrado del cuerpo no es solo físico, sino también espiritual. Cuando se viola ese espacio, sobre todo en la infancia, el alma suele disociarse para sobrevivir. Muchas supervivientes aprenden a abandonar su cuerpo mucho antes de poder abandonar la situación. El trauma sexual fragmenta la sensación de seguridad, valor, sensualidad e incluso la propia identidad. Puede crear tanto hiperconciencia como entumecimiento. A menudo sustituye el placer por la vergüenza. La violación sexual del cuerpo sagrado deja un residuo energético y enciende las voces traumáticas de la culpa y la vergüenza. El movimiento, la respiración y el sonido son importantes para purificar la vergüenza del templo del cuerpo.

Perspectiva de la higiene espiritual:

La higiene espiritual enseña que el útero y el cuerpo son templos sagrados, y cuando esos templos son profanados, el alma se fragmenta. El trauma sexual no es solo físico, sino también una profanación espiritual que puede congestionar el campo energético con vergüenza, secretismo y silencio del alma.

Residuo somático:

- Entumecimiento en la región pélvica o incapacidad para sentir sensaciones a nivel sexual.
- Ciclos de dolor o inflamación en el útero, las caderas o la parte inferior del abdomen.
- Dificultad para mantener el contacto visual o vulnerabilidad en la intimidad.
- Respuestas de pánico o bloqueo ante el contacto físico.

Movimientos de limpieza:

- Respiración uterina y movimientos circulares de cadera para reconectar de forma segura con los chacras raíz y sacro.

- Automasaje guiado de los muslos, las caderas y el abdomen para restaurar la autonomía.
- Movimientos con sonido y respiración para recuperar la voz: suspirar, tararear, gemir con intención.
- Movimientos realizados frente al espejo, con o sin ropa, para ir reintegrando la mirada con amor propio.
- Afirmación para decir en voz alta:
  «Mi cuerpo es mío. Mi placer es mío. Ahora mi seguridad es sagrada e intocable».

Práctica de higiene espiritual:

El movimiento sagrado se convierte en un ritual de recuperación. La purificación del santuario interior incluye la afirmación del derecho al placer, la seguridad y la encarnación sagrada. El sonido, la respiración y el movimiento ayudan a desintoxicar las huellas energéticas de los charas raíz y sacro.

Reencuadre higiénico (afirmación):

«Purifico mi espacio uterino con amor. Libero los residuos de la violación. Mi cuerpo es sagrado y ahora vivo en él con plenitud».

El abuso sexual en los hombres como trauma

El cuerpo sagrado del hombre suele quedar fuera de las conversaciones sobre el trauma de tipo sexual. Condicionados para ser fuertes, guardar silencio y ser inmunes a la vulnerabilidad, muchos hombres cargan con sus heridas en silencio, ocultándolas bajo la vergüenza, la confusión y la represión. Cuando se viola la frontera sagrada del cuerpo masculino, sobre todo en la infancia, el alma suele dividirse, disociándose para sobrevivir. El cuerpo se convierte en un campo de batalla de desconfianza y el espíritu puede retirarse por completo de las sensaciones físicas. Lo que queda es una guerra silenciosa entre el entumecimiento y la rabia, la vergüenza y el silencio.

El trauma sexual en los hombres fractura el altar interior del poder, la identidad y la presencia. Puede distorsionar el sentido del yo, romper la conexión con el placer y silenciar la voz. Muchos hombres interiorizan la violación como una debilidad, creyendo que deben «seguir adelante» mientras su alma sigue congelada en el tiempo. Otros ocultan la violación, asumiendo la carga de que el sexo entre hombres es «pecaminoso» y está mal. Los hombres, más a menudo que las mujeres, caen en la trampa de creer que «algo que hice provocó que esto sucediera», **lo que invita a las voces traumáticas de la culpa y la vergüenza a convertirse en el crítico asesino y el juez ahorcador. En el peor de los casos, la experiencia puede transformarse en la creencia de que «si fuera un hombre de verdad, esto no habría sucedido o lo habría impedido, así que me lo merecía», lo que puede dar lugar a problemas de identidad personal para el resto de la vida.**

Perspectiva sobre la higiene espiritual:

Esta sanación no consiste en explicar qué es el trauma. Se trata de limpiar lo que ese trauma dejó atrás: vergüenza, silencio, disociación y falsas identidades. Cuando se profana el cuerpo de un hombre (o un niño), su espíritu puede abandonar el lugar donde se produce el abuso. Su voz puede volverse más débil. Su presencia puede volverse más performativa que encarnada. La higiene espiritual referida a lo masculino consiste en restaurar la soberanía, devolver el alma al templo del cuerpo y el cuerpo a la comunión con la verdad divina.

Residuos somáticos en el cuerpo masculino:

- Tensión crónica en la mandíbula, los puños o la zona lumbar.
- Disfuncionalidad eréctil, entumecimiento genital o hipersensibilidad.
- Respuesta de sobresalto, tensión muscular o retroceso ante el contacto físico.
- Evitar la vulnerabilidad emocional o la intimidad física.
- Rabia internalizada o desconfianza hacia el propio cuerpo o los propios deseos.

Movimientos de limpieza:

- **Arrodillarse con la respiración:** sentarse o arrodillarse en el suelo, respirar con el abdomen y sentir la columna vertebral. Esta postura honra la humildad y la conexión con uno mismo.

- **Rotación de hombros y círculos con los brazos:** recuperar el espacio del pecho y el corazón, rebajando la coraza protectora.
- **Balanceo de la pelvis o círculos con las caderas sentado:** movimiento suave, con la ropa puesta, para restaurar la sensación y la conexión sagrada con el chacra raíz.
- **Práctica sonora:** liberar la respiración mediante tonos graves y profundos (por ejemplo, «ummmm», «ohhhh», «ahhh») para recuperar la voz y la confianza vibratoria.
- **Presencia ante el espejo:** ponte de pie o siéntate frente a un espejo, vestido o desnudo. Mantén el contacto visual. Di tu nombre. Recupera tu imagen con compasión.

Afirmación verbal:

«Mi cuerpo es sagrado. Mi verdad está a salvo conmigo. Recupero mi poder de las sombras del silencio».

Práctica de higiene espiritual:

- Comienza con una oración: invita a tu espíritu a regresar al cuerpo. Reconoce la violación sin volver a entrar en la situación.
- Unge tu cuerpo: usando aceite o agua, toca tu pecho, vientre y muslos mientras afirmas: «Esto es mío. Esto es sagrado».
- Crea rituales de seguridad: envuélvete en una manta, escucha tonos relajantes (417 Hz, 528 Hz, 396 Hz) o rodéate de protectores masculinos simbólicos (por ejemplo, piedras, símbolos u objetos ancestrales).
- Ejercicio diario de respiración frente al espejo: contacto visual + respiración = verdad restaurada.

Reencuadre higiénico (afirmación):

«No soy lo que me ha sucedido. Soy el testigo sagrado que ha sobrevivido. Ahora escojo vivir, sentir y recuperar mi cuerpo en toda su verdad».

Trauma ancestral

El trauma ancestral no es solo tu historia personal; es el dolor, el miedo, el silencio y la supervivencia no procesados que están codificados en tu ADN.

Es el grito del útero de tu bisabuela. Es el eco de la cadena de decisiones de tu abuelo. Es lo que tus antepasados no pudieron expresar, pero tú sientes cada vez que intentas superar su dolor. La ciencia actual lo llama «epigenética»: el estudio de cómo se transmite biológicamente el trauma a través de la expresión génica. Sin embargo, mucho antes que la ciencia, el espíritu ya lo sabía. Tus huesos lo sabían. El alma reconocía que lo que no se sana en una generación lo arrastra la siguiente.

A nivel energético y espiritual, el trauma ancestral puede perdurar durante siete generaciones o más. En muchas tradiciones, como sistemas espirituales africanos, indígenas y orientales, se enseña que siete generaciones viven siempre dentro de ti:

- Tú eres el sueño de aquellos que sobrevivieron.
- Eres el portador de la carga de lo que nunca se liberó.

Si tus antepasados sufrieron la esclavitud, el genocidio, hambrunas, adicciones, el abandono, abusos sexuales o una cancelación sistémica sin tener el espacio ni el poder para procesar el dolor, esa energía no desapareció. Descendió. Tú la heredaste. Esto significa que tú, el que sana, el que es consciente, serías el primero en decir: «Esto no es normal», y en empezar a preguntarte: «¿De dónde viene este patrón?» y «¿Qué me está tratando de enseñar este dolor?».

Perspectiva de higiene espiritual:

Llevas contigo más que tu propia historia. El trauma ancestral está codificado en tu campo energético. La higiene espiritual incluye movimientos ritualizados, liberación verbal y la devolución reverente de lo que nunca te perteneció. La higiene espiritual reconoce que el cuerpo no es solo un recipiente personal, sino un altar ancestral. El trauma ancestral es la herencia energética del dolor, el miedo, la vergüenza y el silencio que no han sido procesados y que permanecen en tu campo hasta que se les da nombre y se liberan.

Trauma ancestral	La voz de la herencia
Residuos energéticos, emocionales y espirituales de traumas no sanados que han sido transmitidos a los siguientes linajes.	Creencias internalizadas, mecanismos de defensa o patrones emocionales que han sido aprendidos de los cuidadores o de la cultura.
Presente en el cuerpo sin tener conciencia de la causa (por ejemplo, «Siempre he sentido este dolor»).	Pensamientos repetitivos como: «Así somos», «En esta familia, no…».
Suele tener su origen en acontecimientos que nunca has vivido personalmente, pero que te han marcado (por ejemplo, la migración, la esclavitud, el silencio forzado).	Tiene su origen en las normas familiares, las tradiciones, los roles y los modelos emocionales.
Se cura a través de rituales somáticos, limpieza energética y recuperación del linaje.	Se cura mediante la conciencia, el reencuadre y la ruptura consciente de los patrones.
Lo sientes como un peso sin origen o historias sin palabras.	La sientes como voces en tu cabeza o creencias que refuerzan tu comportamiento.

Residuo somático:

- Pesadez en las piernas, las caderas o la zona lumbar.
- Agotamiento crónico sin una razón médica clara.
- Opresión en el pecho o la garganta al decir la verdad.
- Sensación de llevar peso sobre los hombros o en la columna vertebral.
- Lágrimas repentinas u oleadas emocionales al escuchar historias familiares.
- Ansiedad o culpa persistentes al superar las limitaciones familiares.
- Tensión que se intensifica en momentos de éxito o alegría, como si la alegría en sí misma tuviera que ganarse o explicarse.

Práctica de higiene espiritual:

El flujo de liberación ancestral sirve como ritual de higiene para el linaje del alma. El movimiento se convierte en oración de intercesión. El sonido se convierte en invocación. El temblor se convierte en limpieza. Lo que antes se llevaba en silencio se devuelve a la tierra en una ceremonia.

Práctica de movimiento purificador (flujo de liberación ancestral):

- Pisar fuerte, girar la columna vertebral, sacudir las extremidades, sellar con una oración.

Comienza sentado o tumbado.

Abrázate a ti mismo y balancéate con delicadeza.

Coloca una mano sobre el corazón y el vientre.

Respira lentamente.

Di en voz alta:

«No te dejaré».

«Estoy aquí. Te veo. Te quiero».

Repítelo mientras te tocas la cara o los brazos con reverencia. Termina colocando una mano sobre tu altar o tu vientre y di:

«Este es mi hogar. Yo me pertenezco a mí mismo».

Reencuadre higiénico (afirmaciones):

«Purifico mi linaje con la respiración y el movimiento».

«Libero las cargas de quienes me precedieron».

«Solo llevo adelante lo que es sagrado, íntegro y alineado».

CAPÍTULO 9

Restaurar el ritmo físico y emocional

En este viaje, llega una pausa sagrada en la que el ruido se disuelve porque ya no lo nutres. Lo que queda es un ritmo suave, antiguo, confiable, que te llama de regreso al sonido que subyace a tu supervivencia. Lo que queda es un pulso tranquilo, suave y constante que espera a que lo escuches. Este es el ritmo de tu cuerpo.

Este ritmo, que es un ritmo sagrado, no está impuesto por alarmas, plazos ni alertas en tu agenda. No es el ritmo dictado por la obsesión de esta sociedad por la productividad ni por la presión de estar «activo» a toda costa. Es el ritmo que subyace a todo eso. Es el metrónomo sagrado de tu ser. Respira cuando no estás mirando. Sana sin tu permiso. Conoce las estaciones antes que tu mente. Para vivir en torno a él, debes escoger que vas a recordarlo. Este capítulo final del nivel II trata sobre este recuerdo.

El lenguaje del cuerpo

Tu cuerpo es el primero en decir la verdad. Es el primero en responder al trauma. Es el profeta más preciso de tus necesidades. Sin embargo, muchos de nosotros hemos pasado años, a veces toda la vida, traicionando sus mensajes. Comemos cuando estamos entumecidos, no cuando tenemos hambre.

Dormimos cuando estamos agotados, no cuando nuestro ciclo requiere descanso. Ignoramos el dolor, reprimimos las lágrimas y lo llamamos fortaleza. Al hacerlo, perdemos el ritmo, tanto físico como emocional y espiritual. ¿El precio? Un agotamiento que ninguna siesta puede remediar. Cambios de humor sin causa ni nombre. Inflamación crónica, confusión mental y desorientación espiritual. Todo ello mientras nos decimos a nosotros mismos, y a cualquiera que nos escuche, que estamos bien. El ritmo no es solo cómo te mueves, sino cómo te sientes respecto a lo que estás afrontando. Cuando tu ritmo emocional se desequilibra, tu ritmo físico le va detrás. La respiración se vuelve más superficial. Los latidos del corazón se aceleran. El cuerpo se tensa y se convierte en un recipiente de niebla tóxica espiritual.

Una historia de desalineación

Nia, una mujer de 47 años y madre de tres hijos, había sido diagnosticada con fatiga suprarrenal y desequilibrio tiroideo. Por más suplementos o dietas que probara, su agotamiento nunca desaparecía. Se despertaba cansada, se acostaba nerviosa y vivía en un estado permanente de entumecimiento emocional. Mientras trabajamos juntas, le hice una pregunta sencilla: «¿Cuándo fue la última vez que seguiste a tu cuerpo en lugar de a tu agenda?». Ella respondió: «No lo entiendo». Yo le contesté: «Bueno, tu cuerpo lo sabe. ¿Se lo has consultado?». Ella se detuvo. Se le llenaron los ojos de lágrimas.

«No lo sé», susurró. «Llevo tanto tiempo viviendo según el reloj de los demás que he olvidado que tengo el mío». Le dije a Nia cuál sería el proceso que seguiríamos para restaurar el ritmo.

Empezó a despertarse sin necesidad de despertador los fines de semana, dejando que su cuerpo decidiera cuándo iba a levantarse. Hacía una pausa de diez minutos a media mañana para respirar; no para comprobar las tareas pendientes, solo para respirar. Seguía sus emociones como si fueran un patrón meteorológico: notaba cuándo la alegría era como la luz del sol y cuándo el dolor era como la lluvia. Cancelaba reuniones cuando su útero le pedía descanso. Bailaba descalza cuando las palabras no le salían de los labios. A los tres meses, me envió un mensaje: «Siento que vuelvo a sentirme yo misma. No lucho contra el tiempo. Me muevo con él». Su cuerpo no estaba defectuoso. Sus luces estaban encendidas, pero ella no estaba en casa.

La sabiduría del ritmo

El ritmo es un orden sagrado. Es la forma en que el universo organiza la energía. Es por eso que la marea sabe cuándo subir, las flores saben cuándo florecer o los bebés saben cuándo dormir, y tú no eres diferente. Tú y tu cuerpo tienen un ritmo.

Vivir en armonía con el ritmo de tu cuerpo significa:

- Dormir cuando tu alma está cansada, no solo cuando tu agenda está libre.
- Moverse para hacer circular la vida, no para castigarse.
- Comer para nutrir, no para adormecer.
- Llorar sin disculparse.
- Hacer una pausa sin sentir culpa.

Restaurar el ritmo: prácticas sagradas

1. Ritual matutino:

Antes de mirar el teléfono o el reloj, pon una mano sobre el pecho. Pregúntate: «¿Qué necesita mi cuerpo en este momento?». Actúa en función de la respuesta.

2. Seguimiento del clima emocional:

Al final de cada día, escribe una palabra que describa el ritmo emocional de tu día. ¿Fue tormentoso, tranquilo, rápido, tierno? Considera tus patrones emocionales como si fueran ciclos lunares.

3. El sagrado «día sin reloj»:

Una vez al mes, vive sin reloj durante 24 horas. Come cuando tengas hambre. Descansa cuando estés cansado. Muévete cuando te apetezca. Deja que tu cuerpo te guíe.

4. Ritmo del útero (para mujeres):
Lleva un registro de tu ciclo menstrual. Observa tu energía, apetito, emociones y deseos en cada fase. Alinea el trabajo creativo con la ovulación y el descanso con la menstruación. Esto es la divinidad encarnada.

5. Diálogo somático:
Cuando sientas cualquier síntoma o una sensación, pregúntale a tu cuerpo: «¿Qué estás tratando de decirme?».

Entonces espera. Deja que el cuerpo hable. No te apresures a responder. Restaurar el ritmo no significa añadir más cosas a tu vida. Significa eliminar todo lo que deshonra tu ritmo único. Significa rechazar las prisas como un estilo de vida. Significa dejar de bailar al ritmo que nunca fue el tuyo. El mundo que te rodea puede apresurarse, pero tu alma no es una estrella del atletismo. Estamos aquí para respirar al compás de lo sagrado. Estamos aquí para levantarnos y descansar en armonía con el amor. Estamos aquí para recordar que el cuerpo nunca llega tarde, lo que significa que tu sanación no se está retrasando. Tu ritmo, diferente al de cualquier otra persona, te guiará de regreso a tu hogar sagrado. Tu regreso.

Ritmo emocional: dejar fluir los sentimientos en lugar de reprimirlos

El cuerpo dice la verdad de lo que ha vivido el alma. Tus emociones son los mensajeros sagrados que cuentan tu historia. Hablan al ritmo de esa verdad. El dolor se mueve lentamente, como un río que se abre paso a través de la piedra. La ira llega rápida y ardiente, encendiéndose a menudo sin previo aviso. La alegría se eleva amplia y plena, derramando luz sobre todo lo que toca. Cada emoción tiene un tempo. Una corriente. Un ciclo. Cuando el ciclo de tus emociones se interrumpe, el ritmo de tu cuerpo se desequilibra. Lo sientes en tu forma de respirar. Puede ser una opresión o un revuelo en tus entrañas. Como siempre tienen una historia que contar, tus emociones encontrarán la manera de hacerte saber que es hora de que hablen. Cuando tu ritmo emocional se congela y el cuerpo comienza a llevar lo que el corazón no pudo decir, el cuerpo te lo hará saber: «Tienes un problema».

Jalen: el ritmo de la actuación

Jalen era un director de proyectos de 38 años. Motivado. Centrado. Responsable. Se enorgullecía de estar siempre disponible. Leía y enviaba correos electrónicos a la una de la madrugada. Durante el día, tenía una reunión tras otra. Iba al gimnasio a las cinco de la mañana, incluso cuando su cuerpo le pedía a gritos dormir. Comía lo que podía y cuando podía, y consideraba que era saludable si no estaba frito ni tenía dos días. Cuando sentía tensión en la nuca, no le daba importancia. Cuando su digestión era más pesada y su estado de ánimo comenzaba a decaer, duplicaba la dosis de suplementos y cafeína. No tenía ninguna práctica espiritual regular. No tenía tiempo para ejercicios de respiración. No tenía espacio para el silencio, y la quietud le ponía nervioso. Cuando le preguntaban cómo se encontraba, su respuesta era siempre la misma: «Estoy bien. Tan solo un poco cansado».

El cansancio se convirtió en su estado habitual. Empezó a despertarse agotado. Su memoria se volvió más confusa. Su paciencia era escasa. Deseaba tomar azúcar y estimulantes todo el tiempo. Finalmente, su cuerpo le hizo una advertencia más clara: inflamación crónica, aumento de la presión arterial y una persistente tristeza que no podía explicarse. Jalen no estaba enfermo en un sentido médico estricto. Estaba desalineado rítmicamente. Su cuerpo llevaba años intentando ponerle freno, pero él vivía bajo presión, no en el presente. Se había convertido en un hombre de reacción, no de ritmo; un hombre que intentaba huir de su propia verdad.

Devin: la práctica de la presencia

Devin, de 41 años, era padre, empresario y tenía muchas responsabilidades. Comenzaba sus mañanas haciendo una respiración consciente, no revisando el correo electrónico. Se levantaba con el sol y permanecía en silencio antes de que el día lo empezara a absorber. Devin controlaba de forma consciente su energía en ciclos. Se dio cuenta de que, tras varias semanas con un alto rendimiento, su cuerpo necesitaba recuperarse. Y él le hacía caso. Tenía un ritmo sencillo que consistía en consultarse a sí mismo antes de decir que sí a cualquier cosa. Meditaba cuando se sentía abrumado.

Lloraba cuando sentía que le invadía la tristeza. Se movía lentamente cuando sentía tensión en el cuerpo. Cuando no sabía lo que sentía, se quedaba lo bastante quieto como para preguntar. No había perfección en su ritmo.

Hubo días difíciles. Momentos estresantes. Pero él sabía cómo volver a su centro. Sabía cómo reiniciarse. Su práctica espiritual era su pulso. Una forma de volver a sí mismo, una y otra vez. El cuerpo de Devin respondía de la misma manera. Dormía a pierna suelta. Se reía a menudo. Tomaba decisiones desde su interior. No esperaba a venirse abajo para justificar el descanso. Vivía a su ritmo, no de forma reactiva.

Vivir en contra de tu ritmo es un síntoma de desconexión espiritual. Cuando el mundo marca tu ritmo, tu cuerpo comienza a olvidar su verdad. Pierdes el contacto con lo que te hace sentir bien. Te vuelves insensible a las primeras señales de agotamiento. Vives de la adrenalina en lugar de la armonía. Con el tiempo, esa desconexión se convertirá en disfuncionalidad:

- Insomnio.
- Confusión mental.
- Agotamiento crónico.
- Irritabilidad.
- Desequilibrios hormonales.
- Inflamación silenciosa.

Se trata de señales sagradas. Susurros de tu cuerpo que te preguntan: «¿Regresarás a mí? ¿Me honrarás?». No fuiste puesto en la Tierra, en un cuerpo, para correr contra el tiempo. Todos estamos aquí para movernos con nuestro propio ritmo divino. Para caminar, respirar y escoger de una manera que honre nuestros ciclos, no solo nuestras metas. Una práctica espiritual crea un ritmo de retorno. Le enseña al cuerpo que es seguro descansar. Que es seguro sentir. Que es seguro reducir el ritmo sin perder valor. Este es el regalo del ritmo: cuando vives en armonía con la verdad de tu cuerpo, dejas de necesitar una crisis para justificar tu cuidado. Este es el lugar en el que se encuentran muchos: al borde del retorno o la resistencia, y en la puerta de una escucha más profunda. A cada uno de nosotros se nos hace la misma invitación, aunque pueda venir en diferentes formas:

- Una crisis nerviosa.
- Un diagnóstico.
- El fin de una relación.
- Un vacío profundo e inexplicable.

Sea cual sea su forma, el mensaje es claro: regresa a casa. Vuelve a sincronizarte contigo mismo.

Regresa al tempo divino que hay en tu interior. Todos tenemos la opción de honrar el ritmo sagrado del cuerpo o no hacerlo.

Recuperar el flujo femenino

El útero de una mujer no es solo un órgano, es todo un templo. Un cronómetro. Un transmisor del ritmo divino. Durante demasiado tiempo, a las mujeres se les ha enseñado a ignorar los ciclos sagrados que viven dentro de ellas, a considerar su «flujo», su ciclo mensual, como una molestia. A soportar el cansancio. A ignorar los sutiles y poderosos cambios de humor, energía y creatividad que se producen de forma natural. La vida actual no está diseñada para el ritmo femenino, pero el alma de la mujer sí lo está.

Recuperar el flujo femenino es recordar la inteligencia que vive dentro del útero, la sabiduría que no se mueve en línea recta, sino en espiral. Es comprender que tu energía, tus emociones y tu encarnación no están destinadas a ser iguales todos los días. Se mueven a través de un orden sagrado. Y, cuando vives en armonía con este orden interior, dejas de luchar contra ti misma. Empiezas a honrar lo que tu cuerpo siempre ha sabido. Tu útero pasa por cuatro estaciones energéticas distintas cada mes. Tanto si estás en plena menstruación, en la perimenopausia o en la posmenopausia, este patrón energético sigue vivo en tu campo.

Invierno interior (menstrual):

Un tiempo para el descanso, la reflexión y la liberación.

El velo es fino. Eres muy intuitiva.

El cuerpo pide quietud y silencio.

Primavera interior (folicular):

La energía aumenta.

Las ideas florecen.

La motivación regresa.

Es un momento para visualizar y actuar con delicadeza.

Verano interior (ovulación):

Magnetismo, claridad, expresión.

Aquí es donde estás más radiante; a nivel emocional, físico y espiritual.

Este es un momento para la creación, la comunicación y la conexión.

Otoño interior (fase lútea):

La energía comienza a disminuir. La atención se vuelve hacia el interior.

Es un momento para completar, organizar y prepararse para volver a liberar.

La sensibilidad aumenta, no como debilidad, sino como reveladora de la verdad.

Cada fase ofrece un regalo, un cambio sagrado. A las mujeres se les ha enseñado a vivir en un estado de constante rendimiento, productividad y resultados, imitando el ritmo masculino, solo para sentirse aceptadas, seguras o visibles. Vivir con el útero es escuchar, es negarse a pedir perdón por tener que descansar en determinados momentos. Para sobrevivir y prosperar en los numerosos cambios terrestres que se están produciendo, las mujeres deben dejar de ignorar la sabiduría del cansancio o la claridad de los cambios de humor, y ver el ciclo de la energía femenina como un portal en lugar de un problema.

El regreso de Mariah a sí misma

Mariah, de 36 años, era madre de dos hijos y una terapeuta muy ocupada. Llevaba varios años sin tomar más de dos días seguidos de descanso. Su ciclo se había vuelto irregular. Sentía temor cuando le bajaba la regla. En su ajetreada vida, lo veía como una molestia. Como a muchas mujeres, a Mariah le habían hecho creer que tener la necesidad de descansar la convertía en una perezosa, que los cambios emocionales la volvían inestable y que pedir su espacio la hacía egoísta. Cuando comenzó el trabajo de higiene espiritual y recuperó su ritmo, todo cambió para ella. Empezó a llevar un registro de su ciclo, no solo de los días en que tenía la menstruación, sino también de su energía, sus emociones y sus antojos a lo largo del mes. Se dio cuenta de que era más creativa y extrovertida durante la ovulación, pero profundamente introspectiva justo antes de que comenzara su ciclo. En lugar de resistirse a la sensibilidad de su fase lútea, comenzó a protegerla programando menos reuniones, dejando tiempo para escribir en su diario y encontrando la soledad que tanto necesitaba. Se permitió fluir en la quietud, a veces incluso ungía su útero con aceite, susurrando bendiciones de liberación y renovación. Por primera vez en su vida, no se sentía defectuosa. Se sentía completa. En tres meses, su cuerpo respondió. Su ciclo se estabilizó. Su sueño mejoró. Su ansiedad disminuyó. La conciencia de sí misma le enseñó cómo se había abandonado y cómo había deshonrado su ritmo femenino. El estado de su mente, su corazón y su vida mejoró una vez que Mariah aprendió a vivir con su útero, y no a pesar de él.

El cuerpo femenino no prospera teniendo que rendir constantemente. Florece con el ritmo y los ciclos. Se renueva a través del descanso, no de la resistencia. Recuperar el ritmo femenino no tiene que ver con el flujo mensual. Tiene que ver con una relación. Una relación consciente con tu ritmo interior. Una relación que honra tus mareas emocionales. Una relación con esa parte de ti que se mueve constante y divinamente entre el nacimiento, el florecimiento, la muerte y el renacimiento. La vergüenza en torno al descanso, la lentitud y la sensibilidad es algo que has heredado. No te pertenece. No es sagrada. No te corresponde a ti llevarla adelante.

Deja de luchar contra tu propia sensibilidad. Recuerda que no eres inestable. Eres rítmica.

Práctica de higiene espiritual: restauración del ritmo uterino

Realiza un seguimiento energético de tu ciclo:

- Cada día anota en un diario tu estado emocional, tu nivel de energía y tus sensaciones corporales.
- Empieza a tomar conciencia de tus estaciones internas.

Descansa con un propósito:

- Durante tu fase de flujo, crea un ritual de quietud, por ejemplo, enciende una vela, date un baño, di que no sin dar explicaciones.

Expresa el ritmo:

- Di en voz alta: «Tengo derecho a ir despacio. Tengo derecho a cambiar. Tengo derecho a seguir mi flujo».

Ofrece gratitud al útero:

- Coloca tus manos sobre tu vientre y di:
  «Gracias por sostener, por liberar, por guiar, por crear.
  Ahora vivo contigo. No contra ti».

Cómo las mujeres sin un útero físico se alinean con la enseñanza

1. El útero energético permanece

- El espacio del útero, situado entre los chacras sacro y del plexo solar, permanece activo, incluso sin útero.
- Alberga la memoria, la creatividad, la intuición y el patrón energético de los ciclos.
- Este espacio sigue siendo un centro de gestación, liberación y regeneración.

2. La vida rítmica sigue siendo sagrada

- El ritmo de cuatro fases (menstrual, folicular, ovulatoria y lútea) refleja arquetipos energéticos: descanso, iniciación, expresión y reflexión.
- Estas fases pueden relacionarse con los ciclos lunares, la energía estacional o los patrones emocionales internos, más que con el sangrado físico.

3. La luna como espejo

Las mujeres sin ciclo menstrual pueden alinearse con la luna:

- Luna nueva (menstrual): descanso, renovación, escucha profunda.
- Luna creciente (folicular): claridad, inspiración, acción lenta.
- Luna llena (ovulatoria): expresión, magnetismo, creatividad.
- Luna menguante (lútea): finalización, criterio, liberación.

4. El cuerpo sigue hablando al ritmo

- Incluso sin flujo mensual, el cuerpo sigue pasando por ciclos de fluctuaciones energéticas, patrones emocionales y oleadas intuitivas.
- Seguir estos ritmos puede revelar un flujo sagrado único y personal.

5. El flujo femenino es un derecho de nacimiento, no una enfermedad

- Tengas útero o no, el flujo femenino vive en tu campo.
- Tienes derecho a descansar, a levantarte, a hablar, a sentir. Tienes derecho a honrar tu ritmo sin disculparte por ello.

Práctica de higiene espiritual para mujeres sin útero físico:

El diario de la luna interior

Cada día, reflexiona:

«¿En qué fase me siento hoy: nueva, creciente, llena o menguante?».

«¿Qué necesita mi cuerpo?».

«¿Qué emoción está más presente?».

«¿Qué está surgiendo para ser creado o liberado?».

Ritual del toque uterino

Coloca las manos debajo del ombligo.

Susurra:

«Aunque ya no tengo el flujo mensual, sigo albergando vida».

«Aunque ya no llevo un útero, sigo llevando su sabiduría».

«Soy rítmica. Soy completa».

«Honro la espiral que vive dentro de mí».

«Libero la vergüenza de necesitar descanso».

«Recuerdo el ritmo de mi útero».

«Recupero el flujo sagrado de mi vida».

Recuperar el ritmo es volver a la escucha sagrada

El viaje de la recuperación del ritmo es una llamada a escuchar y oír más, no a hacer más. Para pasar del mundo físico de las tres dimensiones del hacer a la experiencia de las cinco dimensiones del ser, es importante recordar que la quietud y el descanso son tus derechos de nacimiento. Las prácticas de higiene espiritual muestran que debes honrar lo que siempre has estado expresando a través de tu respiración, tu agotamiento, tus anhelos y tus dolores. Ni tu mente ni tu cuerpo fueron diseñados para que les guiara el estrés o les endureciera la represión. No fuiste creado para vivir en un estado de rendimiento o productividad constante o para disculparte por que necesitaras hacer una pausa. No naciste para correr hacia una meta. Naciste para responder al pulso de la respiración, al flujo y reflujo de las emociones, a la tranquila sabiduría de los ciclos sagrados de tu cuerpo. Fuiste diseñado para moverte al ritmo de la vida misma. La familia y la sociedad te han condicionado para que compitas con ella.

Esta recuperación no consiste en que gestiones mejor tu tiempo. Se trata de que vuelvas a entrar en tu ritmo, que es un ritmo único. Se trata de que recuerdes que el ritmo divino está dentro de ti. Esperando. Susurrando. Volviendo. Cuando escuchas a tu cuerpo, no te quedas atrás. No te pierdes nada. Vuelves a alinearte con una inteligencia que está a un nivel más profundo. Dejas de medir tu valor por la productividad. Dejas de silenciar tu alma por el bien de la supervivencia. Empiezas a salir del ritmo del estrés y a caminar con el ritmo del espíritu.

A lo largo de este capítulo, hemos explorado las formas en que se altera el ritmo sagrado del cuerpo y las emociones, y cómo se puede restaurar. Te invito a ver que:

- **El cuerpo mide el tiempo** no con relojes, sino con conexiones, a través de sensaciones, la respiración y el flujo emocional.
- **El ritmo emocional** requiere movimiento, no control. Las emociones no son puntos fijos, sino ondas energéticas con un principio, un desarrollo y un final.
- **Vivir fuera de ritmo** conduce al agotamiento espiritual y físico. Quien ignora la verdad del cuerpo acabará sucumbiendo ante ella.
- **Las mujeres llevan un ritmo sagrado en su útero**, ya sea físico o energético. Vivir en armonía con estos ciclos es un acto de soberanía espiritual.
- **El descanso no es pasivo.** Es una restauración activa. Un retorno a la confianza. Un bálsamo curativo para el sistema nervioso sobreutilizado, el corazón sobrecargado, el alma descuidada.

Esta es la práctica actual: **liberarse de la mentira de que tu valor se mide por el movimiento.** Cuando haces una pausa, no pierdes terreno ni pierdes tiempo. Regresas a él firme, arraigado y completo.

El descanso como forma de recuperación

El descanso no es un lujo. El descanso no es algo que se gana después de que hayas demostrado tu valía. El descanso es una postura espiritual que puedes adoptar como un estilo de vida. Honrar la necesidad de descanso de tu cuerpo significa:

«Confío más en el ritmo de mi cuerpo que en el ritmo del mundo».

«No estoy aquí para que me consuman. Estoy aquí para que me consagren».

«No lucho por la sanación. Creo un espacio para que llegue».

El cuerpo se sana cuando no se le apresura. El sistema nervioso se relaja cuando se siente seguro.

El alma se revela cuando se honra el silencio. El ritmo sagrado comienza con la quietud sagrada. La quietud es una invitación. En la quietud, tu próxima respiración se vuelve sagrada. Tu próximo paso se vuelve intencional. En la quietud, recuerdas que exactamente donde estás, tal como eres, te estás volviendo completo y sagrado.

Que esta sea tu declaración:

«Recupero mi ritmo».
«Honro la verdad de mi cuerpo».
«Restauro lo que antes ignoraba».
«Ya no apresuro mi sanación».
«Ya no me disculpo por mi ritmo».
«Camino al ritmo del espíritu».
«Descanso porque soy lo bastante sabio como para saber lo que es sagrado».

Con esto concluye el nivel II: limpieza y desintoxicación del alma.
Has escuchado.
Has sentido.
Has liberado.
Ahora, descansa.
No estás tomando un descanso de tu vida.
Te estás preparando para un regreso sagrado a ella.

EL PUENTE

Enseñanzas clave del nivel I y el nivel II

Un descenso hacia la alineación sagrada

En todo camino de evolución interior llega un momento en el que una claridad más profunda exige un giro más completo hacia el interior. El alma ya no busca explicaciones. Busca liberarse. Busca renovación. Busca vivir sin la pesadez que ha llevado en silencio durante demasiado tiempo. Esta es la labor de higiene espiritual que has comenzado. Esta labor no es un ejercicio intelectual, sino un imperativo espiritual para el tiempo y la energía en que vivimos. Este es el viaje de descubrir, liberar y restaurar la alineación radiante entre tu mundo interior y tu verdad sagrada. Es una recuperación de tu integridad espiritual, que es mental, emocional, física y energética.

Nivel I: tomar conciencia de lo que vive en tu interior

La primera apertura llega con delicadeza: un susurro para prestar atención. Para percibir lo que has normalizado. Para percibir el agotamiento que hay detrás de la sonrisa, la tensión que hay detrás de la charla espiritual, las lágrimas no derramadas que están escondidas en la fuerza que muestras a diario.

La autoconciencia no es una habilidad. Es una puerta sagrada. Es un voto del alma: «No abandonaré lo que veo en mí mismo».

Sin embargo, la conciencia por sí sola está incompleta sin el valor de ser realista, de no solo verlo, sino también nombrarlo. Esto es la esencia de la honestidad con uno mismo, y también es sagrado. Es el punto de inflexión en el que termina el fingimiento y comienza la presencia. Ya no aspiras a ser perfecto. Decides vivir en armonía. Pero la verdad suele chocar con las actuaciones que hemos ensayado durante años. La falta de honestidad emocional, enmascarada como cortesía, responsabilidad o madurez espiritual, queda al descubierto. No se trata solo de lo que decimos, sino de lo que nos negamos a nosotros mismos el permiso de sentir, de necesitar, de cuestionar.

De esta honestidad florece el despertar de la **autoridad interior** y la **responsabilidad energética**, la madurez espiritual que dice: «Mi estado interior no es una carga que otros deban llevar ni un error que deban corregir». No vas a culpar más. Tampoco vas a evitar. Este es el momento en que el alma deja de externalizar su poder para gestionar su energía con intención. Sin embargo, a medida que comenzamos a escuchar con más atención, descubrimos que no todas las voces que hay dentro de nosotros pertenecen a la verdad. Algunas pertenecen al dolor.

Aquí es donde se revelan las **voces del trauma**, esos ecos familiares que dieron forma a nuestras estrategias de supervivencia: vergüenza, culpa, postergación, evasión, actuación. No son defectos. Son fragmentos. Aprendimos que eran nuestras partes heridas, haciendo lo mejor que podían sin un mapa para sanar. Y así, el alma comienza a llorar. No el tipo de dolor que va envuelto en silencio, sino el dolor sagrado que dice la verdad de lo que se perdió. De lo que importaba. Esta fue la invitación a llorar como una forma de claridad espiritual, para permitir que el sentimiento se convirtiera en una corriente de purificación en lugar de un peso de tristeza. Aquí es donde la enseñanza se convierte en algo personal.

Compartí la historia de mi hija pequeña, Nisa, alma querida de mi alma. Vivió en este lugar durante años, en el silencioso abrazo de un dolor que no había liberado. Su cuerpo soportaba lo que su boca no podía decir. Sonreía a pesar del peso de las necesidades insatisfechas. Reía a pesar del dolor de la decepción. Y su cuerpo, fiel y sabio, comenzó a hablar más alto que sus palabras. La diabetes jamás fue solo un diagnóstico. Era la expresión física de historias que ella no tenía espacio para darles nombre.

Nisa nunca se permitió llorar su pérdida; no sabía cómo hacerlo y yo no podía enseñarle. Las voces eran demasiado fuertes, el dolor demasiado profundo. Siguió fingiendo que estaba bien. Insistió en cargar con el mundo, su mundo dañado y deformado. No confiaba en el desorden que provocaban sus lágrimas. Tenía miedo de respirar, de sentir, de saber. Su sanación no comenzó con respuestas. Comenzó con dolor. Con tristeza. Con ira. Finalmente, su alma dijo: «¡No puedo más!». Fue entonces cuando comenzó su sanación, con una transición. Su evolución. Un cambio de forma que no creía que pudiera hacer en su cuerpo. Fue su elección y, por muy triste que me resulte, respeto su decisión. Esto es lo que hace el dolor cuando se le permite fluir: aligera el alma y comienza a producirse la reparación sagrada.

El perdón, entonces, se convierte en la siguiente invitación. No es una exigencia. No es una fecha límite. Es un umbral sagrado. Porque aprendemos que lo que no perdonamos, lo seguimos recreando, y no como un proceso consciente de creación. Creamos y recreamos en los patrones que repetimos, en los muros que levantamos, en el cansancio que no podemos explicar. Esto no es un castigo. Es una retroalimentación. Es el alma diciendo: «Todavía hay algo aquí que quiere que se le sienta, afronte y perdone».

Nivel II: el descenso al templo del cuerpo

Si el nivel I supone el despertar del templo interior, el nivel II es la consagración del cuerpo como terreno sagrado. Aquí es donde la sanación se encarna, donde el lenguaje da paso a la sensación. Donde la historia da paso a la quietud. Tu cuerpo no es un caparazón. Es un altar y tiene memoria. Aquí es donde aprendimos a descender a la sabiduría que estaba almacenada en las células. En el vientre, la columna vertebral y las caderas. En los lugares donde la respiración se vuelve superficial y el movimiento se torna cauteloso. Aquí es donde conocimos la memoria somática, el lenguaje sagrado de la verdad del cuerpo. Notamos las expresiones físicas de lo que el alma había estado gestionando en silencio: tensión en la mandíbula por la ira reprimida, dolor en el útero por la vergüenza heredada, respiración superficial por años de represión. No se trata de disfunciones, sino de señales sagradas.

Invitamos a la purificación utilizando el movimiento como oración. Enraizándonos. Balanceándonos. Sacudiéndonos. Meciéndonos. Los rituales naturales de restauración que habíamos olvidado que podíamos realizar. Cada gesto se convierte en un camino de regreso al yo. Cada respiración se convierte en una declaración de retorno. Aprendimos a honrar el ritual no como una elección, sino como una regla. Es un ritmo sagrado que devuelve el cuerpo a la presencia, una ceremonia viva que dice: «Ya no abandonaré mi sistema nervioso por la productividad». En este descenso, volvemos a llorar. Este nivel de dolor es más antiguo, más profundo. Ancestral. El dolor del linaje. El dolor de las mujeres que fueron silenciadas. El dolor de los hombres a quienes nunca se les permitió llorar. El dolor de los niños que se adaptaron antes de poder hablar. En este santo descenso, el trauma que una vez se alojó en el cuerpo se hace visible. No solo en los recuerdos, sino en el dolor crónico. El agotamiento. La inflamación. Los brotes de enfermedades autoinmunes. No se trata solo de problemas de salud. También son mensajes espirituales. Aquí es donde recuperamos el permiso para sentir, no como una forma de indulgencia, sino como responsabilidad. La presencia emocional se convierte en nuestra protesta. Nuestra alabanza. Nuestra medicina.

A medida que hacemos el trabajo, comenzamos a sentir y fluir de manera diferente. Dejamos atrás el mito de la constancia. Nos alineamos con las estaciones internas. Escuchamos la sabiduría del descanso. Reconocemos que algunos días son para hacer, pero otros son para ser, para desprenderse, para relajarse. Y que ambos son sagrados. Este es el ritmo de lo femenino. El ritmo del alma. En ese ritmo, nos hemos dado permiso para recordar que nada real se perdió jamás. Solo estaba esperando a que se le diera la bienvenida a casa.

Reflexión: una integración sagrada

Respira hondo, querido. Deja que estas palabras se conviertan en algo más que simples conceptos. Deja que se conviertan en tus compañeras. Recuerda, no has perdido nada. Estás volviendo a ser alguien completo.

Nunca estuviste defectuoso. Estabas y estás en el proceso de hacer una transición sagrada. Una por la que rezaste, incluso cuando no sabías cómo sería ni cómo te sentirías. No eres inmanejable. Estás lleno hasta los topes de lo que hay que honrar, liberar o reconfigurar. Así que ahora reflexiona con delicadeza:

- ¿Qué verdad implícita está lista para que la expreses; no para que la arregles, sino para que la liberes?
- ¿Dónde sigue tu cuerpo cargando el peso de lo que tu corazón nunca tuvo permiso para reconocer?
- ¿Y si el cansancio no fuera un fracaso, sino una señal de un funcionamiento excesivo a nivel sagrado?
- ¿Qué nuevo ritmo te llama a honrar?

Este viaje no consiste en que te conviertas en alguien nuevo. Se trata de que te despojes de lo que no eres. Liberar lo falso, lo forzado y lo olvidado, hasta que solo quede lo verdadero. A medida que avancemos hacia el nivel III, deja que estas sean las afirmaciones de tu alma:

«Ya no retengo lo que no es mío».

«Ya no silenciaré lo que quiere expresarse».

«Ya no correré para ser suficiente».

«Soy lo sagrado que regresa a sí mismo».

«Estoy metido en el ritmo. Estoy en la armonía».

«Soy un recipiente de verdad, un templo de luz y un pozo de descanso».

Estás listo.
Se te recuerda.
Tu sanación ha comenzado.
Amén. Aşẹ Aho.
Que así sea.

NIVEL III

RECUPERAR AL YO SAGRADO

Las colas de dos monos

Esta es una historia sobre dos clanes de monos que han contado místicos, maestros y sabios espirituales a lo largo de los siglos.

En las densas regiones del sur del mundo, existía un clan de monos que tenían dieciséis colas. Sus colas no eran meros apéndices, sino herramientas, armas y símbolos de estatus. Cuanto más grande y fuerte era su cola, mayor era la fuente de poder y orgullo del mono. En su hábitat natural, los monos estaban rodeados de árboles frutales de todo tipo. Jugaban y se balanceaban en los árboles más altos, recogiendo frutas y nueces a su paso. Disfrutaban compitiendo entre ellos mientras nadaban en los numerosos estanques y ríos repartidos por toda la región. En cada generación, los machos fortalecían sus colas envolviéndolas alrededor de las ramas de uno o varios árboles y luego colgándose de esos anclajes durante horas. Era un proceso doloroso, pero los machos que competían por el dominio del clan se sometían a este proceso para estirarlas y fortalecerlas durante varios días seguidos, a veces incluso semanas. Los monos que observaban el proceso sabían que debían mantenerse alejados de estos monos, ya que eran los que utilizaban sus colas para atacar a los machos que tenían colas más débiles, normalmente para robarles las hembras. Cuando los machos luchaban, el vencedor era siempre el que tenía la cola más larga y fuerte.

Las monas usaban sus colas para recoger frutos, sujetar las nueces que recolectaban y llevar a sus crías. Una mona podía cargar hasta doce crías con sus colas. No era raro que la cría más hambrienta usara una de sus colas para arrebatarle la comida de la boca a uno de sus hermanos. Esto significaba que el bebé más pequeño o más débil podía esperar hasta varios días para comer, ya que los más fuertes no tenían reparos en usar su fuerza para tomar lo que necesitaban o querían, lo que solía pasar desapercibido para la madre. El espíritu competitivo se implantó entre los hermanos monos antes de que hubieran dado sus primeros pasos en el suelo. Tanto para ellos como para su madre, la supervivencia se convirtió en una danza para obtener más, llevar más, hacer más, producir más, todo ello mientras se aferraban con la cola.

Las monas también sabían que los machos adultos más fuertes, los que podían protegerlas de los depredadores, se sentían atraídos por las hembras que podían llevar más crías a la vez. Para que se produjera un apareamiento fructífero, las dieciséis colas de la hembra debían estar ocupadas, de modo que cuando un macho se le acercara, no pudieran rechazar sus insinuaciones. Mientras los dos se apareaban, las crías se colgaban de las colas de su madre únicamente por sus propias colas, lo que las dejaba expuestas a caerse. Esto también significaba que un macho adulto depredador que no lograba aparearse con la hembra que deseaba podía arrebatar, e incluso matar, al bebé que quedaba desatendido. Era fundamental que esta especie de mono se apareara con frecuencia, ya que solía morir joven, normalmente a los cinco o seis años de edad. Para que la especie sobreviviera, era necesario que se repoblara constantemente. Por desgracia, el aumento de la población provocó escasez de alimentos y una mayor agresividad dentro de los clanes.

En el extremo opuesto del mundo, en un territorio a gran altitud y con mucho frío, vivía un clan de monos que no tenían cola. La especie no había sido así desde el principio. Ocurrió a medida que la naturaleza se adaptaba a las exigencias y necesidades de su entorno. Cuando la especie apareció por primera vez, tenían unas colas muy largas y peludas. Como había muy pocos árboles en la región, las colas no resultaban demasiado útiles. En los meses de invierno, cuando las temperaturas eran bajo cero, las colas de los monos, cubiertas de nieve y hielo, se desprendían del cuerpo, dejando un pequeño muñón de cartílago y hueso sobresaliendo de la parte trasera. Cuando eso ocurría, el agujero que quedaba en el cuerpo de los monos podía hacer que se congelaran. En respuesta, cuando un mono perdía la cola, se retiraba a una de las madrigueras o cuevas de las laderas de la montaña hasta que pasara lo peor del mal tiempo.

No era raro que cientos de monos se refugiaran en una cueva para pasar juntos el invierno, acurrucándose unos contra otros para darse calor. Los más viejos ocupaban los mejores lugares en estos refugios sagrados. También era en esta época cuando los monos sin cola se apareaban, saliendo de las cuevas con el vientre abultado o con crías recién nacidas cuando el clima era algo más cálido. Con el tiempo, sin la intervención de fuerzas externas, los bebés nacieron sin cola. No era necesaria y exponía a los monos a muchos peligros. En presencia de la comunidad, el apareamiento era un acto delicado. Los monos sin cola sobrevivían no por la agresividad, sino por la adaptación. A través de la comunidad. A través de la quietud. A través del respeto por los dones y el ritmo de la naturaleza. Estos monos vivían más tiempo, con una esperanza de vida de entre quince y dieciséis años. Sus vidas no se caracterizaban por el dominio, sino por la dignidad. Cuando un mono moría en la cueva, su cuerpo era devuelto a la tierra, convirtiéndose en alimento para el cielo y el suelo. Nada se desperdiciaba. Todo era sagrado.

Este cuento no trata solo de monos y de sus colas. Es un espejo para todos nosotros. Una enseñanza del alma disfrazada. La higiene espiritual comienza con la misma pregunta: «¿Qué estás haciendo crecer que ya no necesitas?», «¿Dónde estás reforzando estrategias de supervivencia que agotan tu espíritu?», «¿Cómo has confundido el sufrimiento con la fuerza y la resistencia con la identidad?», «¿Qué parte del entorno que has heredado (ya sea físico, emocional, social o espiritual) te pide que te quedes paralizado, te contorsiones, compitas o te conformes para pertenecer a un grupo?».

En la primera mitad de nuestro viaje sagrado, **sanación y liberación**, se nos pidió que tomáramos conciencia y dijéramos la verdad sobre las formas en que nos hemos esforzado para obtener aprobación, validación externa o, simplemente, sobrevivir. Ahora se nos pide que observemos cómo nos seguimos preparando, aferrando o actuando para sentirnos parte de algo. Con esta conciencia, daremos comienzo al acto sagrado de escoger. Comenzamos el camino de la recuperación del alma, dejando atrás los relatos que hemos contado y las «colas» que hemos utilizado para controlarnos a nosotros mismos y a los entornos en los que nos movemos. Esta conciencia no es el final del viaje. Recuperar es recordar. Recordar es regresar. Este regreso exige responsabilidad. Aquí es donde cruzamos el umbral hacia el **nivel III de la higiene espiritual: el regreso al yo sagrado.** No será un simple regreso a la alegría y la paz, ni una mejor manera de hacer lo que hiciste en el pasado. Este retorno requiere todas las habilidades que hemos analizado: conciencia, honestidad, permiso, autoridad interior e integridad espiritual. Será un retorno al legítimo asiento de poder de tu alma. Mantener este asiento es tu sagrada responsabilidad.

Los monos sin cola aprendieron de sus experiencias. No cuestionaron el cambio ni se resistieron a él. No lamentaron la pérdida de sus colas, ni las llevaron a las cuevas cuando cayeron congeladas al suelo. Aprendieron a rendirse y a honrar lo que ya no servía a su evolución. Protegieron a sus crías aceptando los cambios que se producían en su ser. Honraron a sus mayores creando y reestructurando su espacio. Se alinearon con la sabiduría de su entorno, protegiendo así el linaje de sus antepasados. Esto es lo que la higiene espiritual nos prepara para hacer: limpiar para poder reclamar. Liberar lo que se heredó y lo que ya no sirve, para poder volver a lo que es eterno y sagrado. Liberar lo que fue traumático para poder reclamar nuestra identidad divina. Al entrar en esta nueva fase, te invitamos a sentarte con la pregunta sagrada que nos lleva adelante: «¿Qué estás listo para liberar que te permita volver a ti mismo?». Comenzaremos viendo por qué liberarte y reclamar es tu responsabilidad e identificando las formas de vida que estás llamado a abrazar.

Como es habitual, comenzamos con una oración.

ORACIÓN DE APERTURA

Santa presencia, antigua y cercana,
me inclino ante el altar del recuerdo, buscando convertirme,
listo para regresar.

Escojo regresar al centro donde tú moras dentro de mí.
Escojo regresar a la verdad que estaba cubierta, no perdida.
Escojo regresar al trono de mi ser,
donde mi alma recuerda su nombre.

Hoy, renuncio a lo que ya no es necesario.
La falsa fuerza.
Las historias heredadas.
Los acuerdos rotos que hice por miedo.

No regreso vacío, sino vaciado.
Estoy vaciado del desorden que nublaba mi conocimiento.
Estoy vaciado de los roles que gobernaban mi valor.
Estoy vaciado del ruido que ahogaba tu susurro.

Pido y me abro para recibir la purificación en los recovecos
y rincones de mi conciencia.

Pido y me abro para que los residuos de mi resistencia
sean eliminados.
Pido y me abro para recuperar
lo que siempre ha sido mío:
la responsabilidad sagrada. La autoridad del alma. La herencia
divina.
Reconozco este retorno como sagrado.
Honro la recuperación como algo sagrado.
Avanzo en nombre de todos los que han olvidado
y ahora están despertando.
Recuerdo quién soy.
Recuerdo lo que llevo conmigo.
Recuerdo lo que me corresponde elevar y restaurar.
Pido. Permito. Recibo.
Amén. Aṣẹ Aho.
Que así sea.

CAPÍTULO 10

Responsabilidad espiritual

La llamada a recuperar el yo sagrado

Tu Creador solo puede hacer por ti lo que se puede hacer a través de ti.

Las «colas» para sobrevivir que hemos perdido

Algunos patrones que fueron estrategias de supervivencia ahora son una carga. Al igual que los monos del cuento, muchos de nosotros hemos sufrido mucho para sentirnos fuertes, dignos o amados. La fuerza que nace del sufrimiento no puede sostener la verdadera alegría y niega la auténtica identidad que se esconde tras el dolor de la habilidad de la supervivencia. Recuerdo muchas ocasiones en las que, en un esfuerzo por «mantener la paz» con sus hijos, Nisa negaba o silenciaba lo que le decía su intuición. Se esforzaba de todas las maneras posibles para que estuvieran contentos. Intentaba con desesperación controlar las emociones de sus hijos ocultando su propia verdad, hasta que se quedaba sin energía. Recuerdo que una noche la miré. Nisa tenía los ojos llenos de lágrimas, pero no se permitía llorar, y le dije: «Querida, si su paz te cuesta la tuya, entonces no es paz. Puedes dejar de esforzarte por encajar en la estructura que te dictan y de ofrecerles tu corazón. No puedes ser solo su madre. También debes ser tú misma».

Al igual que los monos estiraban sus colas para cuando llegara la pelea, a veces nos preparamos para guerras que ya no necesitamos librar. Ensayamos en nuestras mentes discusiones que nunca tienen lugar. Nos defendemos de viejos fantasmas. Nos blindamos a diario, olvidando que ya no estamos en peligro. El agotamiento se convierte en nuestro estado habitual. Complacer a los demás se convierte en nuestro objetivo diario. En su conciencia tridimensional, tanto con sus hijos como conmigo, Nisa creía que tenía que dar y funcionar más de lo necesario para demostrar su valía. En mi conciencia de las cinco dimensiones, he aprendido la importancia que tiene el hecho de deshacerme de pensamientos, creencias y comportamientos que ya no me sirven ni a mí ni a quienes me rodean. La higiene espiritual me ayudó a podar algo que había crecido más de lo necesario en mi forma de ser, lo que me permitió crecer alineada con la verdad divina.

En el camino del crecimiento, todos nos enfrentamos al miedo y a la resistencia al cambio. Sin embargo, incluso en los roles que desempeñamos, ya sea como madres, parejas o guías, nuestra sanación personal sigue siendo nuestra responsabilidad sagrada. Cada uno de nosotros debe escoger el momento, el proceso, la forma y el método mediante los cuales puede crecer. Puede que otros no estén de acuerdo con nuestro camino o no acepten nuestros métodos, pero la responsabilidad de la transformación recae en nuestras propias manos.

La práctica de la responsabilidad espiritual como una responsabilidad sagrada

La responsabilidad espiritual es el compromiso consciente y regular que adquieres contigo mismo para cuidar de tus partes invisibles. Esto incluye tus pensamientos, tu energía, tus emociones, tu respiración, tu cuerpo, tu corazón, tu presencia y tu propósito. Una forma útil de pensar en términos de responsabilidad en este contexto es que eres «capaz de responder». Puedes responder, en lugar de reaccionar, a lo que se presenta en cada momento porque estás bien arraigado en tu esencia espiritual, tu centro espiritual. Ser responsable a nivel espiritual significa que ya no tratas tu dolor como si fuera culpa de otra persona, tu sanación como tarea de otra persona o tu energía como el vertedero de otra persona. No aceptas esta responsabilidad como un deber que cumples bajo presión o para recibir una recompensa externa, sino como una forma de devoción hacia ti mismo y por ti mismo que realizas con reverencia. Es el acto divino de recuperar la gestión de tu campo energético y tu mundo interior, para que puedas convertirte en un recipiente más claro para Dios, para el bien, para la gracia.

Responsabilidad sagrada

La responsabilidad sagrada es la misión sagrada que se le confía a cada alma para honrar, proteger y encarnar la divinidad que hay dentro y fuera de nosotros. Es más que un deber; es un pacto que se hace con el espíritu para vivir en armonía con la verdad, el amor y la integridad. A diferencia de la responsabilidad ordinaria, que puede parecer una obligación, la responsabilidad sagrada nace de la reverencia. Nos llama a reconocer que nuestras elecciones, acciones y presencia tienen un peso espiritual y repercuten en la vida de los demás y en el desarrollo de la creación.

La responsabilidad sagrada nos pide que:

- Reverenciemos la vida: tratar a todos los seres, incluidos nosotros mismos, como expresiones de lo sagrado.
- Cuidemos nuestros dones: cuidar nuestros talentos, relaciones y recursos como bendiciones que se nos han otorgado con un propósito divino.
- Caminar con integridad: vivir de manera que nuestra verdad interior y nuestras acciones externas estén en armonía.
- Servir al todo: recordar que nuestra sanación, crecimiento y despertar no son solo para nosotros mismos, sino también para la elevación espiritual del colectivo.
- Rindamos cuentas ante el espíritu: volver una y otra vez a la oración, la reflexión y la alineación, buscando la guía divina en todas las cosas.

Básicamente, la responsabilidad sagrada no es una carga, sino una bendición y un servicio. Es el reconocimiento de que somos participantes en la obra sagrada de la creación y guardianes del orden divino. Es la conciencia de que la responsabilidad espiritual hacia uno mismo es una responsabilidad sagrada hacia el mundo.

Responsabilidad espiritual

La responsabilidad espiritual es personal. Es la llamada a cuidar de tu propia vida interior: tus pensamientos, emociones, elecciones y presencia energética. Se trata de ser responsable de tu crecimiento, tu sanación y tu alineación con la divinidad.

- **Enfoque:** autoconciencia y autodominio.
- **Énfasis:** limpiar la mente, el corazón, el cuerpo y el alma.
- **Naturaleza:** un pacto interior que dice: «Soy responsable de mi estado espiritual».
- **Ejemplo:** decidir que nos liberaremos de los pensamientos dañinos, practicaremos el perdón o nos comprometeremos con la oración o la meditación diaria.

Responsabilidad sagrada

La responsabilidad sagrada es de tipo relacional y colectivo. Reconoce que tu vida forma parte de un todo más grande y que tienes el deber sagrado de vivir de una manera que honre la divinidad que hay en ti mismo, en los demás y en la creación.

- **Enfoque:** servicio y asistencia.
- **Énfasis:** proteger la vida, honrar los dones, caminar con integridad, servir al bien común.
- **Naturaleza:** un pacto sagrado que dice: «Soy responsable ante el espíritu y la Creación».
- **Ejemplo:** usar tu voz para decir la verdad, cuidar de la comunidad, proteger la tierra o vivir como una presencia sanadora.

La responsabilidad espiritual es la base, es decir, cómo cuidas tu propia alma. La responsabilidad sagrada es su extensión, o sea, cómo encarnas ese cuidado en tu relación con el mundo.

En la práctica, la responsabilidad sagrada significa que te tomas el tiempo para limpiar tu campo energético antes de compartir tu presencia con los demás. Cuando hablas para enseñar o compartir, no solo lo haces desde la memoria o el carisma. Haces lo necesario para purificar los restos de miedos, proyecciones, conversaciones y distracciones del día anterior, de modo que lo que fluye a través de tus palabras sea sagrado.

La responsabilidad sagrada significa que aprendes a decir la verdad, incluso, cuando el silencio sería una opción más segura. Escoges la coherencia antes que la aprobación. La integridad sobre la imagen. No dices la verdad para llamar la atención, sino para ser libre. Y honras el coste que tiene la verdad como parte de tu vocación. Significa que desarrollas la capacidad de discernir a la hora de saber qué es lo que te pertenece, lo que debes conservar o llevar contigo, y lo que debes soltar para poder moverte por el mundo con claridad y limpieza. Dejas de arrastrar personas, dolor y problemas hacia nuevas experiencias y relaciones porque has hecho tu trabajo. Les devuelves sus proyecciones a otras personas como una función de la asistencia somática. Desenganchas tu alma de la falsedad de que debes ser responsable de los demás y de su sanación. La responsabilidad sagrada significa que te cepillas los dientes y cepillas aquellos pensamientos, creencias y comportamientos que te avergüenzan o rebajan. Es comer bien y digerir las emociones que te has tragado enteras. Es irse a dormir a una hora razonable y atender los sueños y mensajes que te visitan por la noche. Es decir que no; no solo a las personas, sino a cualquier cosa que deshonre tu integridad, tu ritmo, tu respiración y la verdad que pertenece a tu alma. Sí, todas estas cosas son personales, pero hacerlas resulta de utilidad al mundo.

La responsabilidad sagrada también se manifiesta en las cosas pequeñas. Significa que ritualizas las elecciones que haces cada día. No son rígidas. Son relevantes. Purifica tu altar y tu agenda. Escoge alimentos que nutran no solo tu cuerpo, sino también tu vibración. Pon límites donde tu paz se haya visto afectada. Háblate a ti mismo con la misma amabilidad con la que te diriges a los demás en tus oraciones. La responsabilidad sagrada es una elección que haces en cada momento para mantenerte limpio, claro y conectado. No es algo que haces porque temas venirte abajo. Es aquello en lo que te conviertes porque, finalmente, estás listo para vivir con plenitud.

Los monos sin cola aprendieron a escuchar su entorno. Dejaron de nutrir lo que ya no les servía. Compartieron el espacio. Honraron el ritmo. Crearon armonía. Esto es higiene espiritual en acción. En mi propia casa, tuve que aprender a crear un entorno en el que el espíritu, en lugar del caos, fuera el centro. Eso significaba tener que levantarme temprano para disfrutar de momentos de silencio, escoger la quietud en lugar del ruido, crear altares en lugar de discusiones. Mi alma comenzó a florecer no porque mi vida se volviera más fácil, sino porque mi atmósfera se volvió sagrada. Tu regreso sagrado no comienza con la suma, añadiendo más cosas que hacer en un día y una vida que ya están repletos. Comienza con la resta. No necesitas más afirmaciones, más rituales, más aprobación. Necesitas liberarte. El regreso a ti mismo y a tu centro comienza preguntándote: «¿Qué debe morir para que yo pueda vivir? ¿Qué cola debo dejar de nutrir?». En el mundo tridimensional de la realidad física, seguimos acumulando, reuniendo cosas y personas para sentirnos bien o seguros. En la conciencia de las cinco dimensiones, donde la energía es segura y sagrada, abrazamos la simplicidad, la quietud y el silencio. La higiene espiritual aclara el ruido para que puedas escuchar los susurros de tu alma y de la divinidad.

Volver a ti mismo, a tu verdadero yo, a tu auténtico yo, es un acto sagrado. Cuando se vive con plenitud, la responsabilidad espiritual se convierte en responsabilidad sagrada. Es el reconocimiento de que tu cuerpo no es solo un ente biológico que funciona para mantenerte vivo. Tu cuerpo es un altar viviente. De hecho, nos vendría bien dedicar un tiempo a quienes puede resultarles difícil aceptar el concepto de «altar»:

El hecho de que se haya enseñado no significa que sea cierto.
El hecho de que se haya modelado no significa que esté alineado.

Si el altar te asusta

Un altar es más que un arreglo de objetos sagrados. Es un espejo de tu alma, tu verdad y tu relación divina. Crear uno significa decir: «Creo en algo superior. Creo que soy digno de conversar con ello». El miedo que está relacionado con los altares suele manifestarse en cuatro capas energéticas:

1. Miedo a la exposición

Los altares hacen visible lo invisible. Son declaraciones de creencia, intención y devoción. Para algunas personas, esto desencadena el miedo a mostrarse vulnerables. Existe un miedo inconsciente a crear un altar porque:

- Expondrá creencias espirituales que quizás otros no entiendan.
- Invitará a la crítica o a los malentendidos (sobre todo por parte de personas con educación religiosa)
- Exigirá un mayor nivel de responsabilidad que quizás uno no se sienta preparado para asumir.

Los altares no son un lugar para la práctica religiosa o espiritual. Son portales para la intimidad.

2. Heridas de la valía personal

Para muchas personas, crear un altar despierta una mentira que no se ha sanado: «No soy lo bastante puro, santo o espiritual». Esto tiene su origen en el trauma religioso, la vergüenza y la conciencia de la separación.

Existe el temor de que:

- No están «preparados» o «son dignos» de comunicarse con el espíritu.
- Deben ganarse el derecho a crear un espacio sagrado.
- Dios o sus antepasados los juzguen.

Un altar no requiere tu perfección. Invita a tu presencia.

3. Miedo al poder

Los altares amplían la intención. Abren canales de comunicación con tu yo superior, tus antepasados y tus guías. Una parte de nosotros mismos sabe que, cuando entramos en este espacio sagrado, nuestras vidas podrían reajustarse. Esto puede desencadenar un miedo a:

- Recibir instrucciones del espíritu que temen o son incapaces de seguir.
- Invitar verdades que no están preparados para afrontar.
- Activar un nivel más profundo de responsabilidad espiritual.

Los altares no exigen que cambiemos. Lo invocan con delicadeza.

4. Influencia social o religiosa

Existe un miedo muy arraigado y que suele estar basado en la teología colonial (un sistema de creencias y prácticas religiosas que ha sido moldeado, distorsionado o controlado por las estructuras de poder coloniales o por la desconexión ancestral), y que la gente utiliza para relacionar los altares con:

- Idolatría o brujería (debido al alarmismo religioso).
- Creencias familiares que condenan la práctica espiritual personal.
- Superstición en torno a «lo que podría suceder».

Los altares existen en todas las tradiciones sagradas. Son lugares de oración y para honrar, recordar y encontrar la paz.

En el marco de la higiene espiritual, un altar es:

- Un lugar para entablar una conversación entre tu alma y la divinidad.
- Un hogar espiritual para tus intenciones, oraciones y recuerdos.
- Un reflejo de tu valor sagrado.

No es necesario que fabriques un altar con objetos. Sin embargo, si te sientes atraído por uno en particular y te invade el miedo, debes saber que el miedo no es la verdad. Ese miedo es la vieja guardia: una voz de la limitación, la vergüenza o la programación que tiene como objetivo bloquear la puerta a tu nuevo devenir. Podría ser esa parte de ti mismo que pregunta: «¿Quién soy yo para crear algo sagrado?». La verdad es que tú ya eres algo sagrado. El altar siempre has sido tú. Por desgracia, es posible que hayas estado «adorando» cosas que ya no eran necesarias.

Al despertar a tu yo sagrado, a tu cuerpo como altar, a tu mente como templo, a tu corazón como cáliz, la responsabilidad espiritual te invita a considerar el altar como un espacio sagrado donde habita el espíritu, donde se coloca la intención, donde se honra la presencia, donde se hacen ofrendas, donde se revela la verdad. Cuando se te recuerda que «tu cuerpo es un altar viviente», significa que:

- Tu respiración es una ofrenda.
- Tu piel es un santuario.
- Tu útero es un portal.
- Tus lágrimas son una libación.
- Tus límites son vallas sagradas.
- Tu quietud es una ceremonia.

El cuerpo se convierte en un espacio donde la divinidad no solo se adora, sino que también se encarna. Significa, asimismo, que si tu cuerpo es un altar, no hay nada que debas temer. En cambio, las elecciones que haces a diario, tu energía y el cuidado emocional son lo que lo nutre o descuida. Al igual que debemos limpiar, cuidar y revisar un altar físico, el cuerpo requiere:

- Descanso.
- Unción.
- Honestidad emocional.
- Movimiento.
- Entrega.
- Límites seguros.
- Respiración.

Cuando purificas tu cuerpo, creas espacio para que el espíritu more en él con más plenitud. Cuando escuchas a tu cuerpo, oyes la voz de Dios con mayor claridad. Si esta enseñanza te hace sentir incómodo o preocupado, haz una pausa y respira. Tu respuesta no es un rechazo de tu cuerpo o de tu conciencia espiritual, sino una revelación.

Un desencadenante suele ser:

- Un recuerdo almacenado que surge para que lo reconozcamos.
- Una creencia limitante que se resiste a una nueva posibilidad.
- Una parte de ti a la que se le enseñó a desconectarse de tu cuerpo por seguridad.

No es una señal de que algo vaya mal. Es una señal de que algo exige que sea limpiado. El desencadenante es el maestro. Deja que te guíe hacia la sanación sin juzgarlo.

Cuidar el altar del cuerpo

Coloca tus manos sobre el corazón y susurra: «Esto es sagrado».

- Úngete el cuerpo con aceite, bendiciendo cada parte con gratitud.
- Purifica tu campo emocional escribiendo lo que has estado guardándote sobre los altares o tu propia sacralidad. Puedes quemarlo como una ofrenda de amor.
- Escucha dónde reside la tensión y pregúntate: «¿Qué estoy reteniendo que no me pertenece?»; «¿Qué estoy cultivando que ya no es necesario?».
- Ofrece una oración de purificación.

No necesitas el permiso de nada ni de nadie fuera de ti mismo para ser, verte o considerarte sagrado. No necesitas herramientas para santificarte. Tu cuerpo no es el obstáculo. Es el altar. Cuanto más delicadamente lo cuides, con más claridad oirás el susurro divino: «Gracias. Bienvenido a casa».

Tu mente es un templo

Las diferencias que existen entre la conciencia tridimensional y la conciencia de la quinta dimensión son importantes en este nivel de nuestro viaje. En las tres dimensiones, solemos pasar por alto el mundo interior del pensamiento en nuestra búsqueda del mundo exterior del intelecto y la estimulación sensorial. En las cinco dimensiones, nos preocupamos más por escuchar, alinearnos y adaptarnos con reverencia. La higiene espiritual fomenta las condiciones para que nuestra vida mental florezca, ya que reconoce que la mente es más que un archivador de recuerdos. Es un templo de la conciencia. Esto significa que tu mente es un lugar de arquitectura sagrada donde los pensamientos son oraciones, las creencias son altares y la imaginación es profecía.

Tu mente no es solo un dispositivo para pensar; es una cámara espiritual que da forma a tu realidad a través de la energía, la vibración y la percepción. Lo que permites que habite en este templo se convierte en la atmósfera de tu vida. Cuidar la mente con respeto, amor y presencia significa mantener limpio el templo para que la sabiduría divina fluya con libertad. Cuando purificas lo que hay dentro, cambias lo que está fluyendo afuera.

Una vez más, recordemos a los monos. Un clan se esforzó por ser dominante. El otro se adaptó y evolucionó hacia la armonía. Uno se aferró a las estrategias de supervivencia que había heredado. El otro escuchó a la tierra y dejó atrás lo que ya no necesitaba. Esta es una historia sobre dos estados de conciencia, dos formas de ser. Es el punto de inflexión en tu propio retorno sagrado.

Responsabilidad sagrada en la vida cotidiana

La responsabilidad sagrada no es una carga o algo que resulte abrumador. No se trata de complacer o arreglar a otras personas. Tu responsabilidad sagrada es el compromiso que adquieres contigo mismo para mantener una relación adecuada con tu propia energía, tu propia verdad y tus propias decisiones. Podría ser algo así como:

- Susurrar al agua que estás bebiendo: «Este cuerpo es sagrado».
- Decir «no» y decirlo en serio, sin miedo ni culpa.
- Decir «sí» y honrar el compromiso mostrándote tal y como eres.
- Escoger la integridad personal y espiritual cuando es más fácil evitarla.
- Hacer una pausa para rezar y entrar o permanecer en armonía.
- Escribir un diario en lugar de chismorrear.
- Permitirte sentir en lugar de adormecerte.
- Descansar sin necesidad ni motivo y sin culpa.

La responsabilidad espiritual de volver a casa, a tu corazón y a tu alma es una bendición. Es la elección radical de convertirte en un recipiente limpio. No buscas elogios ni aprobación. Te dedicas a tu propia experiencia interna de paz. Recurrir a la higiene espiritual y abrazarla no solo neutraliza o elimina las voces del trauma, el dolor de la historia y la disfuncionalidad de lo que se ha heredado, sino que también demuestra tu voluntad de cortar las colas del deber, la sobrecarga y el entumecimiento. Estás reemplazando las colas de la negación, la evitación, el miedo y la resistencia con la calidez de la verdad, la claridad y la luz en todos los aspectos de tu vida. Comienza aquí y ahora, abriendo tu corazón y dirigiendo tu atención a cada una de las siguientes preguntas para que vuelvas a familiarizarte con tu esencia espiritual, tu centro, porque siempre estuviste destinado a vivir desde el centro de tu alma.

REFLEXIÓN FINAL

Con un cuaderno y un bolígrafo o un dispositivo de grabación, date permiso para sacar a la luz tu auténtica respuesta a cada una de estas preguntas:

¿Cuántas «colas» o «historias» tienes?

¿A qué se aferran o qué mantienen en su lugar?

¿Qué estás nutriendo o cuidando que ya no necesitas?

¿Cómo has confundido el sufrimiento con la identidad?

¿Qué comportamientos heredados has confundido con la verdad?

¿Dónde estás fortaleciendo algo o a alguien que resulta agotador?

¿Qué aspectos de tu entorno deben estar en sintonía para que puedas avanzar?

¿En qué aspectos has «externalizado tu poder» y te has esforzado más de lo necesario para sentirte digno o recibir amor?

Recuerda lo siguiente y ponlo en práctica:
El desencadenante es el maestro.

Deja que te guíe hacia la sanación, sin juzgarlo como algo malo o incorrecto.

ORACIÓN DE APERTURA

Amada presencia divina, fuente de todo lo que es,
ánclame ahora en la verdad de quien soy.
Acalla el ruido del mundo exterior para que pueda escuchar
el susurro interior.
Elimina la inalterabilidad del miedo, la comparación
y las creencias heredadas.
Abre paso al conocimiento sagrado que no se puede enseñar,
solo recordar.

Deja que la respiración sea mi guía.
Deja que el corazón sea mi altar.
Que la esencia de mi ser se eleve en reconocimiento
de su propio resplandor.

Donde me haya desviado, llámame para que vuelva a casa.
Donde me haya traicionado a mí mismo, tráeme el perdón.
Donde haya olvidado, despierta la semilla de la verdad
que nunca me ha abandonado.
Vengo ahora porque estoy reclamando todo lo que soy.
Estoy aquí porque estoy dispuesto.

Doy la bienvenida a la claridad, al valor y a la quietud para vivir
desde ese lugar que hay dentro de mí que siempre
ha sabido que me amas.

Amén. Aşę Aho.
Que así sea.

CAPÍTULO 11

Encuentra tu centro

Volver a tu esencia espiritual

Hay un lugar dentro de ti que siempre lo ha sabido todo sobre ti y todo lo que necesitas saber. Este lugar existía antes de que tuvieras nombre, antes de que el mundo te dijera quién debías ser, antes de que la traición, la confusión o los aplausos te sacaran de tu camino.

Aunque se le suele llamar «tu centro» o «tu verdadero yo», tu esencia espiritual no es algo que puedas aprender. Es una verdad que recuerdas. Es la brújula del alma, un código divino que está grabado en tu ser como si fuera una canción que te cantan a ti y por ti, mientras pasas por cada experiencia de la vida. No importa lo compleja o dolorosa que pueda parecer la situación; esta canción se reproduce una y otra vez. La letra de la canción es esta: «... si tan solo supieras cuánto te quiero. Te quiero». Ese amor, que nunca te ha abandonado y nunca te abandonará, es tu esencia espiritual.

¿Cómo reconoces tu esencia espiritual?

Recuerdo a una mujer que me contó que, cuando tenía cinco años, sus padres solían pelearse en la sala de estar. Se arrojaban platos. Cerraban las puertas de golpe. La voz de su padre retumbaba como un trueno y los gritos de su madre llenaban la casa como si fueran cristales rotos. Yo la escuchaba con atención porque su historia era también mi historia. Su aprendizaje era mi aprendizaje. Su sanación era mi sanación porque todos estamos conectados en lo más profundo. Ella decía que era pequeña, demasiado pequeña para detener, cambiar o arreglar lo que estaba sucediendo delante de sus ojos, así que un día se metió en un armario oscuro, se envolvió en una toalla y susurró: «Dios, si existes, abrázame ahora mismo». Ella no sabía por qué había dicho tal cosa. Sus padres no le habían enseñado a rezar, pero, de alguna manera, ella sabía cómo hacerlo. Algo en su interior lo sabía. Años más tarde, entendería ese momento como su primer encuentro con su esencia espiritual, la parte inquebrantable de ella que creía en algo más grande, incluso en la oscuridad.

Recuerdo la primera vez que yo descubrí mi esencia. Tenía unos cinco años y mi hermano estaba sufriendo un grave ataque de asma, lo que nos obligó a salir corriendo de nuevo hacia Urgencias. Cuando el taxi se detuvo con un frenazo delante del hospital, mi padre y mi madrastra abrieron las puertas, cogieron a mi hermano en brazos y corrieron adentro, dejándome sentada en la parte trasera del taxi. No recuerdo que el conductor dijera nada porque estaba tan sorprendido como yo, pero algo dentro de mí me habló. Me dijo: «Estás bien. Ya has estado aquí antes. Sabes adónde ir y qué hacer». Y así era, así que lo hice. El conductor me ayudó a salir del coche. Entré en el ala de Urgencias y me senté en mi silla habitual, junto a la máquina expendedora. Cuando mi madrastra vino a buscarme, se sentó a mi lado y me dijo: «Se va a poner bien». No me pidió disculpas por haberme dejado sola en el coche, sino que me dio cinco centavos para que comprara unos caramelos en la máquina.

Tu esencia espiritual no es algo que haya que ganarse. No está reservado para los santos, los que han sanado o los que se comportan bien. Es la sede interior de la verdad y la confianza que siempre ha estado presente. Algunas personas lo descubren en el silencio. Otras, en momentos de crisis. Solemos descubrir nuestra esencia espiritual por medio de la misma experiencia que creemos que nos ha separado de nosotros mismos. En ese preciso instante, en esa experiencia tan perturbadora, es cuando tu esencia espiritual te susurra:

«Ni siquiera ahora estás solo».

«Incluso aquí hay una salida».

«Puedo utilizar incluso esto para que lo recuerdes».

Imagina que estás en un yate navegando por un vasto océano y el cielo se oscurece. Las olas se levantan y golpean con furia contra el costado del yate. Dejas de ver la costa y pierdes el equilibrio. Te sacudes por la cubierta como si fueras un muñeco de trapo. En ese momento, ni tu intelecto ni todos tus títulos académicos pueden salvarte. Tu ego entra en pánico. Lo que te han inculcado fracasa. Entonces, ahí está, como una brújula en tu pecho, pero dentro de ti. No grita. No exige. Si lo oyes, ni siquiera te asusta. Simplemente te orienta hacia lo que es verdadero. Te dice qué debes hacer y qué no hacer. Ese es tu esencia espiritual. No te promete comodidad ni tranquilidad. Te da orientación. No te pide tu aprobación ni tu acuerdo. Te ofrece alineación. Recuerda un momento de tu vida en el que todo fuera confuso, quizás caótico o aterrador, pero algo dentro de ti lo sabía. Quizás dejaste el trabajo. O quizás dijiste que sí al cambio, a la llamada, al riesgo. Quizás dijiste la verdad finalmente. Ese saber. Esa atracción. Esa canción. Ese susurro, que sentías más como un recuerdo, era tu esencia espiritual. En un mundo que te enseña a externalizar la verdad, a obedecer las exigencias y a adormecer el dolor de la desconexión, tu esencia permanece intacto, disponible y accesible. Es el lugar sagrado donde tu alma y la divinidad siguen conversando. Todo lo que te pide es que hagas una pausa lo bastante larga como para escuchar.

Aunque puedes comenzar con la higiene espiritual sin estar totalmente arraigado en tu esencia, tu práctica se limitará a un nivel superficial. Será como si limpiaras el polvo del altar sin entrar en el santuario. Como si encendieras velas para un Dios con el que no hablas. Como si fregaras el espejo sin mirarte nunca a los ojos.

Cuando no estás anclado en tu esencia espiritual:

- La higiene espiritual se convierte en un ritual de control en lugar de comunión.
- Puedes realizar la limpieza espiritual, pero no escuchar lo que los residuos intentan enseñarte.

- Puedes rezar, purificarte, bañarte o hacer afirmaciones, pero seguirás sintiéndote confuso, fragmentado o «desconectado».

Sin activar tu esencia, estás limpiando energía sin una dirección. Estás cuidando el campo, sin preguntarte: «¿Qué estoy protegiendo? ¿Qué estoy recordando? ¿Para qué verdad sagrada estoy haciendo espacio?». La higiene espiritual sin conexión con tu esencia es como lavarte las manos cuando le tienes miedo al agua. Estás desalineado a nivel espiritual.

La desalineación ocurre cuando llevas a cabo rituales (por ejemplo, rezar, meditar o incluso asistir a la iglesia) mientras niegas las emociones que necesitas liberar. Ocurre cuando te esfuerzas por conectarte con la divinidad mientras ignoras la fractura de tu interior. Puedes rezar mientras estás desalineado. Puedes enseñar, servir, liderar y amar en este estado, pero sentirás vacías tus acciones; resonarán como si el espíritu de tu intención no estuviera a la altura de tus actos. Puedes saber que no estás viviendo ni escogiendo desde tu esencia cuando:

Tus decisiones carecen de claridad.

- Dices «Sí» cuando quieres decir «No».
- Dices «Estoy bien» cuando te estás viniendo abajo.
- Pides a los demás respuestas que tu alma ya conoce.

Tu energía se agota.

- Te agotas a nivel emocional sin entender la razón.
- Tiendes a atraer la confusión, el caos o los roces en todas tus relaciones.
- Gestionas constantemente cómo crees que te ven los demás porque ya no sabes quién eres.

Te cuesta sentir paz o alegría.

- Incluso cuando tienes éxito, sientes un vacío.
- Incluso cuando descansas, te sientes inquieto.
- Incluso en la oración, te sientes desconectado porque estás hablando desde la mente, no desde tu esencia.

Repites los mismos ciclos dolorosos.

- La desalineación crea bucles.
- Vives la misma lección en diferentes cuerpos.
- Te encuentras en espacios que te encogen, trabajos que te agotan o dinámicas que te deshonran.

Cuando vives desalineado con tu esencia, no puedes acceder a toda la sabiduría de tu alma. En cambio, te defiendes con tu intelecto, tu ego y, en el peor de los casos, con tu trauma.

Tu esencia espiritual es la razón detrás de cada práctica de higiene espiritual. Es la verdad a la que regresas cuando te desintoxicas mental o físicamente, cuando escribes en tu diario, cuando lloras, cuando ayunas, cuando perdonas. Tu esencia te da una dirección. Te da el valor para decir: «Esta energía, persona o situación debe desaparecer de mi vida porque no está alineada con quien soy realmente», «Este patrón termina aquí porque ya no encaja conmigo», «Este límite es sagrado, no porque esté enfadado, sino porque soy santo». La higiene espiritual tiene como objetivo abordar las formas más habituales de desalineación espiritual, las cuales se producen cuando:

- **Silencias la voz de tu corazón** para evitar el rechazo o seguir perteneciendo a algo.
- **Has heredado creencias o roles** que ya no se ajustan a tu verdad vivida.
- **Te has ido abandonando a ti mismo** para mantenerte a salvo, ser aceptado o mantener la ilusión de control.

A veces, la desalineación ocurre poco a poco. Otras veces, ocurre de repente tras una traición, el agotamiento, un trauma o un despertar. En todos los casos, te deja lejos de casa, lejos de tu corazón. La buena noticia es que, por mucho que te alejes, tu esencia espiritual nunca te abandona. Espera a darte la bienvenida de vuelta a tu centro. Espera hasta que decidas volver a casa.

La brújula interior: el corazón frente al intelecto

Tu esencia espiritual está conectada con tu corazón; no con tu corazón físico, el corazón que bombea la sangre, sino con el corazón que es la sede de tu alma. Por eso solemos recurrir por defecto a la mente y al intelecto: porque muchos de nosotros tenemos el corazón roto. Tal y como funciona nuestra estrategia para la supervivencia, pensamos en lo que deberíamos sentir y pasamos por alto lo que sabemos en nuestro interior. Tu corazón siempre te dirá la verdad. Es el centro del conocimiento, el santuario de la comunión divina. Por otro lado, el intelecto te mentirá, no porque sea malo o esté equivocado. Distorsiona la verdad porque es limitado. El intelecto está apegado a la realidad tridimensional. Depende de lo que ve, lo que oye, lo que puede medir o comprender. Se pregunta: «¿Dónde está Dios cuando mueren los niños?» y «¿Por qué sufren las buenas personas?». El corazón no necesita estas respuestas. Conoce el amor. El corazón reconoce la verdad incluso cuando los hechos no tienen sentido. Confía en lo que la mente no puede comprender.

La mente no es el templo de la revelación. Es la cámara del análisis. El alma no habla con puntos clave. Habla en forma de resonancia. No accedes a tu esencia espiritual a través de hechos, sino a través de la conciencia, la verdad y la energía. Para vivir desde este lugar, debemos renovar la mente del alma, que es el corazón, no el cerebro. En este mismo instante, puede que tu mente esté pensando: «¡Pero espera un momento! Antes dijiste que la mente es un altar y que debo eliminar a los líderes ilegítimos para que mi mente sea sagrada. ¡Ahora dices que la mente es mentirosa! ¡Poco fiable! ¡Por favor, explícate!». Es una preocupación muy normal, así que examinémosla paso a paso.

Imagina que eres un castillo:

- Tu cerebro es la sala de control. Te ayuda a mover los brazos, hablar, resolver acertijos y recordar a qué hora se servirá la cena.
- Tu mente es como la habitación donde viven todos tus pensamientos. Es la parte de ti que hace preguntas, toma decisiones e intenta comprender el mundo.
- Tu conciencia es la luz que hay dentro del castillo y que nunca se apaga. No es una habitación. Es la presencia que lo ve todo, lo siente todo y recuerda quién eres en tu esencia espiritual.

Esa es la explicación más sencilla. Vayamos un paso más allá.

El cerebro: una herramienta útil

El cerebro es un instrumento físico. La higiene espiritual considera que el cerebro forma parte del diseño sagrado del cuerpo. Es como el ordenador de tu cuerpo. Te ayuda a funcionar. Es inteligente y rápido. Sin embargo, a pesar de su extraordinaria funcionalidad, el cerebro no conoce, reconoce ni comprende la verdad de tu alma. Puede almacenar información, pero no puede acceder a aquello que es sagrado. El cerebro dice: «Vamos a resolver esto. Vamos a organizar la información. Vamos a protegerte de cualquier daño potencial». A continuación, el cerebro busca en sus archivos almacenados y recupera lo que cree que es necesario para mantenerte a salvo. Esa es su prioridad.

La mente: la cámara del pensamiento

La mente es una cámara energética y emocional que contiene recuerdos, críticas, comparaciones, creencias y apegos. En la mente los pensamientos se arremolinan como nubes. Esto resulta útil cuando necesitas analizar, comparar o hacer planes; sin embargo, como sigue el ejemplo de su primo, el cerebro, la mente también se asusta. Se preguntará: «¿Estoy a salvo?», «¿Me querrán?», «¿Y si me equivoco?». La mente necesita pruebas. Quiere tener la razón. La mente clasificará toda la información de los pensamientos que se arremolinan y concluirá: «Necesito entender esto ahora mismo». Por desgracia, solo puede entender lo que ya sabe, lo cual mantiene a la mente atrapada en el pasado. Cuando sigues a tu mente, te quedas atrapado en el pasado, revisitando lo que ya has visto, oído y experimentado, incluso cuando no tiene ninguna relevancia para lo que está sucediendo en ese momento. Cuando eliminas el miedo, la vergüenza y los viejos programas, tu mente vuelve a convertirse en un templo. Las prácticas de higiene espiritual limpian la mente, permitiéndole servir a la verdad.

Conciencia: la luz eterna

La conciencia es tu esencia eterna. No necesita ser purificada. Simplemente necesita espacio. La conciencia no es ni pensamiento ni pensar. Es saber. Cuando alguien te llama por tu nombre, no piensas en responder porque sabes cuál es tu nombre. Así es como funciona tu conciencia. La higiene espiritual despeja la niebla que nubla la conciencia, permitiendo que la conciencia divina brille a través de tus elecciones, pensamientos y acciones. Es la parte de ti que observa la mente. La sientes como quietud. Como la respiración. Está ahí, pero no tienes que trabajar en ella ni con ella. Es el susurro que dice: «Eres más que este momento».

Así que si tu mente te pregunta: «Espera… ¿no dijiste que la mente es un altar? ¡¿Ahora dices que no puedo confiar en ella?!», puedes responder: «Sí. La mente es un precioso altar, pero solo cuando la limpio, la calmo y coloco mi alma en el centro». No es una cosa o la otra. Es ambas cosas. La mente se vuelve sagrada cuando deja de fingir que es Dios y comienza a escuchar la voz del corazón, que habla por Dios. Cuando practicamos la higiene espiritual, hacemos más que simplemente purificarnos o rezar. Eliminamos distorsiones, calmamos la mente, relajamos el cuerpo y hacemos espacio para la verdad que nunca se va y que es nuestro esencia espiritual.

Aspecto	Función	Qué hace la higiene espiritual
Cerebro	Procesador físico	Elimina la hiperactividad y estabiliza el sistema nervioso.
Mente	Filtro emocional/ energético	Limpia creencias, pensamientos, distorsiones y bucles del ego.
Conciencia (alma)	Conciencia divina	Crea espacio para que surja la autoridad del alma.
Esencia espiritual	Centro de la verdad viva	Realinea todos los niveles hacia la integridad sagrada.

Una pausa sagrada

Respira hondo.

Quédate quieto.

Pregúntate con delicadeza:

> «¿Cuándo fue la última vez que confié en mi corazón antes que en mi cabeza?».
>
> «¿Qué verdad he silenciado por miedo a que no me quisieran?».
>
> «¿Qué pasaría si dejara que mi corazón me guiara?».

Presta atención a tus respuestas, porque te darán una idea de lo cerca o lejos que estás de tu esencia espiritual.

Regresa. Confiesa. Regresa a casa

Puedo oír a las personas curiosas preguntando: «¿Cómo puedo conectarme con algo que ni siquiera sabía que tenía?». La verdad sagrada es que **nunca has estado desconectado de tu esencia en un sentido literal.** Lo que ha estado interrumpido es la conciencia o el reconocimiento de su existencia. Tu esencia espiritual es el centro de la verdad que hay dentro de ti. Es el eje estable alrededor del cual giran tus valores, creencias, criterio y sentido de la identidad divina. Tu esencia espiritual siempre ha estado presente, tranquilo, constante, esperando. No necesita que lo crees. Necesita que lo reconozcas. La desconexión espiritual no significa que haya una ausencia de divinidad en ti. Significa que has olvidado dónde reside en ti y cómo te habla. A medida que leas la siguiente lista de comportamientos que dañan a tu esencia espiritual, si reconoces algo que haces o has hecho, deja de leer. Respira hondo. Resiste la tentación de avergonzarte. Acepta la conciencia con compasión diciendo en voz alta:

«Estoy agradecido por esta conciencia».

«Esto ya no es lo que soy».

«Pido y me abro a recibir la rectificación divina».

«Está hecho».

«Que así sea».

Inseguridad permanente

«¿Quién soy yo para…?».

Cuestionarte todo el tiempo tu propia intuición, valía o capacidad desgasta tu autoridad espiritual. Cada vez que dudas de la sabiduría silenciosa que hay en tu interior, entregas tu poder al mundo exterior y silencias el conocimiento del alma.

La duda no es humildad. Es una vacilación heredada que te impide confiar en la voz divina que ya reside en tu interior.

Efecto del desgaste:

- Rompe la confianza en tu guía interior.
- Te hace dependiente de la validación externa.
- Interrumpe tu capacidad para seguir la guía divina, incluso cuando se recibe con claridad.

Dar explicaciones o disculparse en exceso

El hecho de defender constantemente tus límites, tu verdad o tus sentimientos acaba reduciendo tu campo energético. Cuando das más explicaciones de las necesarias sobre tus pensamientos, sentimientos, necesidades o peticiones, estás aceptando que debes justificar tu verdad para que sea válida. Cada vez que te disculpas por cómo te sientes, abandonas tu autoridad interior en favor de la comodidad de otra persona. Al final, el alma deja de hablar con claridad porque ya no se siente segura cuando se la escucha.

Efecto del desgaste:

- Agota la soberanía personal.
- Normaliza el abandono de uno mismo.
- Te enseña a desconfiar de tu propia claridad.

Ajetreo compulsivo

Estar en movimiento constante puede ser una adaptación traumática para evitar la presencia. Cuando llenamos cada espacio con acciones, no dejamos espacio para el ser. No hay espacio para que hable el alma. El ajetreo se convierte en un disfraz protector que enmascara el dolor de la desconexión con agendas y compromisos. Debajo del ajetreo suele haber un silencio sagrado que espera ser sentido, honrado y sanado.

Efecto del desgaste:

- Te desconecta del ritmo espiritual.
- Agota tu sistema nervioso.
- No deja espacio para la recalibración espiritual.

Crítica (hacia uno mismo o los demás)

La crítica es el intento del ego de controlar lo que no puede comprender. Cuando juzgamos, nos liberamos por un momento de la incomodidad, poniendo distancia entre «nosotros» y «ellos», incluso cuando esos «ellos» son parte de nosotros mismos. La crítica nubla el corazón, obstruye la compasión y encierra al espíritu en un ciclo de separación. Lo que comienza como una forma de protección suele terminar como una distorsión, en la que el ruido de las opiniones ahoga la voz del amor divino.

Efecto del desgaste:

- Cierra el centro del corazón.
- Bloquea la compasión y la percepción superior.
- Combustibles y piensos: conciencia de la separación.

Perfeccionismo

El perfeccionismo es la ilusión de que debes «hacerlo bien» para que te quieran, escojan o aprueben espiritualmente.

El perfeccionismo no es una búsqueda de la excelencia. Es una estrategia de supervivencia que está basada en el miedo. Es un truco que utiliza el ego para hacerte creer que la perfección te hace valioso, cuando en realidad solo profundiza el dolor de la desconexión. Cuando persigues la perfección, abandonas tu humanidad. El alma no puede prosperar donde se niega la autenticidad.

Efecto del desgaste:

- Impide la acción auténtica.
- Reemplaza el flujo divino con el control.
- Te atrapa en ciclos de insuficiencia.

Complacencia

En su forma más sencilla, significa decir «sí» a lo que no quieres, como una reacción al miedo al rechazo, al resentimiento o a la incomodidad. Complacer a los demás puede parecer una señal de amabilidad, pero suele basarse en la creencia de que debes quitar importancia a tu verdad o negarla para que te quieran. Complacer a los demás rompe tu alineación y le va enseñando a tu sistema nervioso que la seguridad reside en el silencio. Cada vez que abandonas tu verdad por la comodidad de otra persona, el alma se vuelve más silenciosa y la esencia se difumina.

Efecto del desgaste:

- Silencia la verdad del alma.
- Debilita los límites energéticos.
- Crea confusión espiritual y resentimiento.

Evitar las emociones

Cuando priorizas la función sobre el sentimiento, rompes el puente hacia la sanación. Evitar las emociones no borra el dolor ni el problema, sino que lo entierra en el cuerpo, donde se manifiesta en forma de sobrepeso, enfermedad o confusión. Esta evitación le enseña a tu campo energético que la verdad es insegura y que estar presente es peligroso. Cada sentimiento que te niegas se convierte en un bloqueo entre tú y la guía que intenta llegar hasta ti.

Efecto del desgaste:

- Estanca la energía en el cuerpo.
- Bloquea la claridad intuitiva.
- Crea tejido cicatricial emocional.

Descuidar el ritual sagrado

Dejar que tu altar se llene de polvo, saltarte la quietud u olvidar tu práctica diaria es una señal de mala higiene espiritual. El ritual no es solo una rutina; es la forma que tiene el alma de recordarse a sí misma. Cuando se descuidan las prácticas sagradas, la conexión con la fuente se va desgastando por la ausencia. Esto no es un castigo, sino una consecuencia. Sin ritual, la esencia espiritual se desnutre. Está vivo, pero apagado, como una llama que necesita aliento para volver a encenderse.

Efecto del desgaste:

- Priva a tu esencia espiritual de alimento.
- Normaliza la desconexión de la fuente.
- Debilita tu campo de recuerdo espiritual.

Consumo excesivo

Desplazarse por la pantalla, compararse, darse atracones o consumir información de forma constante son formas de contaminación energética que saturan la mente, debilitan el corazón y perturban la claridad del alma.

El consumo excesivo de redes sociales inunda el campo energético con ruido, sin dejar espacio para que la sabiduría del alma se manifieste. La frecuencia y la vibración energética de las redes sociales también afectan a la sensibilidad espiritual, ya que te distraen del mundo interior y fijan tu atención en cosas que no te nutren. Lo que absorbes todo el tiempo, ya sea energética o emocionalmente, determina lo que puedes saber o recibir. Demasiado ruido ahoga la voz del conocimiento.

Efecto del desgaste:

- Ahoga la voz de la intuición.
- Desordena el campo mental.
- Altera la sensibilidad energética.

Permanecer en entornos desalineados

Cuando permaneces donde estás, encogido, rebajado o rechazado por costumbre o como una reacción al miedo, le vas enseñando a tu espíritu que la supervivencia es más importante que la verdad. Empiezas a adaptarte, contorsionarte y encogerte para ajustarte a algo que ya no refleja a la persona en la que te estás convirtiendo. Con el tiempo, tu luz espiritual se apaga. Se ha desvanecido, pero el espacio ya no acoge su brillo.

Efecto del desgaste:

- Normaliza el compromiso de la verdad de tu alma.
- Deteriora la confianza en tu capacidad para tomar otras decisiones.
- Apaga tu brillo.

Ciertos patrones de comportamiento que resultan cómodos o familiares pueden parecer normales, incluso educados, productivos o protectores; sin embargo, pueden perturbar discretamente la integridad de tu campo interior. Con el tiempo, estos comportamientos se acumulan en forma de residuos, una niebla espiritual que apaga tu brillo interior, compromete tu conocimiento interior y te aleja de la intimidad divina. La higiene espiritual no solo consiste en limpiar lo que resulta pesado, sino también en proteger lo que es sagrado.

A efectos de la higiene espiritual, resulta fundamental no solo reconocer los comportamientos, sino también las etapas que intervienen en el proceso de desconexión de tu esencia espiritual.

Etapas de desconexión de tu esencia

ETAPA 1. Distorsión: *la verdad se vuelve confusa o se adopta de otras personas.*

Este es el silencioso comienzo de la desconexión, cuando lo que antes considerabas verdadero comienza a desdibujarse bajo el peso de las expectativas, el miedo o la influencia social. Puede que comiences a dudar de tu propio conocimiento o que cambies tu brújula interior para conseguir la aprobación de otra persona, con la esperanza de sentirte seguro, tenido en cuenta o «correcto» a nivel espiritual.

ETAPA 2. Distracción: *llenas el vacío con ruido, actividades o actuación.*

Una vez que se ha tergiversado la verdad, el alma comienza a ir a la deriva. No como una rebelión, sino resignándose en silencio. Llenas el silencio con ruido, el vacío con movimiento, el dolor con aprobación, actividades o el logro de objetivos. La distracción resulta engañosa porque parece productiva. Te da algo que hacer mientras vas olvidando quién eres.

ETAPA 3. Disonancia: *surge un conflicto interno entre las creencias y el comportamiento.*

La fractura espiritual se vuelve más difícil de ignorar. Lo que dices, lo que haces y lo que permites ya no están en armonía con lo que crees en lo más profundo de tu ser. Puedes hablar de paz mientras sientes resentimiento, actuar con amor mientras ocultas la verdad o permanecer en silencio cuando tu alma quiere gritar.

ETAPA 4. División: *surge el falso yo.*

En esta etapa, la brecha entre tu vida exterior y tu verdad interior se ha ampliado hasta convertirse en un abismo. Llevas bien puesta la máscara, incluso con elegancia. Sin embargo, en tu interior, sientes que te falta algo sagrado. Puede que sigas liderando, dando, sirviendo o triunfando, pero quien se muestra es el actor, no el alma.

ETAPA 5. Desilusión: *se avecina la crisis. El comienzo sagrado.*

Este es el punto de ruptura, cuando el falso yo se vuelve demasiado pesado y algo se viene abajo. Lo que antes era manejable ahora parece insoportable. Es posible que experimentes agotamiento espiritual, pérdida de la fe, un profundo dolor o una sensación de vacío donde antes ardía tu fuego interior.

No sentirás la desconexión de tu esencia espiritual de forma repentina. Se desarrollará más bien como un olvido gradual de lo interno en favor de lo externo. Las cinco etapas son señales. Invitaciones sagradas. Cada una revela dónde pide tu alma que la recuperes. Incluso en medio de la mayor desilusión, no estás perdido, sino que te estás despojando de lo que ya no contiene tu verdad. El regreso comienza con una respiración, una verdad, un recuerdo. Tu esencia espiritual no te ha abandonado, simplemente, ha estado esperando a que regreses a casa.

Pausa sagrada

Es importante que sepas dónde estás

Dado que la desconexión de tu esencia espiritual no siempre se produce de forma repentina, es fundamental que reconozcas dónde te encuentras respecto a tu esencia por razones de higiene espiritual. El siguiente ritual es una forma sagrada de descubrir dónde te encuentras en ese camino y qué te está pidiendo tu espíritu.

Necesitarás

- 10-15 minutos de silencio.
- Un diario o una página donde escribir tus reflexiones.
- Una vela (opcional, para simbolizar la luz de tu esencia).

Prepara el espacio

- Respira tres veces profundamente y con reverencia.
- Coloca una mano sobre el corazón o el útero.
- Alcanza la relajación.
- Di en voz alta o susurra:

«Muéstrame con delicadeza dónde me encuentro».

«Libero la necesidad de actuar o fingir».

«Estoy dispuesto a conocer la verdad».

«Estoy dispuesto a regresar a ella».

Lee despacio cada una de las preguntas que aparecen a continuación.

Observa lo que tu cuerpo, tu corazón o tu respiración revelan como respuesta.

Pregúntate a ti mismo...	Si dices «Sí»...
¿He estado creyendo en cosas que nunca escogí?	**Distorsión**
¿Me he mantenido ocupado para evitar enfrentarme a mí mismo?	**Distracción**
¿Me siento desalineado con lo que digo, hago o permito?	**Disonancia**
¿Me muestro como alguien a quien ya no reconozco del todo?	**División**
¿He perdido la conexión con el significado, la orientación o la pasión?	**Desilusión**

Deja que tu cuerpo te muestre la verdad. Es posible que experimentes tensión, lágrimas, quietud o calidez. Lo que sientes es lo que tu alma recuerda. No le des ningún significado, simplemente, recibe la información y anótala.

Sugerencia para el diario

Escribe el nombre de la etapa con la que más te identificas:

____

____

____

____

Completa esta frase con los primeros pensamientos o sentimientos que te vengan a la mente:

«La verdad que estoy listo para afrontar es…».

____

____

«Lo que más necesito recordar ahora mismo es…».

____

____

Deja que la respuesta llegue sin forzarla. Incluso una sola palabra es suficiente.

Respiración final y bendición

Respira una última vez con la mano sobre el corazón.

Susurra para ti mismo tantas veces como te parezca apropiado:

«Incluso ahora, soy digno».

«Incluso ahora, puedo regresar».

«Honro el lugar en el que estoy».

«Bendigo el lugar al que voy».

No importa cuánto hayas vagado, cuánto tiempo hayas permanecido en silencio o cuánto te hayas tenido que disfrazar para sobrevivir, tu esencia espiritual nunca te ha abandonado. No es algo que tengas que recuperar o buscar en el mundo exterior. Tu esencia es la llama que parpadea bajo cada momento de quietud, cada verdad dolorosa y cada susurro que dice: «Esto no es lo que soy». Tu desconexión no es un fracaso. Una vez más, no has hecho nada malo. Tu conciencia de la profundidad de la desconexión de tu esencia espiritual es una invitación. Este no es un viaje que vaya sobre hacer o llegar a ser. Es un viaje sobre recordar. Cuando estés preparado, tu corazón dirá: «Bienvenido».

ORACIÓN DE APERTURA

Amada presencia divina,
sede de todo ritmo, guardiana de toda verdad,
si he dedicado mi tiempo a lo que me debilita,
si he malgastado mi energía sin un propósito,
si he atado mi alma a un dolor que no he expresado,
o he roto la confianza sagrada con mi propio espíritu,
ahora te pido que me perdones.
Te pido que me devuelvas a la presencia.
Te pido que me devuelvas a la verdad.
Te pido que me devuelvas a mi centro,
donde mi alma habla con claridad.
Que cada lugar en mi interior que ha sido dispersado, descuidado
o encubierto sea llamado «hogar» por ti.
Que no tema al espejo de la conciencia de mí mismo.
Que no huya del peso de lo que he cargado.
Te pido que este sea un momento de liberación,
en el que se disipe la niebla, se suelten los ganchos
y el altar de mi corazón recupere la verdad.
Declaro ahora lo siguiente:
yo no soy mis hábitos.
Yo no soy la desconexión.
Yo no soy las distorsiones del pasado.

Soy la luz viva de la divinidad,
limpiando y purificando el templo de mi alma.
Estoy listo para comenzar de nuevo.

Amén. Aṣẹ Aho.
Que así sea.

CAPÍTULO 12

Cuando la esencia se resquebraja

La falta de perdón, la desalineación y el coste de la negligencia espiritual

La historia de Amara

Amara era un alma hermosa: radiante, inteligente, generosa. De joven, aspiraba a ser monja, pero su madre anhelaba tener nietos. Como hija única, se sentía obligada a seguir el camino tradicional de la feminidad y la maternidad. A los 37 años, aún no había encontrado a la pareja adecuada para su «estilo de vida profundamente espiritual». Amara sabía cómo debía hacerlo y le encantaba ayudar a los demás en momentos de necesidad. Solían llamarla para que compartiera su sabiduría en círculos espirituales, donde realizaba rituales con gran habilidad y elegancia. Pero, discretamente, bajo el resplandor de las velas, el incienso y las afirmaciones, algo había comenzado a deteriorarse.

Las heridas eran tan silenciosas que se olvidó de que estaban ahí; hasta que alguien pronunció su nombre, hasta que un aroma, un silencio o una sombra lo trajeron todo de vuelta. Amara no creía que guardara ningún rencor. Había aprendido a superarlo. A seguir adelante. A levantarse de nuevo. La traición había ocurrido años atrás. Un amigo de confianza (al que se atrevería a llamar «amante») la había utilizado, le había mentido y humillado a sus espaldas. Al principio, la rabia fue visible, pero el tiempo la enterró bajo capas de «Estoy bien». Rezaba. Enseñaba. Sonreía, pero algo no fluía.

A partir de entonces, se volvió demasiado protectora en sus relaciones personales. Asumía que iba a pasar lo peor antes de esperar lo mejor. Su corazón estaba protegido, incluso cuando se permitía experimentar momentos fugaces de alegría. El amor no parecía llegar. Sentía que sus afirmaciones estaban vacías. Su conexión con la divinidad parecía apagada. Era la falta de perdón, disfrazada de fuerza y servicio a los demás.

Amara no se había dado cuenta de que el dolor había construido un trono en su alma. Su corazón ya no era un lugar de verdad. Se había convertido en un santuario para la herida. La falta de perdón se había convertido en un altar donde, inconscientemente, adoraba con pensamientos que había negado y sentimientos que había evitado. Cada día, ofrecía su energía al recuerdo del daño que le habían infringido, en lugar de hacerlo a la sanación de su corazón. Había perdonado con sus labios y en las páginas de su diario. Sin embargo, su corazón se negaba a participar o a alinearse con ello. La traición de su amigo permanecía como una nube de humo en su alma. Sonreía cuando se mencionaba a esa persona. «No pasa nada», decía. «Ya lo he superado». Pero, en los momentos de silencio, sentía una opresión en el pecho. Se le aceleraban los pensamientos. Ensayaba su dolor como una oración, alimentando el espíritu de su herida en lugar del altar de su verdad. En los momentos de silencio, cuando se permitía sentir su verdad, se sentía avergonzada. Llevaba esa vergüenza a una cueva mental de negación y le ordenaba que se quedara allí porque no tenía tiempo (o no se lo permitía) para desentrañarla.

Amara estaba agotada. Estaba dando más de lo que tenía. Evitaba las confrontaciones como si fueran una plaga. Seguía diciendo que sí cuando quería decir que no, y luego se preguntaba por qué se sentía tan invisible. Para mantener la paz, se tragaba sus verdades. Su espíritu, antes vibrante, ahora le parecía débil. También se dio cuenta de que cotilleaba más, disfrazándolo de «hacer reflexiones en voz alta» o de compartir con los demás sus sentimientos con sinceridad. Asumía demasiados compromisos y luego no los cumplía todos, rompiendo promesas que se había hecho a sí misma y que luego compensaba con actuaciones públicas. Rezaba a menudo, pero sus oraciones las sentía vacías. Un día, se dio cuenta de que ya no podía oír la voz de Dios, lo que significaba que su intuición se había mitigado. Su cuerpo ansiaba descansar, pero ella seguía adelante. Su alma ansiaba la verdad, pero se sentía abrumada. Por fuera se la veía como una persona muy espiritual, pero por dentro ella se sentía desconectada.

De lo que Amara no se daba cuenta era que no estaba viviendo un fracaso personal. Era un desgaste, una desconexión lenta y constante de su esencia espiritual, porque tenía miedo. Miedo de sentir, miedo de llorar, miedo de descansar en la verdad.

Lo que debemos recordar

Tu esencia espiritual es el santuario interior donde comienza la alineación. Es la intersección sagrada donde tu alma te guía, tu mente se rinde y tu energía fluye libremente en comunión con la divinidad. Cuando tu esencia está intacta, tienes una visión más clara y sintonizas con tu verdad. Sin embargo, cuando la mala higiene espiritual se convierte en tu norma, comienza el desgaste. Cada comportamiento o patrón de supervivencia puede parecer insignificante por sí solo, pero en conjunto crean la niebla espiritual. La elección consciente, el fracaso o la resistencia a despejar esa niebla es la definición de una mala higiene espiritual.

La falta de perdón: el cordón que ata

La falta de perdón no es negarse a perdonar simplemente; es anclar tu espíritu a un momento que ya no existe. Cada vez que vuelves a revivir el rencor, alimentas un altar de dolor en lugar de presencia. La falta de perdón no suele manifestarse abiertamente. Se muestra en la tensión que hay detrás de la sonrisa. En el dolor que aparece cuando se pronuncia un nombre. La falta de perdón es una atadura espiritual que no solo te liga a una persona, sino también a la frecuencia emocional del daño que te infringió. La falta de perdón ata tu respiración al miedo, tu alegría a la sospecha y tus elecciones a los fantasmas de lo que nunca se llegó a resolver. Lo que no perdonas empiezas a temerlo. Lo que temes empiezas a controlarlo. A lo que controlas no puedes rendirte. Sin rendirse, el alma no puede respirar.

Como **atadura espiritual**, la falta de perdón se convierte en un cordón invisible que mantiene tu alma vinculada a la frecuencia, el recuerdo y la emoción de una experiencia dolorosa. Puede que no sea evidente en tus acciones cotidianas, pero resuena en tu campo energético. Establece tus límites. Influye en tus expectativas. Puede que pienses que has seguido adelante, pero tu alma permanece atrapada en un bucle, reviviendo lo que se hizo, reactivando lo que se sintió, ensayando lo que se perdió. Ya sea de forma consciente o inconsciente, cada vez que revisitas la herida, repites la historia o reprimes la emoción sin transformarla, el lazo de la falta de perdón se hace más fuerte. Se vuelve más difícil vivir en el momento presente porque parte de tu espíritu sigue adorando en un altar que construiste en el pasado. La falta de perdón dice: «No estoy listo para ser libre». Esto no se debe a que te falte la capacidad para hacerlo. Se debe a que la atadura se ha vuelto familiar para ti. Puede parecer una protección, pero en realidad es una trampa espiritual. Estás atrapado en la energía de la falta de perdón.

Fisuras en la esencia

Cuando lo que dices, sientes, haces y crees no están en armonía, el alma se divide. Los comportamientos desalineados no son simples hábitos. Son síntomas de desgaste; una separación silenciosa de tu centro. También son el resultado de una mala higiene espiritual que interrumpe el flujo de la presencia divina en tu vida diaria. Estos comportamientos que parecen ordinarios tienen consecuencias espirituales extraordinarias, y el compromiso que adquieres con la sanación comienza por devolverlos a la verdad.

Decir mentiras (incluso «pequeñas»)

Mentir fractura la voz interior. Aunque nadie más escuche la falsedad, tu espíritu sí lo hace. Se vuelve más difícil escuchar la voz de Dios cuando ignoras una y otra vez la voz de la verdad interior.

Impacto espiritual:

- Interferencias en tu campo energético.
- Pérdida de la confianza interior.
- Disminución de la capacidad para distinguir o canalizar la guía divina.

Chismes y romper la confidencialidad

Los chismes pueden considerarse algo normal en nuestra sociedad, pero a nivel espiritual son un veneno. Son como fugas de energía sagrada. Romper la confidencialidad fractura la red energética de la confianza, y cada fractura debilita el campo de tu propia integridad.

Impacto espiritual:

- Desalineación entre el discurso sagrado y la presencia sagrada.
- Firma energética distorsionada.
- Agotamiento por enmascarar y gestionar la falta de autenticidad.

Compromisos rotos y traiciones internas

Cuando dices que sí y no cumples, cuando haces promesas que no tienes intención de cumplir (ya sea a los demás o a ti mismo), tu energía se fragmenta. Los demás pueden sentirse decepcionados, pero tu propio campo es el que más sufre con ello. La confianza, una vez que se ha roto, es difícil de recuperar.

Impacto espiritual:

- La voz de la intuición se debilita.
- La autoridad interior se viene abajo.
- Las relaciones y la claridad espiritual se emborronan.

Mala gestión de los recursos espirituales

Hay una arquitectura sagrada que está entretejida en la vida del alma. Allá donde tu alma te lleva, tu mente se rinde y tu energía fluye en alineación con la divinidad. Este es el lugar del ritmo y el orden sagrado y de la claridad interior. Cuando se emplea demasiado tiempo, se malgasta el dinero o se dispersa la energía, esta alineación espiritual comienza a venirse abajo.

Lo que antes sentías firmemente ahora te llena de inquietud. Lo que antes se movía con gracia ahora se te resiste. La esencia espiritual, el centro de tu ser, comienza a disolverse bajo la superficie de tus actividades diarias.

La mala gestión de los recursos espirituales es el uso indebido, la evitación o la distorsión inconscientes del tiempo, el dinero y la energía de formas que perturban tu ritmo sagrado, violan tus acuerdos internos y se acumulan como interferencias o niebla tóxica espiritual.

Los recursos, el tiempo, la energía y el dinero no son simples elementos prácticos para vivir, sino que también son **monedas espirituales.** Son la tríada divina de la asistencia. El tiempo es cómo marcas lo que es importante. El dinero es cómo te comprometes con la circulación divina. La energía es la forma que tienes de transmitir la vibración de tu alma. Estas cuatro cosas son las portadoras de tus valores, tus prioridades y tus acuerdos con la divinidad. Cuando estas monedas se manejan de forma incorrecta debido a un exceso de compromiso, a la deshonestidad económica o a una fuga de energía, los canales de tu alma se acaban congestionando. Hacer un mal uso, acumular, manipular o prometer estas cosas sin cumplirlas significa que se maneja mal la confianza divina. Ya sean tus propios ingresos, un apoyo que te han prestado, un servicio que has acordado pagar o una contribución que no has cumplido, estos desajustes crean un peso espiritual.

El mal uso del tiempo: cuando lo sagrado pasa a ser secundario

El tiempo no es solo algo que se utiliza, es algo que se santifica. Aquello a lo que dedicas tu tiempo de forma regular, lo consagra, con independencia de si refleja o no tu verdad. Cuando te comprometes más de lo necesario, procrastinas o llenas tu agenda con actividades que no sirven a tu alma, no solo estás desorganizado, sino que estás desplazando a la divinidad. El tiempo mal utilizado se convierte en tiempo desalineado. El tiempo desalineado se convierte en niebla tóxica espiritual.

Señales de tiempo mal utilizado:

- Ajetreo constante con pocas satisfacciones.
- Evitar la quietud sagrada.
- Resistencia al descanso, la reflexión o a decir «no».
- Sentirse atrasado, abrumado o reactivo.

Pausa sagrada

Respira hondo.

Quédate quieto.

Coloca una mano sobre el corazón.

Pregúntate con delicadeza:

«¿En qué cosas estoy invirtiendo mi tiempo que no reflejan lo que digo que valoro?».

Exceso de compromiso

Cuando dices que sí por miedo o culpa en lugar de hacerlo por convencimiento, violas tu ritmo sagrado. El exceso de compromiso no es generosidad. Es el grito silencioso del alma pidiendo que pongas límites.

Impacto espiritual:

- Desgaste de la confianza en uno mismo.
- Agotamiento emocional enmascarado como «productividad».
- Congestión emocional.
- Pérdida de la capacidad de estar en paz con tu propia alma.
- El acceso a la guía sagrada se vuelve difícil.
- El momento divino se ahoga en las prisas y las distracciones.

El tiempo como evasión

A veces llenamos nuestro tiempo con ruido para evitar lo que el silencio podría revelar. El ajetreo se convierte en una droga que adormece nuestra esencia espiritual. El tiempo como evasión es una forma sutil de abandono del alma. Llenas tu día con actividad para escapar de tu dimensión más profunda. Compruebas tus tareas en lugar de comprobar cómo te sientes. Te rodeas de movimiento para evitar el espejo de la quietud y, al hacerlo, pierdes energía de una forma silenciosa e imperceptible.

Desgaste resultante:

- Las verdades emocionales se ignoran o niegan.
- La sabiduría del alma se ahoga en las tareas.
- La presencia se pierde en la actuación.

Amnesia sagrada

Es el olvido de tu origen, autoridad y ritmo divino.

Es lo que ocurre cuando tu vida está condicionada por la supervivencia, la repetición o las exigencias externas, hasta que el recuerdo de quién eres realmente comienza a desvanecerse bajo la imagen que te han impuesto a ti mismo. Cuando dedicas constantemente tu energía a cosas, personas, historias, preocupaciones y actuaciones equivocadas, poco a poco olvidas tu esencia.

Desgaste resultante:

- Te desorientas a nivel espiritual.
- La conexión que existe con tu misión divina se debilita.
- Empiezas a vivir de forma reactiva en lugar de intencionada.

El mal uso de la energía: cuando pierdes energía en lugar de liderar

La energía es tu esencia en movimiento. Es la vibración de tu alma que se hace visible en tus elecciones, límites y presencia. Cuando entregas tu energía al resentimiento, al rendimiento, a los chismes o a la represión emocional, no solo acabas agotado, sino que pierdes fuerza vital. Donde hay pérdida, hay desgaste. Cuando no tienes tu campo protegido por la claridad, malgastas tu energía gestionando lo que está distorsionado en lugar de amplificar tu luz.

Señales de mal uso de la energía:

- Sentirse agotado después de ciertas conversaciones o entornos.
- Dar o cuidar más de lo necesario para evitar el rechazo.
- Mantener la tensión emocional o verdades sin expresar.
- Modo «activo» constante sin restauración.

Pausa sagrada

Respira hondo.

Quédate quieto.

Coloca una mano sobre el corazón.

Pregúntate con delicadeza:

«¿Dónde se está agotando mi energía y qué límite o verdad debería respetar?».

Disonancia entre intención y acción

Cuando no están en armonía lo que valoras y el uso de tu tiempo, se produce una disonancia energética. La esencia espiritual, que demanda coherencia, comienza a desvanecerse bajo el peso de la contradicción.

Desgaste resultante:

- La confusión interior sustituye a la claridad.
- La culpa o el resentimiento se acumulan con discreción.
- Te sientes desequilibrado espiritualmente, pero no sabes por qué.

Desprecio por el descanso

Ignorar la necesidad de restauración que tiene tu cuerpo es rechazar el ritmo divino. La cultura del ajetreo, el esfuerzo espiritual y el agotamiento suelen ser formas normalizadas de desconexión sagrada.

Desgaste resultante:

- Desconexión del principio femenino de la receptividad.
- Reducción de la capacidad para escuchar la guía divina.
- Interpretar el agotamiento como un fracaso espiritual.

El embotamiento de la intuición

La esencia espiritual habla en el lenguaje de la quietud, el ritmo y la resonancia.

Cuando malgastas tu energía constantemente y no la repones, tus sentidos intuitivos acaban debilitándose.

Desgaste resultante:

- Dudas de tu voz interior.
- Pierdes las descargas divinas.
- Te apoyas en la lógica en lugar de confiar.

El mal uso del dinero: cuando el intercambio carece de integridad

El dinero es una moneda sagrada. Lleva consigo la vibración de la confianza, el valor y la circulación divina. Cuando se hace un mal uso del dinero mediante la evasión, los compromisos incumplidos, el acaparamiento por miedo o el gasto sin alineación, se crea una perturbación kármica. El flujo de la abundancia queda bloqueado por la culpa, la vergüenza o el miedo a la escasez. Prometer y no pagar, hablar pero no actuar, manipular o retener a cambio... No se trata solo de fallos prácticos. Son deudas energéticas

Señales de mal uso del dinero:

- Evasión económica o caos.
- Culpa por recibir o cobrar por tus dones.
- Acuerdos económicos que no se cumplen.
- Miedo constante a no tener apoyo o no recibirlo.

Pausa sagrada

Respira hondo.

Quédate quieto.

Coloca tu mano sobre tu corazón.

Pregúntate con delicadeza:

«¿En qué aspectos estoy gestionando mal la energía de la provisión y qué verdad debo honrar para restaurar la confianza?».

Deshonestidad económica

No se trata solo de facturas impagadas o acuerdos incumplidos, sino de una fractura en el pacto espiritual de la reciprocidad. Cuando haces una promesa económica (a ti mismo o a otra persona) y no la cumples, estás creando una distorsión en tu campo energético. Esa distorsión enturbia tu relación con la provisión, la confianza y el flujo divino.

Impacto espiritual:

- Bloquea el flujo de abundancia al transmitir que hay una falta de fiabilidad.
- Siembra la duda en el terreno de tu integridad.
- Desgasta la confianza que hay entre tú y los demás, y entre tú y Dios.
- Contribuye a la vergüenza y a la evasión en tu relación con el dinero.

Robar (a nivel material o energético)

Ya sea tiempo, atención o expresión creativa, el robo comienza con la creencia de que no tienes suficiente, lo que refleja una mentalidad de escasez y falta de conciencia. Ambas demuestran que existe un olvido espiritual de la suficiencia. Le dice al Universo: «Debo tomar lo que no creo que me sea dado».

Impacto espiritual:

- Experiencias repetitivas de escasez.
- Disminución del flujo de provisión y creatividad.
- Pérdida de gratitud y reciprocidad sagrada.

Pausa sagrada

«Mi tiempo no es solo mío. Es mi

ofrenda a mi vida».

«Mi energía no es infinita, pero es sagrada.

Soy el gestor de su flujo».

«Cuando dedico mi tiempo a cosas que me apagan,

acepto la desconexión».

«Cuando honro mi energía, honro la

chispa divina que hay en mí».

Cómo reparó Amara el desgaste y recuperó su esencia

La sanación de Amara no llegó de golpe; lo hizo en fragmentos, en despertares suaves y sutiles que llegaron como invitaciones más que como instrucciones. Comenzó con el silencio. No el tipo de silencio que nace de la represión, sino el que escucha. Una mañana, mientras escribía frustrada en su diario, escuchó que su voz interior susurraba; no desde su mente, sino desde el alma que había bajo el dolor:

> «No estás enfadada porque te hayan traicionado. Estás enfadada porque abandonaste tu propia verdad».

Esa verdad provocó algo. Amara renunció a ser fuerte. Dejó de fingir que perdonaba. Se sentó con su dolor como si fuera un invitado al que había estado ignorando durante mucho tiempo. Escribió cartas que no envió. Las cartas eran para su propia liberación. Dejó que su respiración recorriera los espacios que habían estado oprimidos durante años. Lloró. No fueron lágrimas superficiales de dolor, sino lágrimas antiguas, del tipo que desatascan la memoria de su médula ósea. Comenzó a decir la verdad. Primero a sí misma: «No estuvo bien. No dije lo que necesitaba. He estado llevando una máscara en nombre de Dios».

Se perdonó a sí misma y a todos los demás. No de una sola vez, sino un dolor, una herida o un recuerdo cada vez. Cada vez que nombraba una herida, renunciaba a la culpa. Cada vez que respetaba sus límites, se felicitaba a sí misma. Cada vez que decía que no, no daba explicaciones. Cada vez que cumplía una promesa que se había hecho a sí misma, recuperaba una parte de su esencia. Sus rituales cambiaron. Ya no eran actos de rendimiento espiritual. Se convirtieron en citas sagradas con su propia verdad. Creó un espacio diario para sentir. Ya no se apresuraba a estar bien. Permitía una pausa sagrada entre cada lección y cada aprendizaje. Cada día, con reverencia, se preguntaba: «¿Qué necesito limpiar hoy dentro de mí?». Cuando tomaba conciencia de la necesidad y la respuesta, la abordaba. Amara aprendió a vivir la higiene espiritual como un estado de presencia. Su verdad se convirtió en su altar, y así fue como pudo revertir el desgaste.

La sanación no comienza con el poder. Comienza con la presencia. Cuando dejas de ocultar tu dolor tras una fachada de apariencia, tu alma puede volver a encontrarte. La divinidad nunca te abandonó. Tú abandonaste el lugar donde la divinidad podía encontrarse contigo.

CAPÍTULO 13

Íntegro, sagrado y hogar

Vivir desde tu esencia

Siempre lo has sabido (incluso sin palabras)

Hay verdades que llevas contigo desde mucho antes de que pudieras nombrarlas. Vivían en tus huesos, en tu respiración, en la forma en que mirabas las estrellas o lloraste ante la belleza mucho antes de comprender la razón. Lo has sabido todo, no con el lenguaje, sino con la resonancia. Por eso te alejaste cuando sentiste que algo no iba bien. Lo sentiste en la paz que experimentaste cerca del agua. Lo sentiste alrededor de ciertas personas, o en momentos de silencio, cuando algo sagrado te atravesó como el viento. Puede que no tuvieras las palabras adecuadas, pero tu alma reconocía la frecuencia. La verdad estaba ahí, esperando a que tu conciencia la alcanzara. Esa es la naturaleza de la esencia espiritual. Recuerda lo que la mente olvida. Guarda la verdad hasta que estás listo para vivirla. La aprendes. La recuerdas cuando la ves, la oyes o incluso la hueles. Sabes que se trata de tu esencia cuando:

- Antes de poder darle un nombre, ya lo vivías.
- Has mantenido esta creencia a lo largo de múltiples etapas de tu vida.

- Habla sin esfuerzo y vive sin permiso.
- Incluso en silencio, se siente más fuerte que tus miedos.
- La sientes en tu cuerpo, no solo en tu mente.
- Te da estabilidad, sobre todo en momentos de caos.

Te sientes en paz cuando actúas en consonancia

Hay un tipo de paz que no proviene ni puede provenir de hacerlo todo bien. Esta paz proviene de lo que sientes verdadero.

¿Recuerdas la historia que te conté de cuando dejé mi bufete de abogados para siempre? Bueno, fue mucho más complicado de lo que puede parecer en una breve anécdota. Dejé una carrera por la que había luchado muchísimo, me convertí en una profesional cuando todo estaba en mi contra. ¡Y tenía tres hijos a los que mantener yo sola! Pero el espíritu tenía planes mucho más grandes para mí. Cuando una amiga me llamó para crear un programa para mujeres que pasaban de la asistencia social al trabajo, desarrollé el programa. Escribía hojas de trabajo para enseñarles a hacer cosas como ejercicios de respiración, oración y meditación, junto con cosas prácticas como cómo rellenar una solicitud de empleo o crear un currículum. Un año y medio después, tenía un montón de material recopilado.

Lo compartí con otra amiga y me dijo: «Eso es un libro». Hay mucha gente que no recibe ayudas sociales y lo necesita. Yo lo necesito».

Así que lo reuní todo y lo llevé a Kinko's. Mientras lo imprimía, una mujer se fijó en él y me dijo que podía autopublicarlo. ¡Y eso hice! *Tapping the Power Within* («Liberar el poder interior»), mi primer libro, era el cuaderno de ejercicios que había creado para mujeres que pasaban de recibir ayudas sociales a trabajar. Fui a librerías para personas negras y lo vendí a comisión, y finalmente un agente me llamó y me preguntó si quería publicarlo con Harlem River Press. Una vez fue publicado, me invitaron a dar conferencias y presentar mi libro a diferentes públicos.

Finalmente, un lector lo descubrió y se lo enseñó a Oprah Winfrey.

Nada de esto fue fácil. Hubo momentos, y todavía los hay, en los que no sabía dónde ni cuándo cobraría mi siguiente cheque.

Pero, si no hubiera escuchado al espíritu, no habría tenido la oportunidad de influir en millones de vidas. El espíritu ha dictado todo lo que hago desde entonces. Ha sido la fuente directa de las palabras de todos los libros que he escrito.

Cuando tus acciones se alinean con tu esencia, no hay ningún tipo de residuo. No hay remordimientos. No hay necesidad de dar explicaciones. Puede que tengas miedo, te sientas incómodo o temas las consecuencias, pero debajo de todo ello hay una tranquila quietud que dice: «Te estás honrando y amando a ti mismo». Esta paz no exige aplausos. Es una sensación de limpieza. Una sensación de tranquilidad, como si tu respiración supiera finalmente dónde debe aterrizar. Esa paz es la prueba de que te has movido resonando con tu esencia espiritual. Sabes que es un «sí» sincero cuando:

- Después te sientes tranquilo, aunque la elección haya sido difícil.
- Tienes un sueño reparador, tus respiraciones son más profundas y no necesitas justificar tu decisión.
- No te lo piensas dos veces; sabes que has terminado.
- Te sientes más tú mismo.
- No te parece algo terrible. Simplemente te parece lo correcto.

Lo sientes menos como un pensamiento y más como un conocimiento

Tu esencia espiritual no habla desde la lógica ni entre líneas. Habla con claridad y resonancia, con un conocimiento que se instala en tus huesos antes de que tu mente haya tenido tiempo de ponerse al día. Sabes que no es una discusión. Es una verdad que puedes reconocer. No llegas a ella a través del razonamiento. Llegas a ella recordando. No es el tipo de conocimiento por el que discutes. Es el tipo en el que descansas. Es silencioso e innegable. Sale a la superficie cuando empiezas a sentir lo que siempre ha sido cierto. No pide confirmación. No necesita una segunda opinión. Surge discretamente, como una luz cálida a través de tu pecho o como lágrimas que brotan sin motivo. Sabes que es un «sí» rotundo cuando:

- No te hace falta una explicación.
- Te tranquiliza más que emociona.
- Lo sientes más viejo que nuevo, más familiar que racional.
- Llega rápida, silenciosa y profundamente.
- Ya no necesitas palabras para transmitirlo. Es él quien te transmite a ti.

Las creencias fundamentales son acuerdos sagrados

Donald era un hombre que decía «sí» a todo. «Sí» a exigirse demasiado. «Sí» a quedarse callado y a seguir la corriente para llevarse bien con todo el mundo. «Sí» a lo que hacía sentir cómodos a los demás. Hasta que un día sintió una opresión en el pecho tan fuerte que le dolía respirar. Una vez más, le habían pedido que ayudara a alguien de una manera que iba en contra de sus valores y su paz interior. Pero esta vez se detuvo. Recordó una creencia esencial para él: «Mi paz es sagrada». Así que dijo: «No, ahora mismo no puedo hacerlo». Sin enfadarse. Sin excusas. Sin fingir. Tan solo la verdad. Cuando se dio cuenta de que estaba temblando, comenzó a llorar. Había decepcionado a alguien. Se enfadarían con él. Cuando me contó la anécdota, le pregunté: «¿Cómo te sentiste después?». Él respondió: «Por primera vez en mi vida, me sentí limpio por dentro». Eso es lo que significa vivir desde tu esencia espiritual.

Una vez que empiezas a reconocer tu esencia espiritual, el siguiente acto sagrado consiste en dar nombre a las verdades que viven en ella. Estas verdades son tus creencias esenciales. Dar nombre a tus creencias esenciales no es recitar lo que te han enseñado, sino reivindicar lo que ya sabes en lo más profundo de tu ser. Es reunir esas verdades que hay grabadas en tu alma que te han ayudado a superar el dolor, te han sacado del silencio y te han llamado cuando casi te habías olvidado de ti mismo. Tus creencias esenciales no son opiniones. No son hábitos de pensamiento. Son los acuerdos espirituales que hiciste con la vida, Dios y tu ser antes de que tu alma tuviera un cuerpo que la envolviera. Algunas nacieron por medio del fuego. Otras, por medio de la quietud. Otras, por medio del dolor. Otras, por medio del recuerdo sagrado. Son las verdades que surgen cuando todo lo demás ha desaparecido. Darles nombre es decir: «Esto es lo que sé que es verdad, sin importar lo que diga el mundo, sin importar quién se aleje de mí». Dar nombre a tus creencias esenciales es un acto sagrado de recuperación, claridad y soberanía. Es una buena higiene espiritual.

Pausa sagrada

Cierra los ojos.

Respira hondo.

Coloca una mano sobre el corazón.

Recuerda un momento en el que fuiste traicionado y, aun así, seguiste creyendo en el amor.

Estabas afligido y aun así te sentiste reconfortado.

Estabas inseguro y aun así dijiste la verdad.

Pregúntate:

«¿Qué verdad me ayudó a superar ese momento?».

Es probable que esa verdad sea una creencia esencial.

Dar nombre a tus creencias esenciales es como crear un altar en tu interior. Requiere una escucha honesta y una quietud espiritual. No es un ejercicio mental. Es más bien como una excavación arqueológica. No puedes dar nombre a tus creencias esenciales pensando con más ahínco. Lo haces sintiendo de una forma más profunda y recordando las verdades que te han susurrado a través del dolor, la alegría, el silencio y los períodos de transformación. Dar nombre a tus creencias esenciales no consiste tampoco en identificar tu personalidad o definir tus preferencias. Se trata de localizar las verdades que has llevado contigo a lo largo de tu vida. Las que surgen cuando el ruido desaparece. Las que no cambian en función de los aplausos, la pertenencia o la comodidad. Dar nombre a tus creencias esenciales es decir:

«Esto lo sé, aunque dude de todo lo demás».

«Esto lo creo, aunque nadie más esté de acuerdo».

«Esto lo recuerdo, aunque nadie me lo haya enseñado nunca».

Tus verdades esenciales residen en tu cuerpo. Cuando las expresas en voz alta, tu respiración se vuelve más calmada. Tu alma dice que sí. Dar nombre a tus creencias espirituales esenciales es un acto de soberanía. Ya no tomas prestadas unas creencias que quizás hayas heredado. Estás recuperando lo que ya es tuyo. Las siguientes prácticas de reflexión te ayudarán a revelar tus creencias esenciales y darles nombre:

Cierra los ojos. Respira hondo.
Coloca una mano sobre el corazón.
Pregúntate con delicadeza:

«¿Qué sé que es verdad respecto a...

Dios/la fuente/el espíritu?

¿Mi alma y su propósito?».

«¿Qué me cura? ¿Qué me hace daño?».

«¿Qué siento y creo sobre

el amor, la verdad, la muerte, el perdón, la libertad?».

«¿Qué es lo que más me importa, más allá de la cultura o de mis influencias?»

Puedes escribir o grabar tus respuestas. Aquí es donde el recuerdo se convierte en una responsabilidad. Donde la claridad se convierte en una elección encarnada. Donde tu «sí» se vuelve sagrado y tu «no» se vuelve soberano. Una vez que empiezas a dar nombre a tus creencias esenciales, a las verdades que se esconden bajo la actuación superficial, al miedo o a las expectativas arraigadas, la siguiente invitación sagrada es vivir partiendo de ellas. Vivir a partir de tus creencias esenciales significa que las utilizarás como un filtro. Pasas tus decisiones, relaciones, palabras y acciones a través de él, no preguntándote «¿Esto me hará aceptable?», sino «¿Esto está en consonancia con lo que sé que es verdad?». Aquí es donde la **higiene espiritual** se vuelve fundamental. Conocer tus creencias esenciales te mantiene anclado en ti mismo, en un mundo lleno de ruido, impulsado por exigencias que pueden afectar a tu verdad mediante concesiones que minan tu alineación. Sin una higiene espiritual constante, empiezas a alejarte de tu esencia, incluso mientras rezas, sirves o llevas a cabo «el trabajo». Tu esencia permanece, pero la conexión se vuelve borrosa. Tu verdad sigue viva, pero dejas de escucharla.

Es muy fácil que tu conexión se debilite cuando te sientes ineficaz, frustrado o invalidado en tus esfuerzos por ser tu yo divino.

Recuerda: tu esencia no te pide que seas un gran *influencer* o un millonario. Tu esencia tan solo te pide que seas tú mismo. Cuando te conectes con ella y te rindas a ella sin reservas, se te mostrará el camino.

Ya sea que influyas en una persona, en un vecindario o en todo el mundo:

sigue siendo importante.

Deja que tus rituales reflejen tu esencia

La higiene espiritual consiste en que mantengas la claridad necesaria para vivir según tu sabiduría. Es la forma que tienes de limpiar el altar interior para que tus decisiones no se basen en viejas heridas, patrones de comportamiento o programaciones externas. Es la práctica diaria de volver a lo que es real. Vivir desde tu esencia no simplifica tu vida. Significa que te arraigas. Dejas de doblegarte ante cada viento fuerte que sopla. Dejas de perseguir lo que necesitas. Te conviertes en ello. Cuando practicas la higiene espiritual a diario, mantienes el altar de tu vida lo bastante limpio como para escuchar lo que tu alma tiene que decir, y que siempre es: «Esto es lo que soy. Esto es para lo que estoy aquí. Este es el siguiente paso más adecuado para mí».

Tu esencia espiritual es la voz de Dios/fuente/Creador en tu interior. Tu esencia es el mapa con el que naciste. Tus creencias esenciales son las instrucciones paso a paso que necesitarás para avanzar en tu vida. No es necesario que encuentres estas cosas. Solo debes recordarlas, honrarlas y volver a ellas una y otra vez. Comprender tu esencia significa reconocer de dónde proviene, cómo te guía, qué sucede cuando la traicionas y los patrones que has creado a su alrededor (o lejos de ella). Honrar tu esencia significa que hagas una pausa antes de tomar una decisión o escoger, hablar desde tu interior en lugar de rendirte al miedo y negarte a comprometer tu «sí» o tu «no». Si tu creencia fundamental es «Mi paz es sagrada», ofrecer un «sí» a medias a un compromiso agotador no está en consonancia con ella. Si tu esencia dice «La verdad es sagrada», evitar la confrontación no está en consonancia con tus creencias. Una vez que hayas encontrado tu esencia e identificado las creencias que residen en ella, es buena higiene espiritual repetirlas y practicarlas a diario.

Si tu verdad esencial es «No estoy solo», enciende una vela por tus antepasados todos los días. Si tu verdad esencial es «Soy amor», cuida tu corazón con delicadeza. Si tu verdad esencial es «Mi voz importa», escribe, habla o crea algo con regularidad. Los rituales son la forma en que tus creencias esenciales se hacen visibles en tu vida. Vivir desde tu esencia no es un acto superficial, es una práctica de presencia, elección y retorno sagrado. Es la práctica de honrar tus límites, incluso cuando resulta incómodo. Es la elección de decir la verdad, aunque te tiemble la voz. Es una práctica regular para saldar deudas energéticas al instante. Eso significa pedir perdón, perdonar y realinear, cuando sea necesario y tantas veces como sea necesario. Estás en una auténtica alineación con tu esencia cuando tus pensamientos reflejan tus creencias, tus palabras honran tu verdad, tus acciones protegen tu paz y tu energía se mueve desde la integridad.

Lista de verificación para alinearte con la esencia

Vivir desde tu esencia y honrar tus creencias esenciales no tiene por qué ser difícil. Se requiere una práctica constante, y esa práctica llevará tiempo dominarla. La siguiente lista es una pausa sagrada que puedes utilizar a diario. Es una oportunidad para recalibrar y realinear tu mente, tu corazón y tu alma. Cuanto más a menudo lo hagas, antes recuperarás la propiedad del templo, el altar y el santuario que eres.

Verdad interior

- «¿He hablado o actuado hoy desde mi verdad, incluso resultando incómodo?».
- «¿He sentido un profundo "sí" en mi interior al tomar una decisión o en una interacción al menos?».
- «¿He sentido paz después de tomar una decisión, aunque los demás no la entendieran?».

Integridad emocional

- «¿Me he permitido sentir con honestidad sin reprimir mis emociones?».
- «¿He evitado dar demasiadas explicaciones o disculparme por mi verdad?».
- «¿Me he conectado con mi cuerpo y me he preguntado: "¿Es esto cierto para mí?"».

Límites sagrados

- «¿He dicho "no" cuando era necesario sin sentirme culpable?».
- «¿Me he abstenido de complacer a los demás o de cambiar mi forma de ser para que me aceptaran?».
- «¿He respetado mi propia energía y mis necesidades de forma compasiva».

Higiene espiritual

- «¿Me he detenido hoy para limpiar mi campo energético, tanto mental como físico y emocional?».
- «¿He dejado espacio para la quietud, la oración, la respiración o el ritual?».
- «¿He liberado algo que llevaba conmigo y que no me pertenecía?».

Recuerdo fundamental

- «¿He actuado de una manera que refleja quién soy realmente?».
- «¿Me he conectado con mi esencia antes de responder, comprometerme o reaccionar?».
- «¿Me he sentido conectado con mi propio ritmo, mis valores y mi verdad espiritual?».

Recuerda que la perfección no es el camino hacia la presencia. La verdad sí lo es.

ORACIÓN DE APERTURA

Por los límites, la alineación y el valor para recuperarte a ti mismo

Santa presencia, guardiana de mi aliento, custodia de mi ser,
llego a este umbral dispuesto a recordar que el «no»
no es un arma,
sino un camino a casa.
En el pasado, dije «sí» cuando mi cuerpo temblaba.
En el pasado, dije «sí» cuando mi verdad me susurraba
lo contrario.
En el pasado, dije «sí» para ser querido, para estar seguro,
para pertenecer.
Pero ahora escojo pertenecer a mí mismo.
Enséñame la santidad del rechazo.
Que mi «no» esté ungido en sabiduría.
Que surja de lo más profundo de mi ser sin defensa,
como devoción.
Cuando diga «no», que no sea por reverencia.
Cuando diga «no», que purifique lo que no es mío.
Cuando diga «no», que cierre las puertas que me alejan
de mi integridad.
Me doy permiso para proteger mi interior sagrado.

Me doy permiso para alejarme de lo que me agota,
sin culpa, sin vergüenza, sin disculpas.
Que este capítulo sea un santuario de recuperación.
Que pueda confiar en que cada «no» que pronuncio
como mi verdad
deje espacio para un «sí» más sagrado, completo y encarnado.
Pido. Permito. Me convierto.

Amén. Aṣẹ Aho.
Que así sea.

CAPÍTULO 14

El «no» sagrado

El sonido de la autoprotección

Hay una profunda santidad en la palabra «no» cuando surge de la sabiduría del cuerpo. «No» es una forma de autorreconocimiento. Es la forma que tiene el alma de decir: «Esto no es para mí. Esto no está alineado. Esto es demasiado». No escojo esto ahora». A muchas personas se les ha enseñado a ignorar ese «no». Creemos que es honorable sonreír a pesar de la incomodidad, quedarnos cuando el cuerpo se tensa, decir «sí» por obligación. Quizás no nos demos cuenta de que cada vez que decimos «sí» cuando nuestro cuerpo quiere decir «no», se produce una fractura en nuestro interior. Una división entre lo que es verdadero y lo que solo se representa. Con el tiempo, la fractura se convierte en agotamiento. Se convierte en resentimiento. Se convierte en tensión crónica. Se convierte en enfermedad.

Nisa había aprendido a no molestarme con sus problemas. No puedo decir que yo le enseñara a hacerlo, pero sí que se lo permití. Entre lo que presenció de niña, cómo me vio luchar después de dejar a su padre y cómo me vio venirme abajo cuando murió su hermana Gemmia, entiendo perfectamente por qué no me dijo que era diabética. También entiendo que su «no» estaba tan arraigado en la desconfianza hacia mi persona como en el deseo de no molestarme. No confiaba en que yo no la «culpara» por estar enferma. No confiaba en que yo no intentara obligarla a curarse como yo creía que debía hacerlo. No confiaba en que yo no me sintiera decepcionada con ella porque no estuviera «perfecta». No confiaba en que Iyanla la apoyara de una manera que Rhonda no podía o no quería hacerlo. Dirás «no» de una forma pasiva o encubierta cuando no confíes en ti mismo o en otra persona. Este «no» sirve como una protección.

Ella también sabía que yo estaba trabajando «como una loca» para relanzar mi carrera mientras criaba a la hija de Gemmia. Cuando el hijo de Nisa me dijo que su nivel de glucosa variaba entre 500 y 600, y que los medicamentos no conseguían bajarlo, tuve un *flashback* y una revelación sobre por qué ella no me confiaba, no podía confiarme o no quería confiarme su secreto sufrimiento. Me llevó de vuelta a cuando Nisa estaba en segundo grado.

A petición del profesor, accedí a que Nisa se sometiera a unas pruebas para detectar posibles dificultades de aprendizaje. Las pruebas revelaron que tenía una discapacidad emocional. El diagnóstico oficial indicaba que tenía dificultades para regular sus emociones, entablar relaciones y comportarse de la manera adecuada. Me explicaron que los alumnos con discapacidades emocionales o conductuales también tenían dificultades de aprendizaje, problemas de comportamiento y dificultades en las relaciones sociales. Esto explicaba por qué solía inventarse historias sobre sí misma y negaba que hubiera hecho ciertas cosas. La siguiente parte del diagnóstico me rompió el corazón en mil pedazos de culpa y vergüenza. El diagnóstico de discapacidad emocional o minusvalía también incluía un estado de ánimo generalizado de infelicidad o depresión. La siguiente pregunta que me hizo temblar las rodillas fue: «¿Está dispuesta a considerar la posibilidad de medicar a Nisa para controlar su mente y su estado de ánimo?». ¡Por supuesto que no! La única alternativa era la educación especial. Me dijeron que no sería seguro para ella ni para los demás alumnos mantenerla en las clases normales.

Su diagnóstico, aunque doloroso, fue como un espejo que me invitaba a examinar lo que había permitido que se arraigara en mi mente y en nuestras vidas. Mientras luchaba contra la recomendación de medicarla y la realidad de cambiarla a una educación especial, sentí que una tranquila determinación se movía dentro de mí, mucho más fuerte que el miedo, la vergüenza y la culpa. Sabía que tenía que hacer algo; de hecho, necesitaba hacer muchas cosas de manera diferente. Me di cuenta de que su sanación no era un camino de un solo sentido; tendría que ser un viaje compartido, una delicada danza de intención y estrategia. Si pudiera equilibrar y armonizar mi mente y mi vida, podría sacar esa armonía hacia el exterior, infundiendo tranquilidad en mi hogar y alegría y amor en mis hijos. Durante los primeros días tras recibir el diagnóstico, no vi los retos de Nisa como limitaciones, sino como invitaciones: «Recompón tu vida, chica». Sin embargo, no tenía ni idea de por dónde empezar ni cómo hacerlo. Día tras día, buscaba en el espacio sagrado de mi paisaje mental, con la esperanza de encontrar las palabras y la manera de ayudar a mi hija y salvarme a mí misma. Nunca se me ocurrió que un simple «no» fuera suficiente.

Tu «no» es tu brújula

Hay momentos en los que el silencio se convierte en complicidad. Hay lugares en los que tu aceptación de la deshonra, el daño o el dolor se convierte en abandono de ti mismo. Hay patrones que solo se rompen cuando eres lo bastante valiente como para decir: «¡No! Esto se acaba aquí». Un «no» firme guía tus decisiones tanto como lo hace tu «sí» sagrado. Cuando te mantienes firme en tu «no», frente a la autoridad o el control, proteges tu identidad y tu propósito sagrados. Filtra lo que es falso y lo que no te mereces. Apoya y afianza tus límites. En otras palabras, ampara a las personas. Cuando puedes decir «no» sin sentirte culpable, ya no estás atado a la necesidad de gustar, ser amado o aceptado. Tu «no» garantiza que estés en consonancia con la necesidad de ser fiel a ti mismo.

Decir «no» puede resultar difícil e intimidante, ya que a muchos de nosotros se nos ha enseñado a priorizar el mantenimiento de la paz a toda costa, evitar los conflictos y demostrar nuestra bondad o valía a través del sacrificio personal. Estos son visitantes en nuestro templo mental a los que debemos rechazar. Una buena higiene espiritual para la mente y la sanación del alma requieren que te preguntes: «¿Estoy dispuesto a abandonarme y traicionarme a mí mismo para que me acepten?». O «¿Estoy dispuesto a honrarme y bendecirme a mí mismo expresándome, alejándome o haciendo lo que siento que es correcto para mi cuerpo?». Decir «no» cuando es necesario es una profunda demostración de autocuidado, y debes ser consciente de cuándo, qué, por qué y cómo disminuyen o roban tu «no».

Porque tu «no» es un acto de higiene espiritual, el cual consideras que es necesario para tu protección y bienestar, y no requiere ninguna explicación. Cuando lo dices con intención y convicción, todo y todos se detienen cuando dices «no». También es importante que sepas que es posible que los demás no estén de acuerdo con tu «no» e intentarán, por todos los medios, convencerte de lo contrario. Tanto si tienes dieciséis como sesenta años, un «no» firme y rotundo aclara los malentendidos en las relaciones, las malas elecciones y los malos hábitos, los entornos físicos contaminados y las conversaciones que contaminan tu espíritu. Es la forma en que le dices al universo: «Solo acepto lo que es sagrado, honorable y está alineado con mi bien supremo». Cuando adoptas esta postura, el universo te apoya, no solo por la paz, sino por el retorno de tu propia presencia divina y el desarrollo de un sentido más profundo de la conciencia de ti mismo.

Cuando somos padres, el «no» es una postura que debemos adoptar con nuestros hijos y, lo que es más importante, por su bien. Yo tuve que posicionar mi mente y a mí misma de esta manera por Nisa. Esto significaba que no solo la enviaría a las clases de educación especial que me habían recomendado, donde estaría segura, sino que también tendría que alejarme de la relación abusiva que yo mantenía con su padre. Mucho más fácil de pensar y decir que de hacer. Cuando la mente está llena de guiones sin sanar, incluso la violencia puede parecer normal. Mi deseo de marcharme era real, pero sin una buena higiene espiritual y mental, ese deseo no podía convertirse en acción. Con poco apoyo y sin un camino claro, el miedo me mantuvo atada hasta que llegó el punto de ruptura, que incluyó más violencia. Este es el precio de descuidar la higiene espiritual: nubla la claridad, debilita la determinación y retrasa la libertad que anhela nuestra alma.

Cometí dos grandes errores cuando cambié a Nisa a la clase de educación especial: hice que fuera «culpa» suya y no logré deshacerme de mi propia «culpa». Le dije que, como había mentido y robado cosas, no podía seguir en la escuela a la que asistían su hermano y su hermana. Ahora, al reconocer lo que le dije y cómo se lo dije, me siento mal. En ese momento, no era consciente de que mi necesidad de ser una madre «perfecta», de demostrar que era «mejor» que las personas que me criaron, había sido destrozada por la idea de que mis hijos no eran perfectos. Me inventé que la discapacidad de Nisa era culpa mía. No solo porque me había quedado en una relación disfuncional y violenta con su padre, sino también por la creencia que llevaba conmigo de que todo era culpa mía. Mis sentimientos de culpa y vergüenza no tenían nada que ver con Nisa, pero se los eché encima a ella debido a mi mala higiene mental.

Dos semanas después de que empezara las clases en el nuevo colegio, recibí una llamada del director diciendo que tenía que ir a recoger a Nisa. Se había producido un altercado. Cuando la vi sentada en el banco de la oficina del director, lo que pensé que era una furia que nunca había experimentado me recorrió la espalda. Más tarde me di cuenta de que no era furia. Era mi «no». ¡Menuda mierda! Tenía el labio inferior hinchado y cubierto de sangre seca. Tenía un ojo tan hinchado que no podía abrirlo. El «no» en mi presencia provocó un grito de mi boca que hizo que todos en la oficina se pusieran de pie. Una de las mujeres gritaba: «¡Espera! ¡Espera!», mientras se apresuraba a salir de su escritorio para buscar al director. En respuesta al grito, él apareció corriendo y me invitó a entrar en su oficina. De repente, me invadió una sensación de calma y lo seguí. Lo que no hice fue abrazar a mi hija. No le curé las heridas ni le pregunté qué había pasado. La dejé sentada en el banco, sola, para que decidiera por sí misma qué iba a hacer y qué iba a pasar luego.

El director explicó que otro alumno de la clase, que tenía una discapacidad grave, había tenido un altercado con el profesor. En respuesta, lanzó una silla que golpeó a Nisa. A continuación, atacó al profesor. Esto provocó que los demás alumnos, incluida Nisa, salieran en su defensa. Al final, fue Nisa quien le dio una paliza al chico con la silla que él le había lanzado. En el proceso, sufrió las lesiones que yo había visto. La calma que sentí resultaba inquietante. Uno a uno, podía oír los pensamientos que flotaban en mi mente. ¿Dónde estaba el otro alumno? ¿Dónde estaban sus padres? Me dijeron que el chico había recibido atención médica y lo habían enviado a casa. Si quisiera, podría presentar cargos penales. ¿Por qué no estaban presentes sus padres? Estas cosas pasan en las aulas de educación especial. No hay forma de predecirlas ni prevenirlas. Estos niños tienen graves discapacidades de aprendizaje y de comportamiento. El director lo sentía, pero no podían hacer nada más. ¿Cuál era la intención de la escuela para abordar este asunto y evitar que volviera a ocurrir? ¿Se esperaba que ese alumno volviera a clase? Se había indicado a los padres que lo mantuvieran en casa durante tres días, tras los cuales volvería a clase. Su asistencia era obligatoria por ley. La escuela no podía negarle la admisión. Como no había sido culpa suya, a Nisa se le permitía volver al día siguiente. ¡Ni hablar!

Ese día, en defensa de mi hija, mi «no» fue rotundo. Como es muy habitual que las personas que crecen en un entorno disfuncional y violento se preocupen por los demás antes de reconocer que merecen la misma consideración. En ese momento, no vi mi rostro en el rostro de Nisa. Sentí mi dolor y reconocí mi deshonra. No recordaba cómo debía cubrir un labio roto o un ojo morado. También sabía, en lo más profundo de mi ser, que toda violencia, de cualquier tipo, ya no era bienvenida en el templo de mi mente, mi hogar o mi vida. Y, desde luego, no podía ni debía recaer sobre mis hijos. Yo gritaba y amenazaba, lo que en algunos casos era igual de disfuncional, pero rara vez usaba mis manos o cualquier otra cosa para golpear a mis hijos. Sin darme cuenta, ya había acabado con un patrón familiar. Fue inconsciente, pero también fue una práctica nueva. Por desgracia, la práctica no mitigó la violencia energética y la disfuncionalidad que les había enseñado a mis hijos que era aceptable.

Nisa nunca volvió a asistir a otra clase en esa escuela. De alguna manera, con el apoyo de una querida amiga, logré reunir el dinero para matricularla en una pequeña escuela cristiana que tenían diez niños en cada clase. Y, lo que es más importante, comencé una práctica de oración y meditación más constante, sincera y ferviente. Me sorprendió darme cuenta de lo difícil que me resultaba permanecer sentada más de dos minutos. A través de la oración y los periodos de silencio y quietud, empecé a darme cuenta de que seguía creyendo que yo era la causa de mi dolor. También creía que esperaba que el amor se volviera algo violento. Lo que solía hacerme temblar las rodillas era la conciencia de que no creía que fuera seguro ver, afrontar o decir la verdad. La verdad era peligrosa, así que me había convencido a mí misma de que vivir una mentira era la única forma de mantenerme a salvo. Ese era el residuo polvoriento que guardaba en mi mente y que había transmitido a mi pequeña, Nisa.

La necesidad de un «no» rotundo

Un «no» vacilante deja la puerta abierta a la desalineación. Un «no» firme, basado en la claridad, la integridad y la encarnación, es un límite sagrado. Es el ancla que mantiene intacta tu energía. Es el escudo que preserva tu paz. Es la devoción que protege tu propósito. Sin un «no» firme, el cuerpo se convierte en un campo de batalla de contradicciones. Dices «sí» con la boca mientras tus hombros se encorvan hacia delante. Te presentas por obligación, mientras tu pecho se tensa y tu respiración se acorta. Das más de lo que tienes y luego te preguntas por qué te sientes en bancarrota a nivel espiritual. Esto no es generosidad espiritual. Es traición somática. Tener un «no» firme no es volverse rígido o cruel. Es mantenerse firme con claridad. Tu cuerpo y tu energía están claros, lo que le comunica a tu sistema nervioso que estás defendiendo tu autoestima. La necesidad de un «no» firme se basa en tres verdades sagradas:

1. Tu sistema nervioso necesita coherencia.

Cuando ignoras tu verdad para complacer a los demás, tu cuerpo se confunde sobre lo que es seguro. Esta confusión crea un estrés permanente. Pero cuando tu «no» es firme y afectuoso, tu cuerpo comienza a relajarse. Vuelve a confiar en ti. Sabe que no te abandonarás a ti mismo.

2. Tus límites enseñan a los demás cómo pueden encontrar la divinidad en ti.

Un «sí» tímido cuando lo que quieres decir es «no» crea resentimiento, que se filtra en tu energía y en tus relaciones. Un «no» firme, ofrecido con elegancia, crea confianza. Enseña a los demás que tu «sí» significa algo y que tu tiempo, tu presencia y tu energía no están en venta.

3. Tu alma necesita alinearse para prosperar.

Decir «sí» a lo que te agota significa decir «no» a lo que podría restaurarte. Tu «no» deja espacio para la alegría, la creatividad, las tareas sagradas, el descanso y la revelación. Si te resulta difícil decir «no», pregúntate a ti mismo:

- ¿Dónde aprendí que mi «no» era un problema?
- ¿Quién me enseñó que el amor requería el abandono de uno mismo?
- ¿Qué miedo surge cuando considero honrar mis límites?

Estas no son preguntas insignificantes. Son preguntas del alma para las que tu cuerpo ya conoce las respuestas.

Pausa sagrada

El «no» arraigado

- Ponte de pie con los pies separados a la anchura de las caderas.
- Coloca las manos sobre el plexo solar.
- Siente tus pies sobre la tierra.
- Di en voz alta, despacio y con claridad:

> «No. No estoy de acuerdo con esto. Escojo la alineación».

Observa dónde se tensa tu cuerpo y dónde se relaja.
Repite hasta que sientas que estás firme en tu postura.
Que esta sea tu oración encarnada:

> «Ya no confundo la complacencia con el amor». «Ya no cambio la paz por la aprobación». «Ya no me abandono para ser elegido».

«Mi "no" es sagrado». «Mi "no" es completo». «Mi "no" es suficiente».

El «sí» sagrado

Si tu «no» es un guardián, tu «sí» es el umbral sagrado. Ofrecer un «sí» puro, sin miedo ni tampoco como una reacción traumática, lo hace sagrado. Surge de tu alma y se ofrece como adoración a tu corazón. Tu «sí» sagrado no es un reflejo. No es el «sí» complaciente y del abandono de uno mismo que se apresura a calmar una situación incómoda o a evitar el rechazo. No es el «sí» que vive en la garganta mientras el cuerpo se prepara. No es el «sí» que se enmascara en el deber y lo llama «devoción». El «sí» sagrado surge de tu alma. Resuena a través de tu pecho. Respira a través de tu vientre. Te expande. Te alinea. Te relaja. Un auténtico «sí» nunca se hace con prisas. Nace en la alineación y con ella. No te equivoques: el cuerpo sabe la diferencia. Un «sí» distorsionado contrae el cuerpo con temor, mientras que un «sí» sagrado lo expande con paz.

Mientras que un «sí» performativo agota tu energía, un «sí» sagrado la alimenta. El «sí» sagrado dice:

- «Esto es lo correcto para mí, no solo lo que se espera de mí».
- «Esto lo siento en lo más profundo de mi ser, no solo lo veo lógico en mi mente».
- «Esto apoya mi integridad, no solo la comodidad de otra persona».

Decir «sí» desde tu espíritu es entrar en un acuerdo sagrado con tu alma. Este «sí» no sale solo de la boca. Recorre todo tu ser. Dice:

- Sí al descanso, incluso cuando el mundo exige rendimiento.
- Sí a recibir, incluso cuando solo te elogian por dar.
- Sí a la alegría, incluso cuando tu historia te ha entrenado para sobrevivir.
- Sí a la encarnación, incluso cuando has vivido en tu cabeza para evitar el dolor.
- Sí a la verdad, incluso cuando te cueste la aceptación o la aprobación.

Tu «sí» sagrado es el resultado de estar en sintonía, no solo de ser alguien complaciente. Cuando empiezas a vivir desde esta sintonía, tu vida adquiere una frecuencia diferente. Te vuelves menos reactivo, más intencional. Dejas de perseguir lo que ya no resuena en ti o dentro de ti. Dejas de actuar para que te quieran. Empiezas a crear desde la esencia de tu ser. Esto es la higiene espiritual en su nivel más alto: un cuerpo en armonía con el alma. Un «sí» limpio, claro y consagrado.

Pausa sagrada

El «sí» encarnado

- Siéntate en silencio.
- Respira hondo.
- Coloca las manos sobre el corazón.
- Di en voz alta:

«Digo sí a lo que honra mi integridad».

«Digo sí a lo que está en consonancia con mi alma».

«Digo sí a mi desarrollo divino».

Pide a tu alma una guía clara.

Piensa en la elección, la decisión o la oportunidad.

Respira y pregúntate: «¿Esto expande o contrae mi energía?».

Deja que tu cuerpo hable.

Deja que el «sí» o el «no» surjan desde tu interior.

Deja que las palabras que oyes o las ideas que recibes resuenen en tus huesos.

Esto no es una actuación. Es una indagación sagrada, y el «sí» que recibas también es sagrado.

CONCLUSIÓN DEL NIVEL III

INTRODUCCIÓN AL NIVEL IV

EL REGRESO SAGRADO

Una recuperación del yo

Has cruzado el umbral de la recuperación al escoger que regresarías al altar de tu ser con nuevos ojos y manos firmes. El nivel III no te ha pedido que te conviertas en algo nuevo. Te ha pedido que recuerdes quién eras antes de que el mundo te enseñara a olvidar.

Comenzaste esta parte del viaje con una responsabilidad espiritual, un deber sagrado de cuidar, cultivar y alinear tu vida interior, tu mente, tu corazón, tu cuerpo y tu alma con la verdad divina. Esta es una llamada a dejar de externalizar tu sanación y a recuperar el control de tu energía, tus elecciones y tu presencia. Se te invitó a que dejaras de fingir que estás completo y a que empezaras a vivirlo. Se te recordó que ser responsable de tu yo interno y externo es una forma de empoderamiento. Es la forma en que te elevas como un recipiente de integridad sagrada.

Luego te llegó la invitación a que encontraras tu centro, ese lugar tranquilo y sagrado que hay dentro de ti y al que no puede zarandear el caos, la actuación o los elogios. Tu centro no es un lugar, sino un ritmo, una frecuencia, un recuerdo. Aprendiste que la buena higiene espiritual no consiste en parecer limpio. Se trata de permanecer cerca de lo que es auténtico.

Exploraste los patrones de la desalineación y la negligencia espiritual, esas acumulaciones silenciosas que dejan residuos en tu alma. Te enfrentaste al desorden emocional del evasión espiritual, el entumecimiento, el exceso de generosidad y el ocultamiento. Aprendiste a dejar de confundir el entumecimiento con la paz y comenzaste a honrar la sagrada tarea de limpiar lo que ya no pertenece a tu templo.

Luego, con una guía amable, fuiste conducido al pozo de tu esencia espiritual. El lugar donde la verdad no se filtra a través del miedo o la educación. El lugar donde emerge en ti y a través de ti, pura y radiante. Le pusiste nombre. Te sentaste con ella. Volviste a escuchar su lenguaje. Tu esencia espiritual no exige perfección, sino honestidad. Es la brújula de tu soberanía.

Te inclinaste con reverencia ante la asistencia somática, la sabiduría del cuerpo como altar sagrado. Aprendiste que tu sistema nervioso recuerda lo que la mente olvida. Que la encarnación no es estética, sino un acto sagrado de presencia. Volviste a aprender tus ritmos. Recuperaste tu derecho a descansar, a hacer una pausa, a moverte en armonía con el pulso divino que hay en ti. Finalmente, recibiste la bendición del sagrado «no», un retorno a la esencia. Desmantelaste la ilusión de que el amor requiere el abandono de uno mismo. Te enfrentaste al patrón ancestral de la acomodación excesiva y le ofreciste compasión sin continuidad. Tu «no» se convirtió en tu brújula, tu oración, tu realineación. Limpió el polvo. Marcó el camino.

Estos capítulos no han sido simples pasos. Han sido espirales, cada una de las cuales te devolvía a niveles más profundos de confianza en ti mismo, claridad, encarnación y devoción. Recuperarse no siempre se parece al fuego. A veces, es la tranquila exhalación de una mujer que ya no se traiciona a sí misma. A veces, es el pulso constante de un hombre que ya sabe que la delicadeza no es debilidad, sino sabiduría.

Ya no eres quien eras cuando comenzó este viaje. Ahora eres alguien que:

- Sabe lo que se siente al pertenecer a uno mismo.
- Habla el lenguaje de la alineación antes que el de la aprobación.

- Escoge la paz en lugar de la actuación.
- Honra su energía como un recurso sagrado.
- Se niega a adornar la disfuncionalidad y llamarla «amor».
- Vive desde el trono de tu autoridad interior.

Esto es recuperación. No es el ruido de recuperar tu poder. Es la quietud de recordar que nunca se fue de verdad. Estaba enterrado. Olvidado. Apagado. Pero nunca destruido. Y ahora, querido, estás listo para el desenlace final.

Vivir limpio con la higiene espiritual

¿Qué significa vivir con pureza? Es más que un ritual. Más que una intención. Más que conocimiento. Vivir con pureza es caminar en armonía con tu alma. Es permitir que tu respiración, tu cuerpo, tus límites y tus creencias se conviertan en instrumentos sagrados de la alineación. Es convertir el cielo en un hábito. Es escoger la integridad, no solo cuando es fácil, sino sobre todo cuando es inconveniente. Es mantener tu altar limpio. Tu mente tranquila, tu corazón abierto y tu alma alineada. Has recuperado tu centro. Ahora debes vivir a partir de él. Has recordado tu voz. Ahora debes hablar con ella. Has entrado en tu esencia. Ahora debes escoger basándote en ella. El capítulo final no es un final. Es tu comienzo sagrado. Entremos juntos en él, con las manos limpias, el corazón abierto y el aliento sagrado.

Como siempre, comenzamos con una oración.

ORACIÓN DE APERTURA

Oración de purificación y sanación generacional para los progenitores

Amada presencia divina, creador y guardián de mi linaje,
guardián de mi alma,
me presento ante ti como alguien que escoge interrumpir
el dolor.
Escojo purificar el peso que he cargado.
Ya no escojo transmitir lo que nunca me perteneció.
Confieso las historias que absorbí, de no ser suficiente,
de ser demasiado.
De que el silencio es más seguro que la verdad, de que el
sacrificio es una forma de amor.
Confieso que he criado a mis hijos desde el miedo en lugar de la fe,
desde el dolor en lugar de la presencia.
Confieso que he dado desde la escasez en lugar de desde la
plenitud,
que he utilizado la disciplina para sustituir a la devoción.
Soy consciente de que, aunque no fue culpa mía, no soy yo quien
tiene la culpa,
lo acepto como mi responsabilidad, como progenitor,
para llevarme a mí mismo a un estado de alineación sagrada.

Recupero cada fragmento de mi niño interior que abandoné para sobrevivir.
Ofrezco cada recuerdo, cada sombra, cada disfuncionalidad al fuego
de tu amorosa misericordia.
Pido que tu luz sanadora bañe las raíces
de mi árbol genealógico.
Deja que tu aliento llegue a los que vinieron antes
y a los que aún están por venir.
Que mis hijos reciban de mí no mis residuos, sino mi claridad.
No mis remordimientos, sino mi sabiduría.
No mis heridas, sino mi integridad.
Me perdono a mí mismo.
Perdono a mis padres.
Perdono a aquellos que no supieron amar con pureza.
Libero cada eco de culpa, vergüenza, castigo y dolor que no pertenece
en este nuevo linaje que estoy creando.
Ahora escojo ser el final de una línea y el comienzo de un nuevo camino.
A partir de este momento, escojo ser un portador de luz
que irradia verdad, poder, paz, alegría y amor a mi árbol genealógico
y a las raíces de las que ha crecido este árbol.
Esta es mi intención. Esta es mi declaración.
Yo soy el umbral. Yo soy el puente.
Soy la bendición.
Pido y me abro para recibir la guía divina, para que así sea.
Pido. Permito.
Mis hijos y sus hijos,
mis padres y sus padres,
mi linaje ahora reciben.

Amén. Aṣẹ Aho.
Que así sea.

CAPÍTULO 15

Higiene espiritual para la crianza de los hijos

Volver a la plenitud mientras se cría un alma

Hubo un momento en mi vida en el que tuve que enfrentarme a una verdad tan sagrada y aleccionadora que me destrozó para siempre: fallé a mis hijos. No porque fuera una mala persona, ni porque tuviera la intención de romperles el corazón o acabar con su sentido de la dignidad y el valor. Pero eso es exactamente lo que hice. No porque no los amara con todo mi ser. Les fallé porque durante la mayor parte de sus vidas, y de la mía, no tenía ni idea de la existencia o la importancia de la higiene espiritual. Les fallé porque no sabía cómo hacerlo, ni me tomé el tiempo necesario para aprender, sanar mis propios traumas y mis heridas. Aún no entendía que el dolor no resuelto se convierte en la lente a través de la cual amamos, guiamos, enseñamos y nutrimos. Creía que darles a mis hijos «cosas», como oportunidades o comodidades, podría compensar de alguna manera lo que yo aún no había aprendido ni me había dado a mí misma: la sanación emocional. Les fallé porque creía que estaba haciendo lo correcto de la manera correcta, y no estaba abierta ni dispuesta a cambiar mi forma de criar a mis hijos, ya que creía saber lo que necesitaban. Ahora soy consciente de que estaba equivocada. Intenté con desesperación no ser como mi abuela, que abusó de mí.

Intenté no ser como mi padre, que era inaccesible emocionalmente. Sin embargo, al esforzarme tanto por no ser como ellos, acabé transmitiendo la misma desconexión emocional y disfuncionalidad que yo había vivido. Puse todo mi empeño en hacerlo mejor, pero aún no había aprendido a ser mejor por dentro. Este patrón negativo afectó a todos mis hijos, pero fue Nisa, la más pequeña, quien se lo tomó más a pecho. Su alma dulce y sensible absorbió los ecos de lo que yo aún no había transformado, lo que había ignorado, negado y evitado. Aunque nada de esto fuera consciente o intencionado, eso no significa que no estuviera presente o que no tuviera ninguna consecuencia. Ahora soy consciente de que sí la tuvo.

Esto no es una confesión de culpa o miseria. Son conciencias, los cálculos sagrados que he descubierto, reconocido, analizado y perdonado. Mis hijos sabían que los quería con todo mi corazón. Sabían que habría dado mi vida por ellos. Ronnie, la niña maltratada, abandonada y destrozada, era la madre de Damon y Gemmia. Se convirtió en Rhonda, la que ocultaba y negaba las heridas de Ronnie. Rhonda era la madre de Nisa. Cuando Rhonda se transformó en Iyanla, me convertí en una nueva persona. Recreé mi relación con cada uno de mis hijos, utilizando la honestidad, la humildad y los principios y prácticas de la sanación como base para una nueva conexión. Con el tiempo, cada uno de ellos llegó a comprender que, cuando estaban creciendo y desarrollándose, yo no tenía lo que necesitaban cuando lo necesitaron.

Aquí hay otra verdad sagrada que aprendí: el hecho de que yo me sanara no significaba que sus cicatrices desaparecieran. Cada uno de ellos tuvo que decidir cómo iba a afrontar lo que había heredado. Damon lo hizo con preguntas audaces y resistencia, que finalmente dieron paso a la claridad. Gemmia lo hizo con gracia y elegancia, convirtiéndose en una de mis mejores maestras. Nisa no pudo o no quiso tomar la misma decisión. Ella escogió, de forma inconsciente, aferrarse a su realidad y experiencia fijas y tridimensionales.

Ahora sé que la crianza de los hijos no consiste solo en criarlos, sino en elevar la conciencia. No se trata simplemente de enseñarles a comportarse, sino de aprender a convertirnos en un templo viviente a nivel interno y en un santuario de seguridad a nivel externo. En el mundo actual, la crianza de los hijos no es solo un papel, sino una iniciación espiritual. Es la obra divina de elevar a tus hijos y a todo tu linaje ancestral a un campo vibratorio superior: la realidad de la quinta dimensión, donde todo es energía, cada pensamiento se convierte en forma y cada sentimiento debe ser claro y limpio. Este camino exige que sepas y confíes en que la persona que eres ya es suficiente, y que asumas la sagrada responsabilidad de refinar, realinear y elevarte. Ser un progenitor desde este lugar significa:

- Tomar conciencia de la energía que traes a tu hogar.
- Liberar historias generacionales que ya no sirven.
- Limpiar tu campo emocional para que tus hijos no absorban lo que nunca les correspondió cargar.

No estamos criando a nuestros hijos en el mismo mundo en el que lo hicieron nuestros padres. Tenemos más información. Más acceso. Más conocimientos. Más herramientas. Debemos dejar de decir «Así son las cosas» y «Porque yo lo digo». Debemos empezar a decir «Yo soy quien despeja el camino». La higiene espiritual es ahora la responsabilidad divina de los padres. Es la responsabilidad de purificar lo que hemos heredado, santificar lo que está presente y plantar solo lo que es digno del futuro. Así es como criamos a nuestros hijos en la era de la luz. Así es como crearemos una nueva realidad.

Poner los principios en práctica

Hubo un momento, tranquilo pero inolvidable, en el que me di cuenta de que no solo estaba criando a una hija, sino que también me estaba criando a mí misma. Nisa ya no era una niña pequeña, pero aún era lo bastante pequeña como para acurrucarse en mi regazo. Ese día, hizo algo que me tocó la fibra sensible, algo sin importancia en el gran esquema de las cosas, pero sentí cómo me subía el calor por todo el cuerpo, una vieja tensión familiar en la mandíbula. Me sentí abrumada. Estaba agotada física y mentalmente. Cuando se sentó conmigo y encima de mí, le dije que parara. Mi reacción no tenía nada que ver con ella. Era mi propia herida, algo sin resolver de mi propia infancia, lo que estaba tomando el control de mi corazón.

En ese momento, no me escuché hablar como la madre consciente en la que tanto había querido convertirme, sino como la niña asustada y reactiva que había anhelado cariño y no siempre lo había recibido. Cuando vi mi dolor en los ojos de Nisa, lo reconocí al instante. Entré en el baño, me senté en la tapa cerrada del inodoro y lloré. Respiré. Le pedí ayuda a Dios. En ese momento, algo en mi esencia espiritual se elevó. De alguna manera, supe que la crianza de los hijos es un espejo sagrado y, aunque en ese momento no entendía el concepto ni tenía el lenguaje, me di cuenta de que la higiene espiritual significaba que debía purificarme antes de poder criar correctamente a mis hijos. Ese momento me enseñó una profunda verdad: no podemos proteger a nuestros hijos de todo, pero podemos protegerlos de nuestras propias proyecciones cuando estamos dispuestos a afrontarlas.

Criar a un niño sin abandonar al niño interior

La crianza de los hijos es un tipo de relación. Y, como cualquier otra relación, aportamos todo lo que somos a ella y a nuestra capacidad para ser padres. Esto significa que debemos tener una relación sana con nosotros mismos. Muchos de nosotros, sin saberlo, traicionamos a nuestro niño interior en nuestro esfuerzo por «hacerlo mejor» o «ser mejores» como padres. Nos dejamos llevar por el perfeccionismo o compensamos más de la cuenta. Ser un buen padre no consiste en hacer más cosas. Se trata de estar presente física, mental y emocionalmente. Cuando reconocemos las heridas que llevamos dentro, podemos abrazar tanto al niño que tenemos delante como al niño que llevamos dentro con la misma compasión.

La regulación emocional como ofrenda espiritual

Tu capacidad para regular las emociones, en lugar de reprimirlas, resulta fundamental para tu madurez psicológica y emocional. Es una disciplina espiritual. Cada vez que respiras hondo y no gritas, recitas una oración. Cada pausa que haces antes de reaccionar es una ofrenda que colocas en el altar de la paz de tu familia y de la seguridad emocional y el bienestar de tu hijo.

Reprimenda consciente sin contaminación

Aplicar disciplina nunca debe ir en detrimento de la dignidad. La higiene espiritual en la crianza de los hijos nos invita a purificar nuestra energía antes de que les castiguemos. Los niños absorben no solo nuestras palabras, sino también el tono y la intención de nuestro espíritu. El castigo que aplicas desde una posición de calma y claridad no deja los residuos de la vergüenza. Se convierte en una ofrenda de tu corazón en el altar del corazón del niño.

La sagrada misión de romper los ciclos generacionales

Ser un progenitor consciente es estar en la encrucijada entre lo que ha sido y lo que podría ser. Es encarnar tanto la historia que hemos heredado como la posibilidad de contar una nueva historia. Como padres, tenemos la oportunidad sagrada de poner fin al trauma ancestral y acabar con la disfuncionalidad generacional. Esta oportunidad divina no comienza con nuestros hijos. Comienza dentro de nosotros. Debemos reconocer lo que llevamos dentro. La higiene espiritual nos invita, como padres, a hacer un ajuste de cuentas sagrado en el que tomamos conciencia de que la disfuncionalidad no solo existe en nuestra historia familiar, sino también en nuestra forma de pensar, reaccionar, afrontar las situaciones y relacionarnos. Una vez más, no se trata de culpar a nadie. Se trata de ver la verdad como una forma de purificación. Debemos preguntarnos:

- «¿Dónde he aprendido a desconectar cuando tengo miedo?».
- «¿Por qué me siento indigno cuando no actúo?».
- «¿Qué es lo que he considerado amor? ¿La seguridad? ¿El éxito?».
- «¿Qué emociones he ocultado bajo mi guion parental?».

Sin ser conscientes de ello, repetimos lo que nunca hemos sanado. El trauma que evitamos se convierte en el trauma que transmitimos.

Debemos examinar nuestros patrones con amor y honestidad

La higiene espiritual nos enseña que los residuos existen en nuestros pensamientos, elecciones y energía.

Por lo tanto, debemos examinar:

- Nuestros patrones de vinculación: ¿creamos codependencia o un apego saludable?
- Nuestros comportamientos de escasez: ¿convertimos el miedo, la escasez o la confianza en modelos de la provisión?
- Nuestros residuos emocionales: ¿la culpa, la vergüenza, la ira o el dolor sin expresar están configurando la forma en que mostramos?

Purificar estos patrones no significa que tengamos que borrar el pasado, sino evitar que siga controlando nuestro futuro. Exige honestidad, no negación. Exige una verdad radical que sea expresada con elegancia. Hasta que no dejemos de contar historias que justifican nuestro dolor, no podremos librarnos de ellas.

Decir la verdad no es suficiente; debemos practicar la higiene espiritual

No basta con dar nombre al trauma. También debemos limpiar los residuos emocionales y energéticos que ha dejado. Este es el trabajo de la higiene espiritual, y significa que debemos estar dispuestos a:

- Liberar la vergüenza que hemos heredado por medio de la reflexión y la respiración consciente y de decir la verdad a diario.
- Honrar nuestro dolor en lugar de adormecerlo con distracciones o excesos.
- Practicar el perdón como un camino hacia la liberación.
- Crear oportunidades y rituales que bendigan a nuestros hijos y, al mismo tiempo, rehabiliten a nuestro niño interior.

- Purificar la atmósfera emocional de nuestro hogar con claridad, risas, paz y compartiendo entre nosotros.

El regalo de la higiene espiritual

Cuando hacemos un trabajo interno de higiene espiritual y un trabajo externo, nuestros hijos reciben más que enseñanzas y reglas. Reciben lo siguiente:

- Un espacio limpio espiritualmente en el que crecer.
- Un modelo de lo que significa vivir con plenitud, no solo comportarse bien.
- Un linaje que se está reescribiendo en tiempo real, a través de cada reacción sanada, cada pausa sagrada y cada respiración que hacemos antes de hablar.

No podemos cambiar lo que nos ha sucedido, pero sí podemos convertirnos en una interrupción sagrada. Podemos ser quienes transformen el trauma en verdad, el dolor en poder y la vergüenza en conciencia santificada. Este es el regalo de la higiene espiritual en la crianza de los hijos: convertirnos en un recipiente limpio a través del cual el amor, la claridad y la presencia divina puedan fluir hacia la próxima generación.

Principios fundamentales de la higiene espiritual para la crianza de los hijos

La crianza de los hijos no es un simple papel que desempeñamos. Es una transmisión sagrada de energía divina. Es el acto diario de imprimir energía, creencias y comportamientos en otra alma. Y, como tal, exige más que amor. Requiere una higiene espiritual personal. Ser un progenitor consciente significa reconocer que cada palabra, cada reacción, cada silencio y cada abrazo conlleva una vibración. Estos principios no son reglas. Son recordatorios. Son principios rectores para aquellos que deciden ser padres desde un lugar de alineación, conciencia y sanación generacional. Estas verdades iluminan el camino para quienes se atreven a ser recipientes limpios, rompiendo ciclos, recuperando la paz y convirtiéndose en la bendición encarnada que su linaje ha esperado durante tanto tiempo.

Sanar antes de actuar

Como progenitor, debes estar dispuesto a sanar tus propias heridas antes de guiar a un niño a través de las suyas. El trauma que no se ha sanado da lugar a una crianza distorsionada. Purificar a tu niño interior crea espacio para un estilo de crianza basado en la compasión en lugar del control.

Premisa de sanación: «Me purifico para no contaminar».

Presencia en lugar de actuación

Los niños no necesitan «padres perfectos». Necesitan «padres presentes». La higiene espiritual te invita a estar disponible a nivel emocional, centrado a nivel energético y despejado a nivel mental, en lugar de preocuparte más de lo necesario por ser «correcto» o «lo bastante bueno».

Premisa de sanación: «Mi integridad influye más que mi perfección».

La regulación emocional es un servicio sagrado

Cada vez que escoges la calma sobre el caos y la respiración sobre la culpa, santificas tu papel como progenitor. La regulación no es represión, sino la gestión sagrada de tu energía, tono y tiempo.

Premisa de sanación: «Mi sistema nervioso es un santuario, no una feroz tormenta».

Reprimenda consciente sin contaminación

Aplicar disciplina debe ser un acto de amor, no una explosión de tus emociones. El castigo que proviene de la claridad genera confianza. El castigo que proviene de la reactividad fractura el alma.

Premisa de sanación: «Purifico mi energía antes de ofrecer orientación».

La responsabilidad energética se hereda

Los niños absorben la atmósfera energética de su hogar. Tu ansiedad, silencio, resentimiento o alegría se convierten en parte de su mundo interior.

La higiene espiritual requiere que seas consciente de lo que transmites, tanto de lo que expresas verbalmente como de lo que callas.

Premisa de sanación: «Soy el modelo energético de este hogar».

Reeducar al niño interior es parte de la crianza de los hijos

No puedes honrar al niño que tienes delante mientras rechazas al niño que hay dentro de ti.

La higiene espiritual enseña que cada interacción con tu hijo es también una invitación a que sanes algo de ti mismo.

Premisa de sanación: «Al cuidar de mi hijo, cuido de mí mismo».

Transparencia con responsabilidad, no con vergüenza

Tus errores no te hacen indigno ni mala persona. Dar ejemplo de cómo pedir perdón, reparar el daño y crecer enseña a tus hijos a enfrentarse a sí mismos con honestidad y a quererse a pesar de sus imperfecciones.

Premisa de sanación: «Mi humildad sana más de lo que jamás podría hacer mi imagen».

Los rituales sagrados y la reflexión crean seguridad

Un hogar higiénico a nivel espiritual no solo está limpio físicamente, sino también a nivel energético. Los rituales de respiración, reflexión, oración y control emocional cultivan un entorno de seguridad emocional y coherencia espiritual.

Premisa de sanación: «Mantenemos la casa limpia manteniendo la energía pura».

Prácticas sagradas para una crianza centrada en el espíritu

Ritual de pausa y presencia (para momentos reactivos)

- Coloca una mano sobre tu corazón y otra sobre tu vientre.
- Susurra en voz alta: «Estoy completamente presente. Escojo el amor y la responsabilidad sagrada antes que la necesidad de tener razón o de actuar».
- Tómate noventa segundos de pausa sagrada antes de responder.

Anclaje de la respiración antes de aplicar disciplina

- Inhala profundamente: «Soy la calma».
- Exhala del todo: «Yo creo el espacio, el tono y la energía de este momento».
- Repite esta secuencia de respiración tres veces antes de hablar o castigar a tu hijo.

Revisiones de higiene espiritual familiar

- Organiza un círculo sagrado semanal con tus hijos o tu familia.
- Todos compartís con los demás: una reflexión de gratitud, un reto y una petición del alma que se sienta profundamente.
- Enciende una vela, comienza con una respiración y termina con una bendición para la familia.
- Opcional: incluye una afirmación para todos o una oración de purificación.

Antes de saber que podíamos llamarlo «trauma», lo llamábamos «crianza». Antes de saber cómo podíamos dar nombre a la «energía», nos referíamos a ella como «disciplina». Muchas de las palabras que pasan de padres a hijos, a menudo en momentos de estrés, miedo o agotamiento, transmiten más que simples órdenes o reprimendas. Cada frase que le dices a un niño puede llevar la huella energética de emociones que no han sido procesadas, estructuras de autoridad heredadas y un control basado en el trauma. No son simples frases, sino resonancias de voces que nunca llegaron a ser escuchadas, niños a los que nunca consolaron y un poder que fue mal utilizado en nombre de la supervivencia. Cuando pronunciamos estas frases, no solo nos dirigimos a nuestro hijo, sino que también estamos canalizando un legado. La higiene espiritual nos llama a interrumpir ese legado con conciencia, compasión y decisiones informadas. Nos invita a examinar la raíz energética de nuestras palabras y a ofrecer un lenguaje que no solo instruya, sino que también sane. Las siguientes transformaciones no tienen que ver con alcanzar la perfección, sino con la purificación. Son una forma de limpiar la atmósfera verbal entre usted y su hijo para que el amor, el aprendizaje y el legado puedan remodelarse.

Transformar los comportamientos habituales de los padres con higiene espiritual

«Hazlo porque yo lo digo».

Perspectiva energética:

Esta afirmación suele surgir de un sentimiento de apremio, agobio o una creencia condicionada de que la autoridad debe imponerse sin dar explicaciones. Impide el cuestionamiento y enseña la obediencia ciega en lugar de la comprensión consciente.

Mejora de la higiene espiritual:

«Sé que ahora mismo quizás esto no tenga sentido para ti, pero te pido que confíes en mí. Te lo explicaré cuando sepa que vas a entenderlo».

Por qué sana:

Esto mantiene una autoridad saludable al tiempo que respeta la capacidad del niño para pensar y sentir. Siembra semillas de confianza, en lugar de miedo.

«A mí no me contestes». «¿A quién crees que le estás hablando?».

Perspectiva energética:

Estas frases suelen provenir de la inseguridad personal o de una reactividad emocional no resuelta. Enseñan a reprimirse y desincentivan la expresión personal.

Mejora de la higiene espiritual:

«Veo que estás molesto. Hablemos de esto cuando ambos podamos escuchar y hablar con respeto».

Por qué sana:

Afirma que la voz del niño es importante dentro de los límites sagrados del respeto mutuo y en el momento oportuno.

«Nunca haces lo que te dicen».

Perspectiva energética:

Es una declaración de frustración e impotencia. Genera vergüenza y etiqueta al niño en lugar de abordar su comportamiento.

Mejora de la higiene espiritual:

«Veo que te cuesta mucho obedecer y seguir las normas. ¿Podemos hablar sobre lo que te pasa?».

Por qué sana:

Fomenta una conexión más profunda y abre la puerta a la responsabilidad.

«Crees que lo sabes todo».

Perspectiva energética:

Esta frase dinamita la curiosidad y la confianza. Proviene de un lugar en el que el padre se siente rechazado o invisible, y proyecta su inseguridad en el niño.

Mejora de la higiene espiritual:

«Veo que tienes opiniones y sentimientos muy fuertes al respecto. Vamos a analizarlos juntos».

Por qué sana:

Fomenta el pensamiento crítico y el aprendizaje conjunto, al tiempo que mantiene una relación basada en la curiosidad en lugar de hacerlo en la jerarquía.

«Mira lo que me has obligado a hacer».

Perspectiva energética:

Esta afirmación desplaza la responsabilidad y vincula enérgicamente al niño con la reacción o el dolor de los padres. Siembra culpa y carga emocional.

Mejora de la higiene espiritual:

«Perdí los nervios y estoy trabajando en ello. No es culpa tuya. Vamos a calmarnos».

Por qué sana:

Modela la responsabilidad emocional y enseña que cada persona es responsable de su propia energía.

«Me estás dando dolor de cabeza». «Me estás sacando de quicio».

Perspectiva energética:

Esto vincula el comportamiento innato del niño con el sufrimiento físico o emocional de los padres, fomentando la creencia de que su existencia es perjudicial o una carga.

Mejora de la higiene espiritual:

«Ahora mismo me siento abrumado. Necesito un momento para calmarme y poder escucharte con atención».

Por qué sana:

Enseña conciencia emocional y autorregulación, al tiempo que afirma el derecho del niño a ser visto y escuchado.

«¿A ti qué te pasa?».

Perspectiva energética:

Esta frase hiere profundamente la autoestima del niño. Implica que tiene un problema y le hace sentir vergüenza, en lugar de guiarle hacia el buen comportamiento.

Mejora de la higiene espiritual:

«Veo que estás pasando por un mal momento. Trabajemos juntos para que ambos podamos entender lo que te está pasando».

Por qué sana:

Afirma que los errores y las emociones son invitaciones a la conexión, no al rechazo.

«Presta atención a lo que te digo».

Perspectiva energética:

Esto suele surgir de un sentimiento de rechazo o invisibilidad y puede transmitir un tono que cierra en lugar de abrir.

Mejora de la higiene espiritual:

«Quiero asegurarme de que nos entendemos. ¿Puedes repetirme lo que me has oído decir?».

Por qué sana:

Invita a la presencia y la reflexión, al tiempo que fomenta el respeto mutuo. También es un ejemplo de inteligencia emocional y escucha profunda.

«No nos lo podemos permitir».

Perspectiva energética:

Pronunciada a menudo desde un estado de estrés económico o desde una mentalidad de escasez, esta frase puede enseñar al niño que el deseo es peligroso, que la abundancia es inaccesible o que el dinero siempre es limitado.

Mejora de la higiene espiritual:

«Ahora mismo no puedo invertir en eso. Hablemos de posibles alternativas si es tan importante para ti».

Por qué sana:

Cambia la energía de la escasez a la soberanía y la posibilidad, modelando la elección sobre la impotencia.

«Eso es demasiado».

Perspectiva energética:
Esta frase, cuando se dice con tensión, puede comunicar que los deseos, las emociones o la personalidad del niño son abrumadores o inapropiados.

Mejora de la higiene espiritual:
«Ahora mismo me resulta difícil asimilarlo todo. ¿Nos lo podemos tomar con más calma y lo miramos juntos más tarde?».

Por qué sana:
Crea un límite sin avergonzar la expresión del niño, preservando su permiso interno para soñar, sentir y preguntar.

«Siempre estás pidiendo algo».

Perspectiva energética:
Dicha con enfado, esta frase puede hacer que el niño interiorice la creencia de que sus necesidades son una carga o que pedir es sinónimo de molestia.

Mejora de la higiene espiritual:
«Veo que hoy estás pidiendo muchas cosas. ¿Hay algo que necesites y de lo que no hayamos hablado?».

Por qué sana:
Transforma la queja en curiosidad, ayudando al progenitor a distinguir la necesidad que se esconde tras las peticiones repetidas.

El padre ausente: mantener el espacio con verdad y ternura

Hay pocas preguntas más delicadas y cargadas de dolor que cuando un niño pregunta: «¿Dónde está mi madre?» o «¿Por qué no viene mi padre?».

Ya sea que la ausencia se deba a la muerte, el distanciamiento, el abandono, la adicción, el encarcelamiento o la falta de disponibilidad emocional, el niño se ve obligado a interpretar el silencio de maneras que suelen convertirse en vergüenza:

«Quizás no merecía la pena quedarse conmigo».
«Quizás hice algo mal».
«Quizás no soy digno de amor».
«Quizás no soy importante».

Como cuidadores, guardianes espirituales y sanadores del linaje, nuestra responsabilidad no es arreglar la ausencia, sino llenar el vacío emocional con verdad, compasión y presencia.

Debemos recordar que el alma de un niño ya conoce la ausencia. Lo que realmente pide es un lenguaje para procesarla. Piden una alineación energética en el espacio donde se arremolinan la confusión y el dolor. La higiene espiritual nos enseña que no debemos mentir para proteger a los niños. Bendecimos la verdad con cuidado. Decimos la verdad con claridad, sin amargura, vergüenza o proyectándola en el niño. Mantenemos la pregunta sin venirnos abajo por nuestro propio dolor ni defender la decisión de otra persona. Hablamos de una manera que afirma el valor del niño, al tiempo que dejamos espacio para la humanidad del progenitor ausente y el misterio del viaje de su alma.

Respuestas adecuadas a las preguntas de un niño sobre un progenitor ausente

A continuación verás ejemplos de respuestas que son saludables espiritualmente y adecuadas emocionalmente:

Cuando la ausencia es por elección o abandono:

«No conozco todas las razones por las que tu ______________ no está aquí. Lo que sí sé es que su ausencia no es culpa tuya. Eres muy querido y deseado. Estoy aquí para cualquier pregunta que quieras hacerme al respecto. ¿Puedes decirme cómo te sientes?».

Cuando uno de los progenitores lucha contra una adicción, un trauma o la inmadurez:

«Tu ____________ está lidiando ahora mismo con un problema que le impide ser como tú mereces. Eso no significa que no te quiera. Significa que todavía está madurando y, aunque no esté aquí, quiero que siempre te sientas seguro para hablar o hacerme preguntas sobre este tema».

Cuando el padre o la madre han fallecido:

«Tu ____________ ya no tiene un cuerpo. Vive en el mundo espiritual, pero su amor por ti sigue siendo real. Podemos hablar con él/ella, recordarlo y sentirlo de una forma sagrada. Puedes extrañarlo, preguntar por él/ella y recordarlo de una manera que te haga sentir bien. ¿Hay algo que quieras hacer por él/ella ahora mismo?».

Si el niño expresa ira o tristeza:

«Puedes sentir todo lo que sientes. No tienes que fingir. Estoy aquí para sentirlo contigo, y podemos superarlo juntos, sin culpa ni vergüenza. ¿Podemos hablar de lo que sientes?».

Recordatorios sagrados para el cuidador

No hables mal del progenitor que esté ausente. Sé sincero, pero con delicadeza, teniendo en cuenta la edad del niño. Puedes exponer los hechos sin envenenar el ambiente emocional. Confirma el amor que siente por el niño. Refuerza la idea de que la ausencia no es un reflejo de su valía. Mantén el misterio de la verdad y los hechos desconocidos con reverencia. A veces no tenemos todas las respuestas, y decir «No lo sé, pero estoy aquí» es una respuesta honesta espiritualmente. Crea un espacio ritual donde el niño pueda dar nombre a sus sentimientos, hacer preguntas o escribir cartas al progenitor ausente, ya sea para enviarlas, quemarlas o colocarlas en un altar.

Mucho antes de ser invitada al programa *The Oprah Winfrey Show*, yo ya era una espectadora ávida. Recuerdo claramente el día en que su invitada, la querida autora Toni Morrison, dijo: «Tus hijos necesitan ver cómo se te iluminan los ojos cuando entran en la habitación». Eso cambió mi forma de ver y responder a mis hijos, y cómo me veía a mí misma como madre. Ser un progenitor que mantiene una higiene espiritual es serlo con intención, ya sea que tus hijos tengan cinco, quince o cincuenta años. No es una promesa de hacerlo siempre bien. Es la devoción por permanecer consciente, asumir la responsabilidad de tu energía y crear una atmósfera en la que el amor no solo se diga con palabras, sino que se encarne. No estás criando solo a tus hijos. Estás criando a tu linaje, a tu niño interior, a tu conciencia y, en muchos sentidos, a la vibración del planeta. Los momentos en los que te detienes, la respiración que haces antes de reaccionar, la verdad que dices sin vergüenza… son ofrendas sagradas. Son los hilos invisibles que tejen seguridad, claridad y sanación en los corazones de tus hijos. No siempre serás perfecto. Pero siempre puedes escoger que vas a estar presente. Cuando estás presente de forma intencional, el hogar se convierte en un templo, tu voz se convierte en un bálsamo y tu presencia se convierte en la transmisión más clara de amor que tu hijo vaya a recibir jamás. Sigue adelante. Sigue purificándote. Sigue regresando. Tú eres el altar. Tú eres la respuesta. Tú eres la bendición que ellos han estado esperando.

ORACIÓN DE APERTURA

Amada presencia de luz y orden,
te doy la bienvenida a cada espacio por donde caminan mis pies,
a cada tarea que completan mis manos,
y en cada palabra que pronuncio en servicio.
Que este día, este escritorio, este deber se conviertan
en un altar de ofrenda sagrada.
Que todo lo que toque sea tocado por la paz.
Que lo que creo transmita la vibración
de la claridad y la alineación.
Donde la distorsión busca distraer, pido permanecer anclado.
Donde la disfuncionalidad habla en voz alta,
pido responder solo a la verdad.
Cuando se abuse del poder, recordaré:
estoy gobernado por la divinidad.
Afirmo:
que ningún título es más grande que mi vocación.
Ningún cargo es más fuerte que mi alineación.
Ningún sistema puede silenciar al alma
que conoce su origen.
Declaro:
en este lugar de trabajo, aporto luz sin agresividad.
Mantengo mis límites sin disculparme.

Me mantengo en una claridad sagrada sin necesidad
de ser comprendido.
Espíritu, santifica los lugares invisibles, las reuniones,
las decisiones, las conversaciones.
Déjame ser un santuario viviente.
Que este espacio sea un lugar de acción correcta,
palabra correcta y ritmo correcto.
Que pueda servir sin traicionarme a mí mismo.
Que pueda liderar sin distorsiones.
Que pueda brillar sin encogerme.
Estoy aquí. Estoy limpio. Estoy completo.
Camino este día en armonía con la divinidad.

Amén. Aṣẹ Aho.
Que así sea.

CAPÍTULO 16

Higiene espiritual para las relaciones

Limpiar el espejo, honrar el vínculo

Elena y su hermana crecieron como dos ramas del mismo árbol, entrelazadas por lazos de sangre, pero dobladas por vientos diferentes. En su infancia, se susurraban secretos bajo las sábanas y se defendían mutuamente en el patio del colegio. Cuando crecieron, un extraño silencio se instaló entre ellas. Elena no sabía muy bien en qué momento había comenzado esa distancia. Quizás fue cuando su hermana no acudió al funeral de su padre. O quizás fueron los años de «Estoy bien» que ocultaban heridas más profundas. Se enviaban mensajes de vez en cuando (cumpleaños, emergencias), pero el cariño entre ellas se había enfriado. El vínculo seguía ahí, pero estaba desgastado.

Un día, durante un círculo de sanación, se guio a Elena a que cerrara los ojos y preguntara a su corazón: «¿Qué estoy cargando en mi relación con mi hermana que no me pertenece?». La imagen llegó rápidamente: un espejo roto. El dolor de su hermana, su propio silencio, las decepciones sin expresar. Y, de repente, el mensaje quedó claro: estaba cuidando la conexión a través del prisma del dolor no resuelto, las expectativas impuras y la herencia emocional. El amor que compartían no se había desvanecido. Lo que sí se había desvanecido era la honestidad y la claridad que hubo entre ellas.

La higiene espiritual para las relaciones es la práctica intencional de cuidar la energía, las emociones y las dinámicas implícitas entre uno mismo y los demás con claridad, honestidad y sentido de la presencia. Es el compromiso del alma a mostrarse limpia, en lugar de contaminada, y de relacionarse desde la verdad, no desde el trauma. La higiene espiritual es una forma devocional de estar en conexión con la claridad, la compasión, la verdad y la ternura. Es lo que permite que la intimidad sea segura, sagrada y sostenible. La higiene espiritual para las relaciones implica la limpieza constante y consciente de los residuos emocionales, la proyección energética y los patrones relacionales heredados, permitiendo que el amor, la verdad y la presencia prosperen en el espacio entre las almas. Practicar la higiene espiritual no te hará «perfecto» en una relación. Sin embargo, te ayudará a convertirte en alguien responsable espiritualmente de cómo te muestras en el amor, la amistad, la pareja y las relaciones.

Las relaciones no se rompen de la noche a la mañana. Se deshacen discretamente, hilo a hilo, cuando:

- No se ponen límites.
- Se deja sin expresar un sentimiento.
- Se esconde el resentimiento tras una sonrisa.
- Se disfraza una necesidad de exigencia.
- Se confunde el silencio con la paz.

Sin higiene espiritual, estos pequeños hilos se convierten en nudos. Acumulación emocional. Muros invisibles. La higiene espiritual despeja esos hilos antes de que se conviertan en espinas. Nos devuelve a la presencia, para que dejemos de relacionarnos desde nuestro pasado y comencemos a hacerlo desde nuestro poder. Facilita la encarnación de los principios y las prácticas que son necesarios para vivir la teoría, de modo que lo que sabemos se convierta en una parte esencial de quienes somos y de quienes estamos llamados a ser.

Deriva del alma a la supervivencia

La mayoría de lo que se ha ofrecido en estos capítulos es algo que la mayoría de la gente ya sabe. Una parte de nosotros sabe lo que se necesita para llevar una vida abierta, limpia y centrada en el corazón. Lo hemos oído. Puede que incluso hayamos practicado algunos aspectos (los principios y las prácticas de la higiene espiritual) en todos los ámbitos de nuestra vida. Entonces, la vida sigue su curso. Nos mantenemos ocupados. Nuestras heridas se reavivan. Las voces del trauma personal y colectivo se alzan como una tormenta, siseando, gritando, exigiendo atención, ahogando los suaves susurros del alma. Un familiar o un líder político nos decepciona. Una pareja o un amigo traiciona nuestra confianza. Las dificultades económicas nos alejan de la confianza divina y nos sumen en un estado de desesperación humana. Los titulares de las noticias y las redes sociales inundan nuestros sentidos de miedo, pérdida y desesperación, empañando nuestra esperanza en el desarrollo de la humanidad. Estimulados por una realidad tridimensional impulsada por los sentidos, comenzamos a luchar por arreglar nuestras vidas. Nos abrimos al exterior, intentando controlar el caos. Olvidamos el poder sagrado y la sabiduría innata que hay en nuestro interior. Al olvidar, perdemos la conexión con lo que más anhelamos: la intimidad de las relaciones amorosas, satisfactorias y alineadas espiritualmente.

En medio de nuestro dolor y desorientación, la confianza se convierte en un mandato más que una devoción. La fe se reduce a una construcción espiritual desesperada, que solo se activa cuando tocamos fondo. El amor se convierte en una transacción, un recuerdo o, para algunos, un espejismo. Creemos que tenemos un problema irresoluble. La verdad es que solo estamos cansados. De hecho, algunos están agotados mental, emocional y físicamente. Intentamos sobrevivir en un mundo que nos aleja constantemente de nuestro centro. Cuando nos desconectamos de nuestro templo interior, comenzamos a contaminar nuestras relaciones externas. Se pierde el plan de estudios divino codificado en cada desafío. El espejo sagrado que cada persona proporciona se empaña. La higiene espiritual que mantiene nuestras conexiones limpias, íntegras y arraigadas en la verdad se convierte en un lujo que solo algunos pueden permitirse, en lugar de una necesidad que todos debemos abrazar.

Qué es y qué no es la higiene espiritual

La práctica y la encarnación de la higiene espiritual, ya sea en las relaciones o en cualquier otra área de la vida, no significa que olvidemos el dolor que hemos soportado. Significa que dejamos de juzgar ese dolor como algo malo o innecesario. No significa que las cicatrices de nuestras heridas vayan a desaparecer. Significa que dejamos de hurgarlas hasta que sangren, manchando los nuevos comienzos con viejos residuos. La higiene espiritual puede que no proporcione unos dientes más blancos o un aliento más fresco, pero restaurará el aliento sagrado de la verdad, el amor y la integridad en nuestras relaciones.

Nos recuerda: «Tú tienes el poder. Tú tienes la responsabilidad. Tú eres el templo y el guardián de su fuego». A través del cuidado diario de tu corazón, tus límites, tu verdad y tu energía, te conviertes en un recipiente limpio a través del cual pueden florecer tus relaciones (románticas, familiares, platónicas y comunitarias), porque tu altar interior crea la atmósfera exterior. Cada relación que experimentas está moldeada por el estado de tu altar interior. Tus pensamientos interiorizados, tu dolor no liberado o tus anhelos ocultos puede que no sean visibles, sin embargo, los sientes y experimentas. La higiene espiritual te llama a cuidar ese espacio interior con ternura, conciencia y amor, para que cuando la vida vuelva a suceder (y sucederá) no olvides quién eres esperando que alguien más lo recuerde por ti. En cambio, volverás a tu centro interior. Recordarás la verdad de tu identidad sagrada. Te restablecerás y te alinearás. Te relacionarás desde un lugar que es completo.

Elementos fundamentales de la higiene espiritual para las relaciones

Conciencia energética

Reconocer cuándo la atmósfera emocional entre tú y otra persona es pesada, confusa o tensa. Una vez que te das cuenta, decides que no vas a ignorarlo. La conciencia es:

> «Algo está perturbando la energía de nuestro campo. Amémonos tanto que podamos limpiarla».

Responsabilidad emocional

Aceptar la responsabilidad de tu experiencia interior, tus desencadenantes, tus necesidades y tu historia personal sin culpar a nadie. Es tener el valor y la voluntad de decir:

> «Me siento decepcionado y quiero compartirlo con honestidad, no como si hiciera una acusación».

Comunicación sincera

Reemplazar las suposiciones, las expectativas y el silencio con claridad y verdad. Significa reconocer y expresar:

> «Esto es lo que siento. Esto es lo que necesito. ¿Podemos hablarlo juntos?».

Criterio y límites

Saber cuándo acercarse, cuándo alejarse y cuándo una conexión ya no está en sintonía con tu alma. Ofrecer comentarios con compasión y preocupación, y respetar las peticiones de tiempo o espacio antes de presionar o acercarse. Es un delicado equilibrio entre saber lo que se necesita y saber cuándo es más apropiado abordar esa necesidad. Es reconocer que:

> «Bendigo nuestro vínculo, y también respeto que necesito espacio para que mi verdad pueda expresarse».

Limpieza ancestral y de patrones

Darte cuenta de cuándo estás repitiendo dinámicas heredadas y escoger que no vas a repetirlas. Es una llamada a la autoridad interior para que intervenga y restaure la alineación y el equilibrio:

> «Esta reacción me resulta familiar. No es solo mía. Es de mi madre (o de mi padre). Es historia. Ahora la libero».

Las relaciones también son como templos. La higiene espiritual es la práctica de mantener limpio el altar. El dolor sin expresar en una relación se convierte en desorden energético. Elimínalo con valentía. El silencio disfrazado de paz se convierte en evasión emocional. Habla con claridad. Escoge ser honesto en lugar de ocultarte. Dar más de lo necesario acaba convirtiéndose en un martirio. El amor verdadero honra la reciprocidad, no el agotamiento. El retraimiento emocional no es protección. Es contaminación energética. Regresa a la presencia. Esperar que los demás te lean la mente no es señal de intimidad, sino un miedo sin resolver. Pregunta. Habla. Revela. Cuando te tragas tu verdad para mantener la paz, creas confusión en tu interior. El amor no exige que te sacrifiques a ti mismo. Pide la presencia de tu alma. Cada alma con la que te conectas se ve afectada por la vibración de tu ser. Mantén limpio tu ser mental, emocional y físico. Hazte santo.

Todas las relaciones son espejos que reflejan nuestro clima interno

La calidad de tus relaciones no se mide por cuánto tiempo duran. Se evidencia por lo limpio, claro y consciente que eres dentro de ellas. Si tu alma está evolucionando pero tus relaciones no lo hacen, surgirá la tensión. Sin una buena higiene espiritual, las relaciones pueden deteriorarse rápidamente y convertirse en una obligación, contaminación emocional o codependencia energética. Puedes suponer que la relación o la otra persona es el problema. Esa sería una suposición inexacta. Lo que estás experimentando es la alineación divina llamando a tu puerta. Hay algo que necesitas limpiar o aclarar. Cuando practicas la higiene espiritual en las relaciones, dejas de esperar a que te reconozcan o escojan, y empiezas a escogerte a ti mismo con amor, claridad y límites sagrados. La higiene espiritual te proporciona criterio en las relaciones, enseñándote cuándo acercarte, cuándo soltar y cómo permanecer arraigado en el amor, con independencia de las circunstancias. Las relaciones son espejos y aulas sagradas. Puede que no siempre reflejen quiénes somos, pero siempre revelan lo que llevamos dentro, ya sea consciente o inconscientemente. Cuando hay una mala higiene espiritual en las relaciones, experimentamos y expresamos:

Proyección emocional en lugar de presencia

Cuando la herida habla más alto que la conciencia

La proyección emocional se produce cuando asignamos a alguien un guion que nunca aceptó interpretar. Cuando no solo vivimos nuestros sentimientos, sino que se los asignamos a otra persona. En respuesta, nuestro dolor se convierte en una lente a través de la cual malinterpretamos el momento y al otro y confundimos la reacción con la realidad. En lugar de encontrarnos con los demás con nuestra verdad y presencia, nos encontramos con ellos en los ecos de nuestro pasado.

- Un amigo cancela una llamada y nos sentimos abandonados, no por la decepción o la falta de contacto, sino por la herida infantil que nos evoca.
- Una pareja establece un límite y nos sentimos poco queridos, no por la línea que ha trazado, sino porque nuestro sistema nervioso equipara el «no» con el rechazo.
- Un ser querido está distraído y nos sentimos rechazados, no porque no nos esté escuchando, sino porque una vieja historia nos dice: «No merezco atención».

La experiencia nos refleja lo que permanece sin procesar, lo que proyectamos en la otra persona. Lo que reprimimos en nuestro interior, lo asignamos al exterior. La higiene espiritual en las relaciones nos lleva a nosotros mismos con la conciencia, la honestidad y la claridad que nos dice: «Esto me pertenece a mí. Eso les pertenece a ellos». La presencia está arraigada. Tranquila. Curiosa. La proyección es reactiva. Cargada. Acusatoria. **La proyección emocional conduce a una comunicación impura y, a menudo, ineficaz.** Enturbia el espacio entre tú y la otra persona con los ecos y residuos de experiencias pasadas. **Es el resultado de negar, evitar y reprimir nuestros sentimientos. Cuando no nos tomamos el tiempo para sentir, obligamos a los demás a cargar con lo que no hemos reclamado o aclarado.** Para estar totalmente presentes en el momento de una relación, debemos estar dispuestos a bajar el ritmo y limpiar nuestra lente emocional antes de responder.

Cuando somos conscientes, honestos y estamos presentes con nosotros mismos en una relación, nos preguntamos:

«¿Qué estoy sintiendo ahora mismo?». «¿Qué es verdad en este momento?». «¿Qué me recuerda esto?». Cuando proyectamos, asumimos: «Me estás ignorando». «Estás intentando hacerme daño». «Nunca escuchas. Siempre te vas. No te importa». Una es la conciencia sincera. La otra es una narración emocional disfrazada de intuición. Cuando decides hacer una pausa y conectar con tu verdad antes de reaccionar, interrumpes los viejos guiones que el trauma ha ensayado. Dejas de culpar a los demás por heridas que ellos no han provocado. Aceptas la responsabilidad de tu paisaje interior. Practicas la asistencia somática que ha sido interrumpida o perturbada. De esta manera, te conviertes en el sanador de tu propio corazón. Te vuelves a alinear con tu alma.

La proyección emocional no siempre es indicio de una relación mala o disfuncional. Es simplemente una señal de que tu corazón te pide que lo veas antes de que lo vea o lo cargue otra persona. Practicar la higiene espiritual en una relación es comprometerse a lo siguiente:

«No te culparé de mi dolor diciéndote que es culpa tuya».
«Te recibiré con claridad, sin ninguna contaminación».
«Estaré aquí, ahora, con todo mi ser, limpio, consciente y claro».

Pausa sagrada

Antes de responder a un momento de carga emocional en una relación:

- Haz una pausa.
- Respira profundamente con el abdomen.
- Pregúntate:

  «¿Qué estoy sintiendo realmente?».

  «¿Qué historia me estoy contando a mí mismo sobre este sentimiento?».

  «¿Esta respuesta se refiere a este momento o a otro que nunca he sentido del todo?».

- Dite a ti mismo en voz alta (o en silencio):

  «Escojo la presencia antes que la proyección. Regreso a la verdad de este momento. No pido a otra persona que cargue con lo que yo no he honrado en mí mismo».

Culpa pasiva en lugar de comunicación activa

La voz reprimida

James y Aisha llevaban catorce años casados. Conocían los ritmos del otro, quién preparaba el café, quién sacaba la basura y cuándo había que callarse y escuchar. Últimamente, había una silenciosa tensión entre ellos. Aisha se sentía desamparada. Estaba abrumada en el trabajo y le costaba mucho hacer frente a tantas cosas en casa. En lugar de decir «necesito ayuda», hacía todo con un esfuerzo adicional: lavaba los platos haciendo mucho ruido, daba demasiadas explicaciones a sus amigos sobre su cansancio, dejaba artículos sobre este tema sobre la mesa. James intuía que algo iba mal, pero no sabía cómo podía abordarlo. Una noche le dijo: «No soy adivino». Aisha le respondió bruscamente: «Exacto. Ese es el problema». La culpa pasiva se había instalado en su relación como una niebla. El hedor de la misma estaba entumeciendo la verdad y nublando su conexión. Cada tipo de relación tiene requisitos espirituales únicos. Las relaciones íntimas exigen transparencia emocional. Los matrimonios requieren una renovación energética. Las amistades necesitan recalibrarse con el tiempo. James no necesitaba más conjeturas. Necesitaba una renovación transparente y enérgica que recalibrara su conexión con su amiga, amante y esposa. Aisha necesitaba entrar en una comunicación activa nacida de la responsabilidad espiritual.

La culpa pasiva es una de las energías más sutiles y corrosivas en las relaciones. No se expresa de forma clara ni directa. Suspira. Se retrae. Da portazos y cancela planes sin dar explicaciones. Publica mensajes crípticos en Internet. Espera que los demás lean el dolor como si fuera un guion y arreglen lo que nunca se ha dicho en voz alta. La culpa pasiva es el arte de la insinuación. Dice «Deberías haberlo sabido» en lugar de «Esto es lo que necesito». Castiga en lugar de expresar. Espera a ser rescatada en lugar de pedir que la vea. La culpa pasiva es la energía de «Estoy enfadada contigo, pero no te voy a decir por qué». Evita la incomodidad creando confusión. Busca el cambio sin claridad. Donde habita la culpa pasiva, la conexión no puede respirar.

En esencia, la culpa pasiva no es el resultado de la pereza o la manipulación. Es una adaptación basada en el trauma. Es la respuesta de supervivencia de alguien que aprendió desde el principio que ser directo u honesto no era seguro. Es el residuo de entornos en los que se castigaba la verdad y se reprimían las emociones, o donde lo que se pedía era rechazado, ridiculizado o ignorado. La culpa pasiva contamina el campo entre dos almas con silencio, expectativas y castigos invisibles. Es una forma de deshonestidad energética, en la que se siente la verdad, pero no se expresa. Coloca la carga de la sanación en el otro, al tiempo que oculta el mapa de cómo llegar a la sanación por la ruta más corta. La higiene espiritual nos llama a una comunicación activa: clara, respetuosa y arraigada en la verdad presente, no en el dolor histórico.

La culpa pasiva a menudo comienza en la infancia, donde la honestidad emocional era:

- Ignorada: «Deja de llorar». «Eres demasiado sensible».
- Castigada: «No respondas». «Eso es una falta de respeto».
- Minimizada: «No es para tanto». «Estás exagerando».
- Avergonzada: «Mira lo que me has hecho hacer». «¿Por qué no puedes comportarte?».

A partir de esto, el niño aprende que no es seguro expresarse o que expresar sus necesidades conduce a la desconexión. Siempre hay un eco, una creencia subconsciente que alimenta la culpa pasiva:

> «Si digo lo que realmente siento, me harán daño, me rechazarán o me ignorarán. Es mejor insinuar, callar o actuar, porque hacer preguntas directas nunca funciona».

A medida que el niño madura, la creencia permanece arraigada, por lo que el adulto se retrae en lugar de expresarse. «Dejan pasar» cosas que siguen supurando. Creen que los demás deberían saberlo porque no se sienten lo suficientemente seguros como para preguntar. Se sienten invisibles, pero nunca se arriesgan a ser completamente visibles. Esta creencia los mantiene protegidos emocionalmente, pero contaminados a nivel espiritual. «Si soy sincero, me rechazarán, me culparán o me abandonarán». «Debo protegerme quedándome en silencio, retirándome o insinuando las cosas, sin hacer nunca preguntas directas». Esta voz traumática se convierte en un modelo relacional que llega hasta la edad adulta. La culpa pasiva es una estrategia de protección, un intento silencioso de preservar la dignidad sin arriesgarse a quedar expuesto. La protección, cuando está arraigada en el miedo, se convierte en una prisión. Hasta que no se recupera la voz, la verdad permanece enterrada. Hasta que la presencia no sustituye a la proyección, el resentimiento crece. Hasta que no se cura la creencia fundamental, la comunicación siempre llevará el aroma del miedo.

La culpa pasiva suena así:

- «Deberías haber sabido que estaba molesto».
- «Da igual, no pasa nada».
- «Lo haré yo mismo».
- Llamadas sin respuesta, silencios incómodos, distancia dramática consciente.

La comunicación activa suena así:

- «Me hiciste daño cuando no cumpliste tu promesa. ¿Podemos hablarlo?».
- «Ahora mismo me siento abrumado y necesito tu apoyo».
- «Me he dado cuenta de que me he estado distanciando. Creo que hay algo que necesito decirte».

La comunicación activa no se limita a las palabras. Se trata de la limpieza energética y de decir la verdad antes de que se convierta en amargura.

La higiene espiritual para las relaciones no consiste solo en limpiar tu mundo interior. También consiste en limpiar el espacio entre tú y otra persona. Cuando tu energía está limpia, tu comunicación se convierte en una ofrenda sagrada. Sin estar ya envueltas en manipulación, miedo o evasión, tus palabras se convierten en un espejo de tu alineación. Practicar la comunicación activa es honrar tanto tu verdad como a la persona que tienes delante. Es hablar desde la conciencia en lugar del dolor, desde la claridad en lugar de la confusión y desde el amor en lugar de la protección. Cuando la comunicación es estancada, poco clara o manipuladora:

- Los cordones energéticos se enredan.
- El resentimiento se encona en silencio.
- Las suposiciones sustituyen a la comprensión.
- El silencio se convierte en castigo.
- La verdad queda sepultada bajo la actuación o el orgullo.

Estos son escombros emocionales que no solo destruyen las relaciones, sino que también refuerzan las creencias que crearon el problema. La higiene espiritual para las relaciones implica limpiar los escombros del espacio sagrado. Cuando ocultas la verdad para «mantener la paz», no estás protegiendo la relación. La estás asfixiando. La higiene espiritual te invita a dar nombre a lo invisible. A sacar la sombra a la luz.

La comunicación activa es un discurso responsable espiritualmente que se convierte en el alma de una relación. Cuando está presente, todo lo que hay en la relación y alrededor de ella fluye. Las personas que forman parte de la relación se sienten seguras. Y, lo más importante, las personas involucradas saben que, incluso cuando no es fácil, tendrán toda la información que necesitan para tomar decisiones que les honren y les apoyen. Y ofrecen lo mismo a la otra persona. La comunicación activa es:

- Directa sin ser brusca.
- Honesta sin ser dura.
- Vulnerable sin requerir el abandono de uno mismo.
- Expresiva sin expectativas de control.
- No se trata de tener razón, sino de ser real y honesto.
- No se trata de la validación externa, sino de la presencia sagrada.

La comunicación activa aclara el campo relacional al ofrecer y recibir:

- «Esto es lo que siento».
- «Esto es lo que necesito».
- «Esto es lo que estoy dispuesto a hacer».
- «Esto es para lo que ya no estoy disponible».

En todas las relaciones, piensa en tus palabras como si fueran incienso y considera: «¿Qué energía transmiten mis palabras?». «¿Están nubladas por acusaciones o perfumadas con sinceridad?». La comunicación activa se convierte en un ritual de higiene espiritual en tus relaciones cuando respiras antes de hablar y tienes la intención de conectar, en lugar de conquistar. Tu templo de relaciones se mantiene limpio cuando te responsabilizas de tus emociones y dejas espacio para que los demás respondan.

El resentimiento sin expresar se convierte en una deuda energética

Cuando el silencio se convierte en un peso que el amor no puede soportar

Selma y Mara habían sido muy amigas durante casi una década. No eran hermanas de sangre, sino de corazón. Se reían a carcajadas y solían viajar juntas, se apoyaban mutuamente en los momentos difíciles y celebraban las diferentes etapas de la vida. Selma acompañó a Mara durante su divorcio. Mara estuvo al lado de Selma en el funeral de su madre. Estaban muy unidas, pero poco a poco algo cambió. No sucedió de repente. Hubo muchos momentos que pasaron desapercibidos, algunos tácitos, y muchas pequeñas cosas. Selma empezó a darse cuenta de que Mara nunca le preguntaba por su nuevo negocio. Llegaba tarde a las reuniones y salidas que habían planeado. Parecía distraída cuando Selma le hablaba de cosas que aprendía o de los nuevos intereses que estaba desarrollando. Selma comenzó a sentirse cada vez más pequeña. Dejó de contarle las cosas que conseguía. Justificó la distancia de Mara con una lógica espiritual: «Puede que esté pasando por algún problema». Pero, en realidad, estaba dolida.

Mara nunca dijo nada desagradable, ni volvió a decir «Te veo, te escucho, estoy contigo». Selma comenzó a sentir un dolor silencioso. Echaba de menos a su amiga y no sabía ni entendía qué había pasado. Le ofrecía apoyo a Mara por costumbre. Respondía a las peticiones de Mara incluso cuando estaba cansada. Selma evitaba pedirle ayuda a Mara porque ya no se sentía segura al necesitar algo en su presencia. Ignoraba los pequeños desaires o decía «No pasa nada» cuando no era así. Mes a mes, la distancia entre ellas se hizo más grande. No por discusiones, sino con expectativas tácitas, decepciones reprimidas y deudas invisibles.

Una de las nuevas aficiones que Selma había adoptado y que a Mara parecía no importarle en absoluto era la meditación. Selma había creado una hermosa práctica que realizaba cada mañana. Un día, después de una sesión especialmente agradable, Selma estaba escribiendo en su diario cuando escuchó las siguientes palabras en su interior: «Estás cargando con Mara de una forma que ella nunca te ha pedido. Más aún, estás cargando con el peso de lo que nunca dijiste». Selma lloró, no por las acciones de Mara, sino por su propio silencio. La forma en que había dado sin pedir ni exigir nada a cambio. La forma en que había asumido en lugar de expresar. La forma en que había espiritualizado su propio abandono, lo había llamado amor y había culpado de la falta de reciprocidad a su amiga, a quien quería mucho. Asumiendo la responsabilidad de sí misma y de sus sentimientos, Selma escribió una carta, una carta que no enviaría a Mara. Era una carta de liberación.

Querida Mara:

He estado dando desde el miedo, no desde la plenitud.

He estado ocultando mi verdad para preservar nuestro vínculo.

Ahora me doy cuenta de que he creado una deuda entre nosotras de la que tú nunca te has dado cuenta.

La libero. Nos bendigo a ambas. Regreso a mi voz. Cancelo el contrato del sufrimiento silencioso.

Recupero mi claridad. Restablezco el equilibrio energético. Te pido y reclamo tu perdón.

Ahora todo ha quedado aclarado entre nosotras.

Quemó la carta, se llevó la mano al corazón y rezó por ella misma y luego por Mara.

En pocas horas, sintió el cambio. Sabía que el campo entre ella y Mara se había despejado. Mara seguía en su vida, pero el control emocional había desaparecido. Selma ya no se entregaba más de lo necesario. Decía que no cuando así lo sentía. Ya no daba demasiadas explicaciones ni tenía unas expectativas altísimas. Seguía queriendo a Mara, pero ahora la quería con las manos limpias y el corazón puro. Selma había practicado una buena higiene espiritual. Se dio cuenta de que, al igual que cuidaba su cuerpo, tenía que cuidar las corrientes emocionales y espirituales que aportaba a su relación con los demás. También se dio cuenta de que lo que sentía era asunto suyo y era su responsabilidad gestionarlo.

Todas las relaciones son sagradas, sin embargo, no todas están destinadas a ser permanentes. Cada relación nos enseña una lección. A menudo, la lección es que podemos querer a alguien muchísimo, pero no todas las personas a las que queremos están destinadas a ser nuestras compañeras de vida. La higiene espiritual nos enseña a distinguir quién comparte nuestra frecuencia y quién comparte nuestra herida. Algunas relaciones son contratos del alma destinados a hacer una profunda limpieza kármica. Otras son citas divinas, temporales, pero transformadoras. Algunas son relaciones de pacto, aquellas construidas para la longevidad, la devoción y el crecimiento del alma. Otras pueden ser relaciones residuales que solo se mantienen unidas por la culpa, la obligación o patrones que no se han sanado. La higiene espiritual para las relaciones no exige que «queramos a todos por igual». Nos pide que nos queramos tanto a nosotros mismos que honremos cada relación tal y como es, no como deseamos que sea. Las amistades pueden y deben cambiar con el tiempo. La higiene espiritual nos pide que permitamos que eso suceda sin culpa ni apego. Una amistad que fue sagrada para tu época de supervivencia puede que no esté alineada con tu época de transformación. Con una buena higiene espiritual, aprenderás qué hacer y cuándo hacerlo para mantenerte alineado.

CAPÍTULO 17

Higiene espiritual en el puesto de trabajo

El arte sagrado de la alineación en entornos profesionales

Ella era una mujer con una gran fortaleza espiritual en un entorno secular, una emprendedora convertida en consultora que se movía con soltura por el complejo terreno de las salas de juntas, los plazos y las expectativas implícitas. Cada día, se adentraba en el mundo empresarial con una oración en los labios y el deseo de «ser una luz». Sin embargo, algo sagrado dentro de ella se estaba apagando. Cada vez que un proyecto llegaba a su escritorio con plazos poco realistas, ella asentía. Cada vez que un gerente le hablaba por encima en una reunión, ella sonreía. Cuando un colega se atribuía el mérito de su trabajo, ella permanecía en silencio. La elogiaban por ser «fácil de tratar». Pero en su interior, en su paisaje interno, su voz temblaba si intentaba romper el silencio autoimpuesto. Sus límites se vinieron abajo por el peso de la sumisión. Su corazón, que ella sabía que era la brújula de su vocación, se cansó y se llenó de resentimiento. No fue el trabajo lo que la agotó. Fue la traición a su verdad interior en nombre de mantener la paz, llevarse bien con los demás y ganarse el sueldo. Finalmente, la pregunta que la carcomía se convirtió en un grito estremecedor: «¿Es paz de verdad si te cuesta tu integridad?».

El lugar de trabajo no es un templo; tú sí lo eres

Es cierto. La gente no va al trabajo para sanar. Va para ganarse la vida y cumplir con sus responsabilidades. También hay quienes trabajan haciendo lo que les gusta. Aunque la intención del trabajo puede ser personal y práctica, la experiencia laboral no siempre es espiritual. De hecho, no es necesario estar en un templo para que se produzca una transformación. No es necesario que tus compañeros de trabajo sean conscientes para que tu alma crezca. Adondequiera que vayas, tu altar interior te acompaña, y tanto si pretendes sanar como si no, la dinámica del lugar de trabajo activará tus heridas, reflejará tus patrones y desafiará tu integridad. Aunque las personas no vayan al trabajo para sanar, si no son conscientes espiritualmente de cómo trabajan, llevarán el estrés a casa, fracturarán su autoestima y acumularán peso espiritual con cada conversación que no hayan controlado. La higiene espiritual no exige que el lugar de trabajo se convierta en un lugar sagrado, sino que te invita a mantenerte sagrado dentro del lugar de trabajo.

Todo espacio profesional, ya sea un hospital bullicioso, una reunión virtual, una obra en construcción o una oficina en casa, tiene contratos energéticos. Estos contratos están determinados por los acuerdos invisibles que hacemos con los roles, las expectativas, las reglas tácitas y los sistemas de poder. Los lugares de trabajo reflejan nuestros patrones internos. Revelan los lugares en los que:

- Actuamos para obtener validación externa.
- Ocultamos la verdad para evitar conflictos.
- Nos aferramos al estatus o tenemos problemas con la sumisión.
- Silenciamos nuestros instintos para «encajar» o sobrevivir.

Llevar la higiene espiritual al lugar de trabajo significa:

- Limpiar el altar interior de complacer a los demás.
- Recuperar la soberanía energética.
- Desmantelar las jerarquías de valor heredadas.
- Permitir que el orden divino se manifieste a través de nuestras acciones, defensa y presencia.

No se trata de hacer que el lugar de trabajo sea espiritual, sino de llevar tu espíritu limpio al espacio.

Neutralidad frente a pasividad

Es bastante habitual que las personas que siguen un camino espiritual confundan la neutralidad con la pasividad para «llevarse bien» en el lugar de trabajo. Esta es una distinción importante en el lugar de trabajo porque muchas personas sufren en silencio, confundiendo la pasividad espiritual con la madurez y el colapso energético con la profesionalidad. La neutralidad, la presencia activa de la madurez espiritual, es clara y está arraigada. La pasividad es un estado de desconexión y resignación; en el lugar de trabajo, a menudo se recompensa, pero a costa del alma de uno. La pasividad se aleja cuando alguien es maltratado. La neutralidad lo nota y lo nombra con calma y claridad, sin escalar. La neutralidad puede ser malinterpretada, pero te mantiene limpio a nivel espiritual. Honra el panorama completo sin caer en la culpa o la reactividad emocional. Te permite observar la disfuncionalidad sin absorberla y defender sin agresividad. La pasividad suele ser una represión espiritual disfrazada de paz. Silencia el alma y otorga poder a la distorsión. La neutralidad, por el contrario, es el criterio sagrado en acción. La pasividad a menudo proviene de:

- Miedo al conflicto.
- La influencia del trauma.
- El deseo de gustar o de mantenerse a salvo.
- Agotamiento energético a largo plazo.

Se manifiesta como:

- Silencio cuando quieres hablar.
- Asentir con la cabeza cuando quieres decir que no.
- Sonreír para evitar incomodidades.
- Internalizar el daño en lugar de reconocerlo.

Para mantener la pureza espiritual en un lugar de trabajo difícil, no debemos confundir el colapso con la compasión ni el silencio con la sabiduría. La neutralidad es activa, sensata, consciente y permanece presente en el momento. Escucha atentamente, ve con claridad y se mantiene en sintonía tanto con la energía como con la verdad. La neutralidad te permite ser testigo de la disfuncionalidad sin que tengas que verte envuelto en ella.

Puedes dar nombre a lo que está sucediendo sin que te dejes consumir por ello. No guardas silencio por miedo. Guardas silencio con poder.

El lugar de trabajo como reflejo del campo familiar

No solo llevamos nuestros currículos y habilidades al trabajo. Llevamos nuestras historias, los patrones con los que lidiamos con nuestros problemas, nuestros roles condicionados, nuestras heridas sin sanar, nuestros contratos energéticos y nuestra armadura protectora. De esta manera, el lugar de trabajo se convierte en un espejo viviente, un campo en el que las energías familiares del hogar se reproducen a través de los roles profesionales. Aunque la mayoría de las personas (sobre todo aquellas que tienen mucha experiencia o formación) negarían esta realidad, el lugar de trabajo suele reflejar dinámicas que no se han sanado provenientes de la infancia y la familia. Roles como el jefe, el compañero de trabajo, el superdotado, el solucionador y el silencioso son a menudo arquetipos espirituales arraigados en la influencia del hogar. Esto transforma el lugar de trabajo en un aula para la reparentalización, la recuperación y el recuerdo.

Si creciste en un hogar donde tu valor estaba ligado a lo que conseguías, puedes convertirte en alguien que rinde más de lo necesario y nunca descansa. Si aprendiste a permanecer en silencio para que hubiera paz, es posible que evites conversaciones difíciles con compañeros de trabajo o supervisores. Si te ignoraban cuando eras niño, es posible que te sientas invisible en las reuniones o que no recibas el apoyo de tus superiores. Si eras el cuidador o el pacificador de la familia, es posible que te esfuerces demasiado en el trabajo, tratando de arreglar lo que no te corresponde. Estos patrones no son elecciones conscientes, sino repeticiones energéticas, invitaciones sagradas para crecer. Son estrategias de supervivencia que nos acompañan en todos los sistemas hasta que son reconocidas y sanadas. Reconocer y entender esto como una función de la higiene espiritual eleva el lugar de trabajo a un altar de conciencia donde puedes:

- Recuperar tu voz.
- Poner límites claros.
- Sanar una autoestima basada en la actuación.
- Practicar la autoridad interior sobre la obediencia heredada.

Esto significa que tu trabajo en un lugar de trabajo no es solo un lugar donde obtienes ingresos, sino que también puede ser un lugar de iniciación. Tiene el potencial y brinda la oportunidad de volver a criarte a ti mismo, realinear las dinámicas de poder distorsionadas y transformar las lealtades inconscientes en elecciones conscientes. De esta manera, la oficina se convierte en un templo. La asignación de trabajo se convierte en un plan de estudios. Todos los conflictos se convierten en un catalizador y tú puedes convertirte en el recipiente limpio de la transformación. Cada cambio que haces dentro de ti mismo en respuesta a un desafío de aprendizaje en el lugar de trabajo se propaga a través de tu lugar de trabajo, tu familia y el campo colectivo. Cuando todos los roles desaparecen, el título del trabajo, la actuación, la presión, la política, solo quedáis tú y la divinidad dentro de ti. Desde la perspectiva de la higiene espiritual, no terminaste en tu lugar de trabajo por accidente. Fuiste colocado allí como un gestor de la luz para atravesarlo limpio, centrado y claro. Cuando aceptes esta conciencia, te ocuparás tanto del altar interior como de la tarea exterior, y tu integridad, no tus ingresos, será tu brújula. Tu paz, no tu productividad, se convertirá en tu medida del éxito.

Pausa sagrada

El reinicio de alineación de tres minutos

Estés donde estés, ya sea sentado en tu escritorio, en medio de una llamada o caminando por un pasillo, cierra los ojos o relaja la mirada y haz lo siguiente:

Respira.

«Regreso a mi respiración».

Bendice.

«Bendigo este espacio, este momento y a mí mismo».

Conviértete.

«Me convierto en la presencia de la claridad, la paz y la verdad».

Así es como te mantienes limpio. Así es como te mantienes libre. No eres solo un empleado. Eres un recipiente de luz, y el altar está dondequiera que tus pies se planten en la verdad. Así es como recuerdas quién eres, incluso en los lugares más caóticos y profanos.

Dinámicas de poder, autodefensa y la voz del valor

Todos los lugares de trabajo tienen unas estructuras de poder, tanto formales como informales. Tanto si eres ejecutivo, asistente, profesor, cajero o contratista, tu capacidad de asumir tu autoridad interior es esencial para tu higiene espiritual. Debes practicar tu voz del valor hasta que te resulte cómoda. Tu voz del valor es tu alma hablando en nombre de tu valor inherente, sin encogerse, sin actuar ni disculparse por su presencia. No tiene por qué ser fuerte, pero debe ser clara. No tiene por qué ser defensiva, pero debe ser firme. La voz del valor rompe estos patrones. Restablece el equilibrio sagrado. Es el puente entre la higiene espiritual y la integridad profesional. La voz de tu valor en el lugar de trabajo es la que dirá:

- «Necesito claridad antes de poder continuar».
- «Ese tono no me gusta».
- «No puedo comprometerme con ese plazo sin comprometer la calidad».
- «Ese tono no favorece la claridad ni la colaboración. Empecemos de nuevo».
- «No, no estoy disponible en ese momento».
- «Esto es lo que necesito para poder seguir adelante con integridad».

No se trata de actos de rebeldía. Son actos de respeto por uno mismo, protección energética y alineación del alma. La autodefensa en el lugar de trabajo no es rebeldía. Es tener y mantener un respeto reverencial por tu trabajo. En espacios donde chocan múltiples energías, agendas y personalidades, la contaminación energética es habitual. Es fácil creer que lo que sientes en el trabajo en respuesta al entorno es una señal de debilidad personal. La higiene espiritual reconoce que también puede ser una sensibilidad que requiere gestión. No estás obligado a absorber la energía de la sala o de las personas que se encuentran en ella. Estás llamado a anclar la energía de la divinidad en tu interior. Tu vida laboral no está separada de tu vida espiritual. Es uno de los altares en los que se pone a prueba y se refina tu alineación. Cuando una figura de autoridad o un compañero de trabajo se comporta de forma indisciplinada, despectiva o perturbadora, la respuesta higiénica a nivel espiritual no es una reacción, sino más bien una reclamación. A continuación verás una guía didáctica para tu corazón y tus palabras en esos momentos, junto con un camino para reparar la brecha.

Honrar la línea sagrada: lo que no se puede tolerar en las relaciones laborales

La higiene espiritual no consiste, simplemente, en que mantengas limpia tu energía, sino también en proteger tu dignidad de la contaminación constante. Con demasiada frecuencia, en nombre de la profesionalidad, el mantenimiento de la paz o la seguridad laboral, las personas toleran lo que es corrosivo a nivel espiritual. Algunos comportamientos aceptados profesionalmente van dañando la claridad, la confianza y la conexión con la verdad. La higiene espiritual no te pide que lo aguantes todo. Te pide que distingas lo que nunca debe normalizarse, por el bien de tu integridad y respeto en el espacio. Ciertos comportamientos no pueden ser objeto de oración, tolerados de forma indefinida o excusados espiritualmente. Deben nombrarse y liberarse, ya que no pertenecen a tu campo energético. Cuando tenemos claridad, reconocemos que algunas energías, comportamientos y patrones, aunque suelen aceptarse o esperarse en las relaciones laborales, no pueden ser acomodados espiritualmente.

Faltas de respeto o degradación constantes

Si alguien te interrumpe constantemente, ridiculiza tus ideas, no respeta tus límites o quita importancia a tu rol, no se trata de un «conflicto de personalidad». Es una desgaste energético. No debes permitir que las faltas de respeto se conviertan en algo habitual. El impacto energético es un desgaste gradual de la autoestima, la supresión de la voz, la sobreadaptación y el agotamiento del alma. No necesitas agresividad para defender tus valores. Sin embargo, necesitarás poner límites firmes y claros para afirmarlos.

Cómo abordarlo:

- Recupera tu centro antes de responder. No reacciones. Regresa al altar interior.
- Utiliza un lenguaje claro para anunciar tus límites.
- Documenta los patrones si es necesario y busca el apoyo de un aliado de confianza o un representante de RR. HH. cuando estés alineado.
- Afirmación diaria: «Mi presencia es valiosa. Mi voz es sagrada. No necesito validación para conocer mi valor».

Manipulación psicológica o hacer luz de gas emocional

Si alguien te hace cuestionar tu autopercepción, invalida tus experiencias o cambia constantemente la culpa sin rendir cuentas, eso no es trabajo en equipo. Es un juego de poder tóxico. La verdad no distorsiona la realidad, sino que la revela. El impacto energético de acomodar o tolerar este comportamiento es confusión mental, inseguridad, desconexión espiritual y culpa internalizada. En estas situaciones, la claridad sin culpa ni dudas es tu protección.

Cómo abordarlo:

- Haz una pausa y nombra tu verdad internamente:
  «Esto no me parece honesto ni claro».
- Establece un límite firme:
  «Estoy abierto al diálogo. No estoy dispuesto a que se reescriba mi experiencia».
- Confía en tu claridad interior antes que en su relato distorsionado.

Práctica de protección espiritual:

- Escribe lo que se dijo y lo que sabes que es verdad.
- Quema el falso relato como una forma de liberación energética.

Extralimitación energética

Si alguien invade regularmente tu tiempo, espacio o energía con exigencias que no forman parte de tus funciones o espera un apoyo emocional que no has aceptado que vayas a proporcionar, no estás obligado a cargar con su peso espiritual. El hecho de que puedas soportarlo no significa que sea tu responsabilidad hacerlo. Incluso cuando puedes recibir un golpe, eso no significa que debas ponerte delante de un puño. El impacto energético se caracterizará, probablemente, por agotamiento mental y emocional, resentimiento, pérdida de energía creativa y límites difusos. Después de que se haya producido un abuso, tómate tu tiempo para recalibrarte. Respira hondo, toca tu plexo solar y afirma: «Libero lo que no es mío. Recupero mi soberanía energética».

Cómo abordarlo:

- Aclara tu capacidad en voz alta:

  «No estoy disponible para eso/para esta discusión en este momento».

  «Eso no entra dentro de mis funciones ni de mis competencias».

Estás estableciendo un límite, no dando una explicación.

Represalias por poner límites

Es probable que, antes de desarrollar tus prácticas de higiene espiritual, hayas aceptado comportamientos inapropiados a nivel energético. Si es así, es posible que tu cambio no sea bien recibido. Eso no debería preocuparte. Si tu «no» es castigado con el silencio, los chismes, el sabotaje profesional o la exclusión, significa que ya no estás alineado con la disfuncionalidad. Estos comportamientos son una forma de coacción, un intento de volver a alinearte con tu alma.

Un verdadero líder respeta los límites de los demás. Una falsa autoridad los teme. El impacto energético para ti podría tomar la forma de un cumplimiento basado en el miedo, un silencio interior o una contracción espiritual.

Cómo abordarlo:

- No caigas en la culpa. Mantén los pies en la tierra. Tus límites son sagrados.
- Expresa la represalia si es seguro hacerlo:
  «He notado un cambio desde que expresé una necesidad. Estoy abierto a una conversación honesta, porque no puedo participar en dinámicas de castigo».
- Si es necesario, eleva el asunto a través de los canales apropiados.
- Afirma en silencio:
  «Ningún arma de represalia prosperará. Camino con claridad, verdad y el favor divino».

Micro/macroagresiones raciales, de género, sexuales o espirituales

Cualquier entorno que tolere bromas discriminatorias, lenguaje en código, prejuicios sutiles o burlas espirituales no es simplemente «incómodo», es inseguro. Tu identidad es sagrada. No estás llamado a atenuar tu luz para sobrevivir en una habitación oscura. El impacto energético de un entorno así es un daño de tipo social, trauma espiritual, vergüenza, hipervigilancia y silenciamiento del alma.

Cómo abordarlo:

- Identifícalo si te sientes seguro o documéntalo y denúncialo con criterio.
- Di con calma la verdad del momento:
  «Ese comentario me ha parecido despectivo y fuera de lugar. Te pido que no vuelvas a decirlo».
- Recurre al apoyo ancestral y divino en tu práctica espiritual. No caminas solo.
- Afirma en silencio:
  «Mi identidad es sagrada. No me achico. Me mantengo firme, arraigado en generaciones de fortaleza».

Liderazgo desalineado crónicamente

Si el liderazgo siempre se hace desde el miedo, la confusión, la falta de visión o la mala gestión sin humildad ni crecimiento, debes reconocer que permanecer demasiado tiempo bajo una autoridad así puede conducir a la desorientación espiritual. El liderazgo desalineado genera estancamiento espiritual. No es buena higiene espiritual seguir a alguien hacia la oscuridad cuando carece de habilidades de liderazgo. Tu claridad debe venir de dentro si no puede venir de arriba. La pérdida de orientación personal y profesional, la disonancia espiritual, los sentimientos de impotencia y el daño moral suelen caracterizar el impacto energético de esta experiencia.

Cómo abordarlo:

- Discernir tu papel:
  ¿Se te pide que digas la verdad, mantengas la neutralidad o te prepares para salir?
- Limita la fusión energética:
  No absorbas la confusión del liderazgo como si fuera tu propio fracaso.
- Exprésate siempre que sea posible:
  «Busco claridad sobre la dirección que estamos tomando. Sin ella, me resulta difícil mantenerme alineado».

Práctica de protección espiritual:

- Coloca tu mano sobre tu corazón todos los días y pregunta:
  «¿Sigue siendo esta mi tarea, o es hora de liberarme de esta experiencia?».

Conclusión sagrada

Los lugares de trabajo se basan en una jerarquía en la que el poder se distribuye de forma desigual. La estructura de muchos lugares de trabajo recompensa el silencio, lo que significa que hablar puede suponer un riesgo para el acceso, la reputación o la seguridad. No es que la mayoría de la gente no vea o incluso experimente las distorsiones. Se mantienen callados porque creen que darles nombre les costará algo que no pueden permitirse perder. Tolerar las distorsiones energéticas no es una virtud espiritual.

Es una fuga espiritual. En el lugar de trabajo, las distorsiones energéticas son las dinámicas retorcidas o poco saludables que surgen cuando la verdad, la imparcialidad y la integridad se ven alteradas por los desequilibrios de poder. Se manifiestan como patrones que parecen normales dentro de la cultura de un lugar de trabajo, pero que en realidad son desajustes que perjudican tanto a las personas como al espíritu. Algunos ejemplos de distorsiones en este sentido son:

- Premiar el silencio antes que la honestidad.
- Favoritismo o parcialidad disfrazados de imparcialidad.
- Explotación que se presenta como dedicación o lealtad.
- Falta de respeto disfrazada de autoridad.

Aceptar el daño en cualquier contexto es abandonar tu altar interior en nombre de la paz exterior. La higiene espiritual no se opone a la estructura; de hecho, está diseñada para elevarla. No rechaza las costumbres tóxicas del lugar de trabajo. Su objetivo es proporcionarte la base y las herramientas para infundir alma, integridad y conciencia en cualquier espacio. Desde la infancia, a muchas personas se les ha enseñado a no cuestionar la autoridad, a ser complacientes y, pase lo que pase, a «no crear problemas». Esta influencia crea una pasividad espiritual en el lugar de trabajo, disfrazada de responsabilidad profesional. Llevamos estos contratos silenciosos al lugar de trabajo y nos referimos a ellos como «ser un jugador de equipo». La verdad es que tolerar, acomodarse, evitar y negar las distorsiones energéticas en el lugar de trabajo es la forma de abandonar la claridad por la ilusión de la armonía.

Cuando las distorsiones en el lugar de trabajo persisten, todo el mundo se ve afectado, lo reconozca o no. El mayor coste es que el sistema nervioso se adapta a la disfuncionalidad y empieza a considerarla normal. El silencio se convierte entonces en un refugio para la toxicidad. El cuerpo carga con lo que la voz no ha podido o no ha querido liberar. A quienes viven con gracia, compasión o energía curativa a menudo les resulta difícil iniciar la confrontación con la distorsión, ya que su orientación natural es hacia la paz y la armonía. Su instinto es calmar en lugar de desafiar, lo que puede llevar a confundir la evasión con la compasión o a confundir el silencio con la gracia. Sin embargo, la verdadera gracia no significa tolerar el daño. Significa mantenerse en la verdad mientras se está arraigado en el amor. Sin esto, la integridad comienza a filtrarse, la confianza se va desgastando y el alma susurra: «Esto no es lo que soy». Cada vez que se tolera la distorsión, se intercambia un fragmento de verdad por una falsa sensación de pertenencia. Si no se le da nombre, el compromiso se vuelve rígido hasta convertirse en un contrato y se renuncia al terreno sagrado.

En el espíritu de la claridad sagrada

Tanto en el lugar de trabajo como en todos los entornos en los que se le pide a tu alma que se manifieste, recuerda que tú no eres un simple rol, sino también una persona. Estás presente como un recipiente del valor divino. Que este sea su voto:

No aceptes lo que corroe tu alma.

- Ninguna tarea, título o sueldo vale la silenciosa desintegración de tu verdad.

No toleres lo que te enseña a traicionarte a ti mismo.

- Cuando guardas silencio ante la violencia, cuando sonríes ante el desprecio, cuando te encoges para ser aceptado, no estás manteniendo la paz; la estás abandonando.

No normalices lo que tu cuerpo rechaza.

- Los dolores de cabeza, la mandíbula apretada y el nudo en el estómago no son simples inconvenientes; son mensajes sagrados de tu altar interior. Tu cuerpo recuerda lo que tu mente intenta justificar.

Que quede claro:

- Tu valor no es negociable.
- Tu voz no es una perturbación.
- Tu paz no es un lujo.
- Tus límites no son una carga.
- Tu luz no es excesiva.

Es tu sagrada responsabilidad proteger todos ellos. No con dureza ni con ego. Una buena higiene espiritual te da el poder de un alma que recuerda su verdadera naturaleza.

Cuando surge un conflicto: reparar el cordón sagrado

Cada interacción es una forma de intercambio energético que crea una conexión, un vínculo o una ruptura entre las almas. Cuando alguien en el lugar de trabajo se comporta de forma indisciplinada o dañina, ese vínculo de conexión puede desgastarse. Tu papel no es arreglar el vínculo. Tu papel es mantener limpia tu propia energía y clara tu propia verdad. Las siguientes prácticas te ayudarán a mantener un altar interior limpio, preservar tu valor y mantener la paz en el lugar de trabajo:

Ánclate

Antes de responder a una persona o situación difícil:

- Respira hondo.
- Piensa en silencio: «No voy a responder a esta energía. Voy a regresar a la mía».
- Coloca los pies en el suelo o una mano sobre el vientre para regular tu sistema nervioso.

Observa, no absorbas

Si las personas o las situaciones te molestan, pregúntate interiormente:

- «¿Se trata de mí o hay algo más que habla a través de ellos?».
- «¿Qué está tratando de revelarme o enseñarme este momento?».
- «¿Qué límite o claridad se está invocando?».

Este cambio de crítica a observación neutraliza la carga energética.

Responde con límites claros

Sin venirte abajo ni agravar la situación, utiliza un lenguaje limpio para abordar el comportamiento:

- «¿Podemos volver a hablar de esto cuando ambos podamos hacerlo con respeto?».
- «Estoy abierto a recibir comentarios, pero no puedo permanecer en un espacio en el que se me habla de esta manera».
- «Entiendo que estés frustrado. Estoy aquí para encontrar una solución. No es necesario que entremos en conflicto».

Esto es autoridad espiritual en la práctica. No es dominación ni retirada. Es una demostración de la verdad encarnada.

Reparar la brecha: reparación sagrada

Una vez que se calme la situación y haya espacio para la reparación, considera estas prácticas:

Da nombre a lo que sucedió (sin culpar a nadie)

Habla desde el «yo» para describir tu experiencia:

- «Durante nuestra última conversación, sentí que se había roto la confianza entre nosotros».
- «Quiero volver a hablar de lo que pasó, para que no sigamos arrastrando energías sin resolver».

Extiende la rama de olivo sin abandonar tu verdad

- «Valoro nuestra relación laboral y me gustaría aclarar las cosas».
- «Estoy dispuesto a escuchar tu punto de vista si estás dispuesto a tener esa conversación».

Restablece los límites energéticos

- «De cara al futuro, me gustaría que nos comprometiéramos a utilizar un lenguaje amable y respetuoso».
- «Como forma de autocuidado, quiero anunciarte que voy a alejarme de las conversaciones que me resulten perjudiciales o improductivas».

No eres responsable del comportamiento de otra persona. Eres responsable de tu propia integridad y tienes la responsabilidad sagrada de cerrar el círculo energético dentro de ti mismo. Reparar una brecha no significa olvidar o negar lo que sucedió. Significa tejer de nuevo un hilo de claridad, valentía y cuidado, aunque solo sea en tu lado del cordón. No todos los daños serán reconocidos. No todas las verdades serán aceptadas. No todas las relaciones se restaurarán y, aun así, puedes estar limpio.

Lydia y la voz del valor

Lydia era una presencia brillante y capaz en su organización, una mujer elegante y muy competente que abordaba su trabajo como una ofrenda sagrada. No alardeaba de sus dones. Dejaba que su constancia hablara por sí misma. Lydia afrontaba cada día con reverencia, tratando su trabajo como una plegaria. Sus hojas de cálculo eran impecables. Sus informes eran precisos. Sus comentarios, cuando se le pedían, eran siempre reflexivos. Varios de sus compañeros le preguntaron respetuosamente cómo lograba conciliar su vida espiritual con las realidades de los espacios profesionales regidos por políticas humanas, jerarquías y procedimientos. Ella les respondió: «Dejé de hacer prácticas espirituales y me convertí en la práctica. Ese es el valor de una buena higiene espiritual». Algunos entendieron lo que quería decir. Otros necesitaban más información y perspectiva. Sin embargo, todos coincidieron en un punto: se alegraban de que ella tuviera algo que la protegiera, porque su supervisor, Darren, no era una persona amable. Darren lideraba con control en lugar de hacerlo con claridad. Rechazaba los comentarios, interrumpía en las reuniones y utilizaba la presión como su principal herramienta de liderazgo. La mayoría del equipo se había acostumbrado a su comportamiento y se había adaptado en silencio para evitar conflictos. Llegaron a la conclusión y aceptaron que él era así y que no parecía tener motivación para cambiar. Un día, en una reunión del personal, Darren interrumpió bruscamente a Lydia en mitad de una frase: «Eso no es lo que te he preguntado. Presta atención y responde a la pregunta».

La sala quedó en silencio. Lydia no solo no merecía que le hablaran de esa manera, sino que nunca antes habían visto ni oído algo así. No de esa forma. No con ella.

Lydia se sonrojó. Se le hizo un nudo en la garganta. Sintió la vieja necesidad de encogerse, de mantener la paz, de desaparecer. Pero algo en su interior se negó a traicionarla de nuevo. Respiró hondo.

Ella colocó su mano debajo de la mesa para calmar su sistema nervioso y, con tranquila claridad, dijo: «Darren, respeto lo que estás proponiendo, pero también quiero señalar que interrumpirme de esa manera, sobre todo enfrente del equipo, ha sido desagradable. Me gustaría continuar, así que mi petición es que mantengamos un tono respetuoso».

Sin ira. Sin venirse abajo. Solo la verdad sin adornos. Darren hizo una pausa. Se removió en su asiento y dijo: «Está bien. Adelante».

Todas las miradas se dirigieron hacia Lydia. Algo había cambiado, no solo en Darren, sino en toda la sala y en el alma de Lydia. Era la menor de cinco hermanos y a menudo tuvo que luchar para que la tuvieran en cuenta. Ese día, en un lugar de trabajo tóxico y distorsionado, había recuperado su voz sin utilizarla como arma. Más tarde, ese mismo día, habló con él en privado, no con amargura, sino con integridad y sensatez. Le preguntó si estaba dispuesto a recibir comentarios. Cuando él aceptó, ella dijo:

«Es importante que sepas que estoy comprometida con la colaboración. También es importante que sepas que trabajo mejor en entornos donde el respeto es mutuo».

Darren no se disculpó, sin embargo, algo cambió en su dinámica. La interrumpió a ella y a los demás en menos ocasiones. Solicitó más aportaciones del equipo. Y, lo más importante, Lydia no abandonó más su voz en ninguna relación o experiencia de su vida. Lydia no cambió el sistema del lugar de trabajo; cambió su postura interior y exterior.

No gritó, ni desapareció, ni se comprometió. Se mantuvo limpia. Se mantuvo clara. Se mantuvo soberana. Este es el poder sagrado de la higiene espiritual en los espacios profesionales. Es el camino para permanecer íntegro en presencia de un poder distorsionado. Puede que no seas capaz de cambiar al supervisor, pero puedes despertar los sistemas establecidos. Esto es lo que significa vivir limpio en espacios que no lo están.

Quedarse o marcharse: una decisión guiada por el espíritu

Un supervisor que sea espiritualmente inconsciente o indiferente, o un compañero de trabajo autoritario y chismoso, no es tu enemigo. No es tu tarea despertarlos. Tu tarea es no perderte en su inconsciencia. Son tu misión, que consiste en enfrentarte a ellos sin venirte abajo. Pueden:

- Hacer un mal uso de su función para dominar en lugar de dirigir.
- Ignorar el daño emocional porque «solo son negocios».
- Resistirse a los comentarios, menospreciar los límites o descartar las preocupaciones.
- Liderar mediante el control en lugar de la inspiración.

La tentación es:

Encogerse: callarse, desconectarse y sobrevivir bajo su disfuncionalidad, o

Atacar: arremeter contra ellos, corregirlos o exigirles que despierten.

La higiene espiritual ofrece una tercera vía: mantente limpio. Mantente claro. Mantente soberano. Esto puede significar evaluar si tu tiempo en ese espacio ha llegado a su fin.

En todo viaje espiritual llega un momento en el que tu misión y tu entorno comienzan a chocar. Lo sientes en tu cuerpo, la opresión en el pecho el lunes por la mañana, el dolor sordo de tu espíritu a mitad de semana y el susurro de tu alma el viernes: «Esto no es lo que busco». Sin embargo, tienes responsabilidades económicas. Hay personas que dependen de ti. Te preguntas si estás siendo desagradecido o impulsivo. Te preguntas: «¿Es miedo o es la libertad llamando a mi corazón?». La higiene espiritual ofrece una forma sagrada de afrontar esta encrucijada. Te guía para que no huyas de la incomodidad, ni permanezcas en desalineación por culpa, miedo u obligación. En cambio, te invita a hacer una pausa y preguntarte:

¿Este espacio me está agotando o desarrollando?

Algunos entornos te hacen crecer, te desafían y agudizan tu voz. Otros te quitan la energía vital. Debes saber distinguir la diferencia.

¿Me estoy encogiendo cada día para poder sobrevivir aquí?

Si silencias tu verdad, atenúas tus dones o contorsionas tu espíritu a diario, no estás sobreviviendo, te estás desgastando.

¿Me siento más en armonía cuando imagino que me marcho o que me quedo?

A veces, la llamada es a crecer en el entorno, no a huir de él. Otras veces, tu alma te está mostrando que ese capítulo ha terminado.

¿Me quedo por amor a lo que hago o me quedo por miedo?

La higiene espiritual no solo tiene que ver con dónde estás, sino con cómo estás donde estás.

No siempre es necesario marcharse. Marcharse no es el único camino hacia la liberación. Puedes quedarte y cambiar la energía. Puedes quedarte y fortalecer tus límites. Puedes quedarte y preparar tu salida con integridad. Puedes quedarte y escoger tu paz cada día. Sin embargo, cuando permanecer en un lugar de trabajo comienza a costarte la salud, la voz, la dignidad o la conexión con tu yo espiritual, se ha convertido en un sacrificio de tu yo sagrado. Este puede ser un precio demasiado alto.

Si la guía de tu alma es permanecer ahí por ahora, la higiene espiritual es la forma en que puedes proteger tu altar interior:

Empieza el día con alineación, no con obligación.

Antes de abrir tu ordenador portátil o cruzar por la puerta, di:

> «Entro en este día íntegro, soberano e indivisible. No soy lo que hago. Soy quien soy».

Tómate pausas sagradas

- Sal al exterior.
- Pon tu mano sobre tu corazón.
- Respira.
- Di en voz alta o en silencio: «Regreso a mí mismo».

Incluso noventa segundos de alineación pueden restablecer tu sistema nervioso y recuperar tu higiene espiritual.

Fortalece tu campo

- Visualiza una esfera o un globo de luz divina que te rodea. A medida que estableces la luz a tu alrededor, fija la intención de que nada entre sin tu consentimiento.
- Afirma: «Mi energía es mi responsabilidad. Yo escojo lo que se queda».

Elabora un plan de salida con el corazón limpio, en lugar de herido

Si te estás preparando para una transición, hazlo con devoción, no con prisas. Crea un espacio sagrado y pregúntate:

- «¿Cuál es mi próximo paso alineado?».
- «¿En quién tengo que convertirme para recibirlo?».
- «¿Qué apoyo sagrado puedo invocar durante esta transición?».

A veces, el lugar de trabajo es tu misión. O puede ser tu iniciación y preparación para algo más grande. También hay ocasiones en las que tu posición en un lugar determinado, haciendo una cosa determinada, es tu realización. Estás completo con los patrones de pensamiento y comportamiento, con el abandono de ti mismo, con la escasez y con el miedo como una fuerza dominante en tu conciencia. Tanto si decides quedarte como si decides abandonar un lugar de trabajo, una buena higiene espiritual requiere que tomes una decisión limpia: una decisión basada en el amor, alineada con la verdad y anclada en tu valor. Dondequiera que decidas compartir tu tiempo, tus dones y tu energía en forma de trabajo, recuerda que nunca estuviste destinado a pertenecer al sistema; fuiste enviado para iluminarlo.

Habrá épocas en las que tu entorno externo se niegue a cambiar, en las que las personas se mantengan en sus patrones, en las que la toxicidad siga siendo la norma y en las que, aunque des lo mejor de ti, solo recibas rechazo o indiferencia. Ahí es donde comienza la higiene espiritual en el lugar de trabajo; no como una demostración de ego, sino como una práctica devocional de soberanía interior. Tu higiene espiritual no tiene como objetivo cambiar a los demás, sino mantenerte limpio mientras el mundo se resiste a su propia sanación. Tu alma no cobró vida ni escogió ciertas experiencias para sobrevivir a esos sistemas; vino para transformarte a través de ellos. Cuando el entorno no cambie o no quiera hacerlo, santifica tus tareas. Empieza todo con intención. Antes de responder al correo electrónico o entrar a una reunión, antes de que tus manos toquen el trabajo del día, regresa al altar del porqué: «Que esta tarea lleve la frecuencia de la claridad, el cuidado y la gracia al servicio de algo más grande». La higiene espiritual no consiste en crear condiciones perfectas, sino en permanecer intacto espiritualmente cuando las condiciones son imperfectas. No estás fallando cuando el exterior no cambia; estás sanando el mundo desde dentro hacia fuera. Eso requiere tiempo, presencia y fe. Incluso cuando nada parece cambiar, tú estás cambiando. Eso, querido, es sagrado.

PALABRAS FINALES

Vivir el camino de la higiene espiritual

Una bendición. Una misión. Un retorno sagrado

Hemos recorrido los sagrados salones del recuerdo.

Nos hemos arrodillado ante los altares de la mente, el corazón, el cuerpo y el alma.

Hemos mirado en el espejo de la honestidad con nosotros mismos.

Nos hemos enfrentado al ajuste de cuentas de la responsabilidad energética.

Hemos practicado la liberación, la recuperación, el perdón y la encarnación.

Hemos despertado tu trono de autoridad y hemos tocado el borde de tu propia naturaleza divina.

Esto no es poca cosa.

La higiene espiritual no es una simple práctica.

Es un camino.

Es una promesa.

Es una forma de vida que te invita a alinearte con lo sagrado a diario. La intención no es llegar a ser perfecto, sino ser consciente, íntegro y estar presente. La intención no es parecer santo, sino ser íntegro en la verdad. La pregunta ya no es «¿Qué es la higiene espiritual?», sino «¿Cómo voy a vivir lo que ahora conozco?».

CONCLUSIÓN

Vivir con limpieza

Que así sea

Querido, si has viajado conmigo a lo largo de estos capítulos, ya has comenzado la práctica de la higiene espiritual. Has caminado conmigo por los paisajes de mi propia vida, las tiernas heridas del abandono y el abuso infantil, los angustiosos valles de la violencia doméstica y la pérdida, los umbrales sagrados de la rendición y el autodescubrimiento. Has escuchado mi verdad, no como una demostración de fortaleza, sino como una ofrenda del recuerdo: que no importa lo profunda que sea la mancha del trauma, no importa lo pesado que sea el residuo del dolor, el alma siempre es capaz de purificarse, renovarse y restaurarse.

Tan solo este último mes, recordé que no tengo que ser leal con los que no me tratan bien. Recordé que puedo superar hasta las crisis emocionales más graves, incluso cuando afectan a mis seres queridos. Recordé que sé cómo lidiar con el dolor. Comprendí a un nivel más profundo que la higiene espiritual no es solo un concepto o un conjunto de prácticas, sino una forma de vida. Es la devoción constante por vivir en armonía con la verdad, por limpiar la mente de desorden y falsas creencias, por mantener el corazón abierto pero protegido, por honrar el cuerpo como un altar viviente, y por recordar que el alma es eterna, luminosa y completa. Es el retorno, una y otra vez, al asiento de la autoridad interior, donde Dios habla en silencio y donde la claridad sustituye a la confusión.

A riesgo de ser repetitiva, te ofrezco esta última transmisión energética como un regalo para tu alma. Estas palabras no pretenden resumir el contenido de estas páginas, sino implantar e infundir energía sagrada en los altares de tu mente y tu corazón.

Cuando comenzamos este viaje, partimos de la autoconciencia: el valor de ver lo que se ha ocultado, negado o distorsionado. La conciencia es la luz que revela las telarañas de la mente, las creencias heredadas que hemos confundido con la verdad, los patrones de supervivencia que una vez necesitamos pero que ahora nos mantienen pequeños. A partir de ahí, entramos en el templo de la honestidad con nosotros mismos, donde la verdad se enfrenta a la ilusión. Es en la honestidad donde nos quitamos las máscaras, la fuerte, la invisible, la habitual, la de actor, la de solucionador, y nos atrevemos a estar desnudos ante Dios y ante nosotros mismos.

Viajamos más allá, al territorio del corazón, y aprendimos que el dolor, la ira y la traición no procesados, si se dejan desatendidos, se convierten en residuos tóxicos. Sin embargo, cuando se honran como maestros sagrados, pueden transformarse en compasión, perdón y resiliencia. He compartido contigo los momentos de mi propia vida en los que el dolor casi me silenció, la pérdida de mi querida hija, el fin de relaciones que creía eternas y, sin embargo, al decidir que purificaría mi dolor en lugar de ocultarlo, encontré mi corazón purificado y listo para albergar aún más amor.

Desde el corazón, nos trasladamos al cuerpo, recordando que nuestra carne, nuestros huesos y nuestro aliento no son cargas que debemos soportar, sino vasos sagrados que debemos honrar. El cuerpo dice la verdad. Revela los desajustes mucho antes de que la mente los haya admitido. Cuidar el descanso, el movimiento, la alimentación y los ritmos sagrados es mantener limpio el altar del cuerpo, para que pueda albergar al espíritu en plenitud y vitalidad.

También nos enfrentamos a la cruda realidad de la responsabilidad energética: que lo que pensamos, decimos, damos y retenemos tiene consecuencias. La energía nunca es neutra. Chismorrear, mentir, hacer un mal uso de los recursos, negar el descanso... No se trata de faltas menores, sino de infracciones que debilitan nuestro campo. Y, sin embargo, cada infracción puede sanarse, cada distorsión puede limpiarse, cada paso en falso puede redimirse cuando se saca a la luz de la conciencia y se corrige con amor.

Los movimientos finales de nuestro viaje nos llevaron a la autoridad, la soberanía y la recuperación. Aprendimos que vivir con la higiene es sentarse en el trono del yo, no como tirano, ni como víctima, sino como gestor soberano de la presencia divina. Es decir no cuando el alma dice no, y sí solo cuando el sí es limpio. Es santificar las relaciones, la paternidad, el trabajo, el dinero y la comunidad, no mediante la perfección, sino mediante la presencia, el criterio y la devoción.

Mi vida, querido, ha sido tanto el plan de estudios como el testimonio de estas enseñanzas. No te ofrezco lo que «sé», sino lo que he vivido y padecido para poder limpiarme y vivir limpio. No estoy completa porque haya escapado del dolor, sino porque escogí purificar los residuos que el dolor había dejado atrás. No estoy alineada porque nunca haya tropezado, sino porque ahora soy consciente de que cada caída me invitaba a volver a la verdad. No soy luminosa porque la vida me haya librado de la oscuridad, sino porque he aprendido que la luz no es la ausencia de la sombra, sino la voluntad de brillar a través de la presencia de lo que sentimos como algo oscuro.

Y, de esta manera, te dejo aquí; no con órdenes, sino con una invitación. Permite que la higiene espiritual sea más que palabras en una página. Deja que se convierta en tu respiración, tu postura, tu oración, tu forma de ser. Vivir limpio no significa que niegues la suciedad; significa saber adónde debes ir cuando la vida te ensucia. Vivir limpio no significa que permanezcas intacto; significa que estés dispuesto a purificarte desde dentro hacia fuera. Vivir limpio no significa que no vayas a romperte; significa que permitas que cada rotura sea reparada por las manos del espíritu.

Querido, recuerda esto: tú eres el santuario. Tú eres el altar. Tú eres el recipiente de la luz divina. Mantente limpio, no por temor a la crítica, sino por amor a tu propia alma. Y sabe esto: cuando el polvo se asiente, cuando el día termine, cuando llegue el dolor, cuando surja la alegría, debes (y puedes) volver una y otra vez a la práctica sagrada de la purificación. En esta práctica, no solo te renovarás, sino que te convertirás en una bendición viviente, en una presencia radiante de plenitud y en un testimonio de que Dios puede renovarlo todo.

Glosario de principios espirituales y conceptos sagrados

Estas definiciones no son las definiciones estándar del diccionario. Cada palabra ha sido interpretada desde una perspectiva espiritual, basada en la práctica viva de la higiene espiritual. Se trata de conceptos sagrados, llenos de energía, misterio y significado multidimensional. Un concepto sagrado no solo debe entenderse, sino que debe sentirse, encarnarse y experimentarse. Tiene presencia. Abre una puerta a la esencia vibratoria de lo que nombra. Estas definiciones reflejan la conciencia energética, la percepción centrada en el alma y la aplicación sagrada, no la precisión lingüística. Son los significados por los que nos regimos, las verdades que encarnamos y las frecuencias que cultivamos de forma consciente en devoción a la integridad y la higiene espiritual. Con cada concepto, se te ofrece una invocación para ayudarte a avanzar hacia la encarnación del concepto.

ACEPTACIÓN

Una rendición sagrada a lo que es, sin resistencia, negación ni críticas. La aceptación es la mano abierta del alma que hace las paces con el presente para que pueda comenzar la transformación.

Invocación:

«Amada presencia de paz, ablanda mi corazón ante lo que es. Donde me he resistido, déjame ahora recibir. Donde he juzgado, déjame ahora comprender. Que pueda afrontar este momento con gracia y confiar en que incluso esto forma parte de mi devenir».

ACTUACIÓN

El intento del ego de ganarse el amor, demostrar su valía o evitar el rechazo enmascarando y distorsionando la verdad sagrada del alma.

Invocación:

«Fuente del amor incondicional, libérame de la necesidad de actuar. Déjame mostrarme tal como soy, sin disfraces. Enséñame que quien soy ya es suficiente».

AFIRMACIÓN

Una declaración sagrada de la verdad pronunciada con la intención de alinear la conciencia con la realidad divina.

Invocación:

«Voz sagrada dentro de mí, que las palabras que pronuncio lleven la luz de lo invisible al reino de lo visible. Que cada sílaba sea un hilo de conexión entre lo divino y lo humano. Que solo diga lo que es verdadero, íntegro y alineado con el amor. Que cada declaración se eleve como una ofrenda sagrada a la divinidad».

ALINEACIÓN

El estado energético de armonía entre el pensamiento, la palabra, la acción y la intención divina.

Invocación:

«Santo del orden y el flujo, alinéame con lo que es real. Donde haya vagado, devuélveme. Donde haya tergiversado la verdad, endereza mi camino. Que mi vida se convierta en un reflejo de la armonía divina».

ALTAR

Un espacio sagrado designado, interno o externo, donde se cultiva la presencia, la reverencia y la conexión divina.

Invocación:

«Espíritu del templo viviente, que pueda recordar que soy el altar. Consagra este cuerpo, este aliento, esta vida como un espacio donde tú moras. Que todo lo que haga se eleve como incienso sagrado ante ti».

AMOR PROPIO

El reconocimiento sagrado de la importancia innata de uno mismo; no basado en la productividad o los elogios, sino arraigado en el ser. Es una función de cómo te ves y te consideras a ti mismo, dentro de ti mismo, lo que determina lo que esperas para ti y de ti mismo.

Invocación:

«Tasador divino, recuérdame que no tengo precio. Permíteme dejar de cuestionar lo que tú has llamado precioso. Enséñame a honrar mi valor en la forma en que hablo, doy y recibo».

AUTENTICIDAD

La autenticidad es la alineación del alma con la verdad. Es vivir en armonía con quien realmente eres más allá de la influencia, la actuación y el miedo. Es la voz de la divinidad convertida en algo personal y expresada sin distorsiones ni disculpas.

Invocación:

«Presencia santa e infinita, que pueda vivir desde la verdad de quién soy. Retira todas las máscaras falsas y deja que el resplandor de mi alma brille sin filtros a través de mis palabras, mis elecciones y mi presencia».

AUTOESTIMA

La autoestima es el recuerdo que tiene el alma de su propio valor. Es el resultado natural de vivir en consonancia con la verdad de que eres amado, necesario, elegido y completo. Es un reflejo de cómo te percibes y te consideras a ti mismo, dentro de ti mismo.

Invocación:

«Creador de toda la vida, devuélveme a la santa verdad de mi valor. Déjame hablar de mí mismo con reverencia, tratarme con honor y recordar que soy una expresión irremplazable de ti».

AUTORIDAD

El asiento interior del gobierno divino, donde el conocimiento del alma gobierna las decisiones, no el miedo ni el control.

Invocación:

«Presencia soberana, restaura la corona interior. No permitas que siga cediendo mi voz al miedo o la distorsión. Déjame gobernar desde el trono de la verdad, guiado por la sabiduría del espíritu».

AUTORIDAD INTERIOR

La autoridad interior es la sede sagrada del poder interior. Es la voz del conocimiento divino que surge de la alineación espiritual, no del control del ego. No gobierna a través de la dominación, sino a través de la devoción a la verdad.

Invocación:

«Infinito, restaura el trono dentro de mí. Déjame elevarme con la tranquila confianza de mi conocimiento divino. Que ya no externalice mi poder ni mi sabiduría, ni traicione mi conocimiento. Que siempre confíe en el susurro de tu verdad interior».

BIENESTAR

El bienestar es la armonía sagrada del cuerpo, la mente, el corazón y el espíritu en alineación con la verdad divina. Es más que la ausencia de enfermedad o angustia. Es la presencia de vitalidad, paz y propósito. El bienestar fluye cuando tu vida está equilibrada, tu energía está cuidada y tus elecciones honran lo que es nutritivo y vivificante. Es tanto un estado del ser como una práctica de devoción a la integridad del yo.

Invocación:

«Divina fuente de vida, aliento dentro de mi aliento, luz dentro de mi ser, invoco el principio del bienestar. Que mi mente esté firme, clara y en paz. Que mi corazón esté abierto, sanado y completo. Que mi cuerpo descanse en equilibrio, fuerza y vitalidad. Que mi alma recuerde su armonía eterna contigo».

CLARIDAD

El don divino de la visión espiritual y la comprensión más allá de la confusión o la distorsión.

Invocación:

«Espíritu de la iluminación, disipa la niebla de mi vista. Despeja el ruido de mi mente y el miedo de mi corazón. Déjame ver con los ojos del alma y conocer con la sabiduría del cielo».

CONCIENCIA

La conciencia en constante expansión del yo, el espíritu y la realidad sagrada, el campo a través del cual se mueve la presencia divina.

Invocación:

«Eterno, despierta mi conciencia. Expande mi conciencia más allá de las limitaciones. Déjame caminar con los ojos sagrados abiertos, en sintonía con lo sagrado en todas las cosas».

CONFLICTO

Cuando se afronta con gracia y responsabilidad, el conflicto es una invitación a revelar la verdad, integrar las sombras y lograr una alineación consciente.

Invocación:

«Dios de la paz y la purificación, permíteme afrontar los conflictos con sagrada claridad. No permitas que ninguna parte de mí huya de la verdad. Muéstrame lo que es mío, lo que está distorsionado y lo que está listo para ser sanado».

CREENCIA

La creencia es la semilla de la posibilidad arraigada en lo invisible. Es el acuerdo del alma con una verdad superior, incluso en ausencia de pruebas. La creencia da lugar a la fe y abre el corazón a la posibilidad de los milagros.

Invocación:

«Creador infinito, te pido que profundices mi creencia. Déjame creer en lo que has susurrado a mi alma. Fortalece mi conocimiento interior y haz que mi creencia sea inquebrantable. Incluso cuando dude, deja que mi alma recuerde. Deja que mi confianza esté en lo que no puede ser sacudido ni robado».

DECLARACIÓN

Una invocación consciente de la verdad espiritual pronunciada en voz alta para activar la alineación y la manifestación.

Invocación:

«Palabra de poder, palabra viva del altísimo, deja que mi voz se convierta en tu instrumento. Que cada declaración que pronuncie invoque la plenitud, despierte el poder y honre el contrato divino de mi alma».

DETERMINACIÓN

Perseverancia sagrada arraigada en la devoción divina, no en la fuerza, sino en la intención guiada por el alma y anclada en el corazón.

Invocación:

«Llama sagrada de la voluntad interior, enciende mi camino con santa determinación. Fortalece mis pasos cuando me canse. Que mi determinación sea una extensión de la devoción, no un homenaje al ego».

DISPOSICIÓN

La disposición es el «sí» sagrado del corazón. Es el consentimiento del alma a la sanación, incluso cuando el camino no está claro. La disposición abre la puerta a la gracia al aflojar el control y el miedo.

Invocación:

«Santa presencia, puede que no sepa cómo, pero estoy dispuesto. Te ofrezco mi «sí». Que se convierta en la semilla de la transformación. Que la disposición sea la puerta por la que entras en mi vida».

DISTORSIÓN

Una desalineación de la percepción, la creencia o la energía que nubla la verdad y desconecta de la integridad espiritual.

Invocación:

«Revelador de toda verdad, disuelve toda distorsión que se ha envuelto alrededor de mi percepción. Que ya no siga lo que es falso. Guíame de vuelta a la claridad y la alineación del alma».

DIVINO

Lo que es sagrado, eterno y no creado. La divinidad es la fuente y el sustentador de toda la vida, sin forma y, sin embargo, presente en todas las formas. Es la presencia que mora en el interior y la inteligencia infinita más allá. Encontrarse con la divinidad es recordar tu origen, tu integridad y tu pertenencia a algo sagrado e inconmensurable.

Invocación:

«Oh, presencia divina, vasta e íntima, dentro y fuera, revélate en todo lo que soy y todo lo que veo. No me dejes buscar fuera de ti ni separarme de ti. Que pueda vivir como una emanación de tu luz, un recipiente de tu verdad y una morada de tu amor».

ENERGÉTICO

Relacionado con la fuerza vital invisible que se mueve a través y alrededor de todas las cosas, dando forma a los entornos, las emociones y las experiencias.

Invocación:

«Aliento divino que anima toda la vida, hazme consciente de la energía que llevo y transmito. Que mi campo sea claro, mis intenciones puras y mi presencia una corriente sanadora en el mundo».

ESPIRITUAL

Lo que es eterno, invisible y arraigado en el origen divino, el pulso sagrado que subyace a todas las cosas.

Invocación:

«Espíritu infinito, hazme un receptáculo de tu presencia. Déjame caminar no solo en la fe, sino en la encarnación. Que mi vida sea una oración viviente».

EXPRESIÓN PERSONAL

Se trata del aliento sagrado del alma. Es la manifestación divina de tu verdad interior, belleza, creatividad y conocimiento al mundo, ya sea a través de la palabra, la escritura, la danza, el llanto o el testimonio. No es una actuación. Es una revelación. Cuando encaja con el espíritu, la expresión personal se convierte en un acto de adoración y un puente entre el mundo interior y el exterior.

Invocación:

«Espíritu santo, respira a través de mí. Deja que mi voz sea un vehículo para tu verdad. Deja que mis palabras, mi arte, mis movimientos y mi silencio sean expresiones de la chispa sagrada que hay en mí. Elimina el miedo y la vacilación. Que ya no oculte lo que tú has santificado».

FRECUENCIA

La firma vibratoria de tu ser. La frecuencia es la forma en que tu mundo interior se comunica con el universo. Lo que eres, atraes. Lo que sostienes, armonizas.

Invocación:

«Armonías divinas de la luz viviente, sintonízame con la frecuencia del amor, la verdad y la plenitud. Deja que cada célula de mi ser resuene con la intención sagrada. Que pueda liberar todo lo que disminuye mi vibración y elevarme hacia el canto radiante de mi alma».

FUERZA

La fuerza es la corriente constante del espíritu interior. No es dominación ni resistencia; es resiliencia divina, el conocimiento interior de que puedes soportar, levantarte y permanecer arraigado en la verdad.

Invocación:

«Fuerza eterna, levántate en mí. Déjame estar arraigado e inquebrantable en la verdad de quién soy. Incluso cuando tiemble, déjame permanecer en ti».

HIGIENE

La práctica devocional de purificar la vida interior y exterior para mantener la integridad espiritual y la claridad energética.

Invocación:

«Santo de manos limpias y corazón puro, enséñame a cuidar mi templo. No permitas que ningún pensamiento, emoción o acuerdo tóxico permanezca en mí. Hazme limpio por dentro y radiante por fuera».

HONESTIDAD CON UNO MISMO

El valor sagrado de ser testigo y decir la verdad a uno mismo sin distorsiones, negaciones ni vergüenza.

Invocación:

«Espíritu de la verdad, haz brillar tu luz dentro de mí. Permíteme enfrentarme a mí mismo con compasión y claridad. Que ya no me esconda tras la ilusión, sino que me mantenga firme ante el sagrado espejo de la honestidad».

INTEGRIDAD

El estado integrado de vivir desde todas las partes del ser, luz y sombra, cuerpo y alma en armonía con la verdad.

Invocación:

«Aquel que hace que todas las cosas sean íntegras, reúne cada parte de mí. Restaura lo que he desechado. Déjame vivir en la paz de la integración y el poder de la integridad divina».

LIBERACIÓN

El acto sagrado de soltar para crecer. Soltar no es abandonar, es liberar. Crea espacio para que lo real regrese y lo falso se disuelva. Es el acto sagrado de soltar patrones, identidades, energías y apegos que ya no sirven al desarrollo del alma. Soltar no es rechazar. Es una rendición reverente. Es la exhalación del alma, la limpieza que crea espacio para la restauración divina.

Invocación:

«Ser sagrado que lo abarca todo con amor, abro mis manos y mi corazón. Libero aquello que ya no me sirve para crecer. Dejo ir lo que intenté arreglar, llevar o forzar. Hago espacio dentro de mí para la verdad, para la paz, para lo que viene a continuación en mi camino sagrado».

LIBERTAD

La libertad es la liberación del alma de la ilusión, el miedo y la esclavitud. No es la ausencia de límites, sino la presencia de la alineación divina lo que hace que todo sea posible.

Invocación:

«Oh, luz liberadora, rompe todas las cadenas de la ilusión y el miedo. Libérame de las identidades falsas y las cargas heredadas. Déjame elevarme en la libertad que solo puede venir de caminar contigo».

LUZ

La esencia de la verdad, la claridad y la presencia divinas. La luz no es solo iluminación; es una revelación. Revela lo que está oculto, sana lo que duele y despierta lo que es sagrado. Es el lenguaje nativo del alma, la firma de la divinidad en todas las cosas.

Invocación:

«Fuente radiante de toda luz, brilla a través de mí. Ilumina cada sombra con compasión. Deja que tu luz sea mi guía, mi base y mi verdad. Que pueda caminar como la luz, hablar como la luz y convertirme en una llama viva del recuerdo en un mundo que olvida».

MENTE

Un templo del pensamiento, la memoria y el significado, diseñado para ser un servidor del espíritu, no su amo.

Invocación:

«Santificador del pensamiento, haz de mi mente un santuario claro. Que cada pensamiento esté arraigado

NEUTRALIDAD

La sagrada quietud entre la crítica y la claridad. Un lugar de descanso para que el alma observe, escuche y discierna sin reaccionar.

Invocación:

«Santo silencio, enséñame el poder de la neutralidad. Permíteme ver sin apego, escoger sin miedo y ser testigo desde el asiento del espíritu».

PACIENCIA

La capacidad sagrada de esperar con fe, honrando el tiempo divino sin prisas, sin forzar y sin miedo.

Invocación:

«Anciano, déjame descansar en el ritmo del tiempo sagrado. Renuncio a las prisas y al control. Que aprenda a esperar con paz, sabiendo que lo que me corresponde ser, hacer o tener llegará con gracia».

PAZ

La paz es la quietud de la presencia divina en nuestro interior. No es la ausencia de conflicto, sino la conciencia de la armonía que lo trasciende. La paz surge cuando el corazón se rinde a lo que es y recuerda lo que no puede ser sacudido.

Invocación:

«Fuente sagrada de quietud, ánclame en la paz. En medio del movimiento, ante el cambio, permítame recordar el centro tranquilo de mi ser, donde tú y yo somos uno».

PLENITUD

La plenitud es la sensación de rectitud espiritual. Una resonancia que surge cuando tu alma se nutre, tus dones se ofrecen y tu vida refleja tu esencia.

Invocación:

«Fuente de todo bien, lléname desde dentro. Haz que me sienta satisfecho no por lo que adquiero, sino por quien me convierto al alinearme contigo. Hazme completo. Hazme bien. Hazme sentir realizado».

PODER

La capacidad espiritual para crear, alinear y transformar. El poder no es dominio ni dominación. Es la resonancia de y con la voluntad divina. Es la corriente divina que fluye cuando la verdad, la voluntad y el espíritu están en armonía. El verdadero poder busca crear, liberar y elevar en el amor.

Invocación:

«Fuente infinita de poder sagrado, afiánzame en la verdad que no tiembla. Que mi poder sea limpio, arraigado y humilde; nunca tomado ni forzado. Que recuerde que el verdadero poder no está sobre los demás, sino en la integridad de cómo me muestro al mundo».

PRESENCIA

La encarnación consciente del momento presente en el que el espíritu se encuentra contigo, respiración a respiración.

Invocación:

«Eterno ahora, despiértame a este momento. No me permitas apresurarme ni quedarme atrás. Que habite esta respiración con reverencia y te encuentre aquí, ahora».

PROPIEDAD

La propiedad es una responsabilidad sagrada. Es la voluntad de asumir toda la responsabilidad por tu energía, tus elecciones y tu experiencia, no como un castigo, sino como un poder recuperado.

Invocación:

«Espíritu de la verdad, reclamo mi vida como mía. Soy dueño de lo que he creado y ahora tomo una nueva decisión. Que pueda caminar con la autoridad de la responsabilidad radical, sabiendo que cada paso es un acto sagrado de creación».

PROPÓSITO

La misión sagrada del alma. La forma única en que estás llamado a servir, encarnar y expresar la esencia divina.

Invocación:

«Diseñador divino, despierta mi propósito. Que mi vida sea una ofrenda sagrada, alineada con la razón por la que vine. Que pueda vivir lo que nací para recordar».

PURIFICACIÓN

La liberación intencional de lo que ya no sirve, energética, emocional, mental o espiritualmente.

Invocación:

«Viento sagrado y agua bendita, lavaos. Purifica los restos de lo que no es mío. Deja que mi alma sea clara, mi corazón sea ligero y mi cuerpo recupere su pureza sagrada».

RECONOCIMIENTO

El acto sagrado de ser testigo de la verdad dentro de ti mismo, de los demás o del momento con presencia, humildad y reverencia. El reconocimiento no arregla ni fuerza; honra lo que se ve, oye y siente como válido y real. Es el primer paso para la sanación, el descubrimiento de lo que anhela ser nombrado.

Invocación:

«Santo testigo de todo lo que es, enséñame a reconocer con un corazón abierto. Déjame ver sin juzgar, hablar sin defenderme y honrar lo que surge en mí y en los demás con presencia sagrada. Que mi reconocimiento se convierta en un bálsamo, un puente y una bendición».

REFLEXIÓN

La pausa sagrada del alma. Un momento para volverse hacia el interior para observar, integrar y crecer en conciencia. Un espejo sagrado a través del cual se invita al alma a observar su verdad. La reflexión revela lo que vive en el interior a través de lo que se muestra en el exterior mediante experiencias, relaciones, emociones y encuentros. Lo que ves, sientes o te hace reaccionar en los demás suele ser un reflejo de tu propio yo sin sanar, sin reclamar o sin reconocer.

Invocación:

«Santo espejo de la sabiduría divina, muéstrame lo que necesito ver con suave claridad. No me permitas rechazar lo que aparece ante mí. Estoy abierto a recibirlo como un mensajero. Donde juzgo, permíteme indagar. Donde reacciono, permíteme reflexionar. Que cada reflexión se convierta en un portal hacia una conciencia más profunda de mí mismo y una realineación sagrada».

RESONANCIA

Una armonía vibratoria sagrada. Un reconocimiento entre frecuencias que coinciden, se reflejan o se despiertan entre sí. La resonancia es cómo el alma recuerda, cómo se siente la verdad antes de comprenderla y cómo se revela la alineación divina sin fuerza.

Invocación:

«Espíritu de la vibración y la voz, sintonízame con lo que es verdadero. Deja que mi ser resuene solo con lo que está alineado, íntegro y sagrado. Que pueda liberar lo que ya no resuena con el sonido de mi alma y avanzar hacia lo que me abre al amor».

RESPLANDOR

El resplandor es la expresión sin filtros de la luz divina desde dentro. Es el brillo de la autenticidad, la calidez de la presencia alineada y la firma energética de un alma que vive en la verdad. El resplandor no exige atención. Emana como una esencia.

Invocación:

«Luz sagrada de mi interior, deja que mi ser brille sin miedo ni filtros. Que pueda irradiar amor, claridad y gracia en todo lo que haga. Quita los velos de la vergüenza y la timidez, para que permita que mi presencia se convierta en un reflejo visible de tu belleza».

RESPONSABILIDAD

El valor sagrado de ser testigo y atender las consecuencias de tus acciones. No es un castigo. Es un camino hacia la armonía y la integridad relacional.

Invocación:

«Santa presencia de la verdad y la gracia, concédeme el valor para permanecer en la luz de la responsabilidad. Donde haya provocado daño, déjame buscar la forma de repararlo. Donde me haya escondido de la responsabilidad, déjame volver a un estado de alineación. Que pueda asumir mi impacto con compasión, claridad y un corazón dedicado a la integridad».

REVERENCIA

Una postura interior de profundo respeto por la vida, el espíritu, uno mismo y toda la creación. La reverencia transforma nuestra forma de caminar, hablar y ver.

Invocación:

«Santo en todas las cosas, enséñame a moverme con reverencia. Déjame hablar con cuidado, escuchar con asombro e inclinarme ante lo sagrado que se entreteje en cada momento».

SALUDABLE

Un estado de integridad y armonía dentro del cuerpo, la mente, el corazón y el espíritu. Estar sano es estar en sintonía con la verdad, nutrido, despejado, descansado y arraigado en elecciones que honran la vida. La salud no es solo la ausencia de enfermedad, sino la presencia de un ritmo sagrado, equilibrio y reverencia por tu templo.

Invocación:

«Dador de vida y aliento, alinéame con lo que es saludable y completo. Deja que mis pensamientos me nutran. Deja que mis elecciones honren este cuerpo sagrado. Deja que mis límites reflejen lo que es amoroso. Que pueda vivir en vitalidad, claridad y equilibrio como una oración viva de bienestar».

SANACIÓN

Un retorno sagrado a la verdad, la plenitud y el recuerdo divino. La sanación no es el borrado del dolor, sino la integración de la sabiduría. Es el viaje que se desarrolla para recuperar lo que se perdió, amar lo que fue herido y despertar lo que es sagrado.

Invocación:

«Sagrado sanador, recorre cada capa de mi ser. Toca lo que no puedo nombrar. Restaura lo que he enterrado. Enséñame que nada se desperdicia, y que incluso mi dolor es un camino hacia la gracia. Que pueda permitir que la sanación llegue suave y profundamente, y en el tiempo divino».

SENCILLEZ

La simplicidad es el retorno a la esencia. Es despojarse de las distracciones, los excesos y los esfuerzos hasta que solo quede lo sagrado. La simplicidad invita a la paz al despejar el espacio para lo que es real.

Invocación:

«Esencia divina, devuélveme a lo que realmente importa. Permíteme liberarme del desorden que hay dentro y alrededor de mí. Que pueda encontrar la alegría en la simplicidad y descansar en la sacralidad de lo suficiente».

SOBERANÍA

El estado divino de autogobierno que rige la energía, las elecciones y la vida de uno desde el trono de la alineación espiritual.

Invocación:

«Antiguo soberano, despierta mi santo dominio. Que pueda ocupar mi lugar en el trono interior. Permíteme llevar mi vida con sabiduría, valentía y verdad».

SOMBRA

Las partes ocultas, reprimidas o rechazadas del yo, que son la clave para la sanación cuando se abordan con amor y conciencia.

Invocación:

«Sanador de lo oculto, ya no temo a mi sombra. Déjame llevar tu luz a todo lo que ha estado oculto. Que pueda enfrentar cada herida con misericordia e integrar cada verdad con gracia».

TEMPLO

Una morada consagrada de la divinidad. Tu cuerpo, tu respiración, tu ser, cada uno es un templo viviente. Honrar el templo es venerar el recipiente a través del cual el espíritu se expresa, sana y se hace visible en forma.

Invocación:

«Divinidad interior, honro este cuerpo como tierra sagrada. Permíteme caminar con reverencia por el templo que me has confiado. Que pueda nutrirlo, escucharlo y tratarlo con cuidado sagrado, sabiendo que dentro de mí, tú moras».

TRANSFORMACIÓN

La transformación es la alquimia sagrada del devenir. No es un cambio por el simple hecho de cambiar. Es el desprendimiento de la ilusión y el surgimiento del recuerdo divino. La transformación da lugar a la plenitud a través de la rendición.

Invocación:

«Divino alquimista, transfórmame. Deja que lo que ya no es verdadero se desvanezca. Deja que lo que es eterno en mí se eleve. Que tu fuego me renueve y tu amor me remodele».

VALÍA PERSONAL

La certeza inquebrantable de que tu existencia es sagrada, necesaria y suficiente. La valía personal no se gana, sino que se recuerda. Es la base espiritual sobre la que se levantan la armonía, los límites y el sentido de pertenencia. Refleja cómo te percibes y te valoras a ti mismo, lo que a su vez determina lo que esperas de los demás y del mundo.

Invocación:

«Fuente eterna, arráigame en la valía sagrada y restaura la verdad de mi valía en mi interior. No permitas que siga midiéndome por las heridas, los roles o los ojos de los demás. Despoja a todo lo que es falso y despierta la dignidad de quien soy, sagrado, completo y merecedor de todo lo bueno que has puesto en mi camino».

VULNERABILIDAD

La vulnerabilidad es una apertura sagrada. Es el acto valiente de ser visto, sentido y conocido sin armadura. La vulnerabilidad crea el espacio para la intimidad, con uno mismo, con los demás y con la divinidad.

Invocación:

«Tierno y santo, enséñame a abrirme sin miedo. Deja que mi vulnerabilidad sea mi fortaleza. Que ya no me esconda tras la protección, sino que confíe en que tú moras donde yo soy real.

AGRADECIMIENTOS

El Señor es mi pastor. Él me guio hasta las profundidades de mi corazón y de mi alma para dar a luz esta obra. Por ello me siento humilde y agradecida. También doy las gracias por la forma en que Dios/la fuente/el Creador se ha revelado y sigue revelándose en mi vida, como:

El equipo de In A Vision Entertainment: Zakiya Fatin Cornwell, Jeune AdeOri Taylor, Darvel McKinney, Dena Jakos, Ayan'fe Rosano, Khalaa King, Amina Jenkins, Justine Sones, Mallory Poort, Carmen Rodríguez y Annette Matthews. Gracias por permitirme ser el cerebro, y os honro como mis músculos.

El cuerpo docente del Inner Visions Institute: Rev. Elease Welch, Rev. Tammie Fiola Manly, Rev. Rosetta Hillary, Rev. Heather Bo'lade Mizel, Rev. Matt Cartwright, Rev. Carmen González, Rev. Karen Folu'ke Burns, Rev. Lynn Horton, Rev. Danielle Hatchell, el *coach* Robert Pruitt, la *coach* Maqueita Eleazer, la *coach* Jackie Smith, la *coach* Marion Stukes, la Rev. Yolanda Wooten y todos los estudiantes que se han adaptado a mis idas y venidas.

A cada uno de los guerreros espirituales de Inner Visions, a los graduados de Rites of Passage, a los miembros de la comunidad Spiritual Study Sanctuary y a los estudiantes y el personal de IVISD. Gracias por ser mis conejillos de indias y confiar en mí con vuestras mentes, corazones y almas. Me habéis dado valor para vivir fuera de mi zona de confort.

Mi familia chamánica del Corazón Iluminado: Rachel Mann, PhD; Laura Wurst; Luke Scaros; Kimberly Dawkins; Afiya; LaShaun; Susan;

Patricia, y, por supuesto, mi hombre, Ben. A mis ahijados, los miembros de Ile Omi Meji, no puedo agradecerles lo suficiente su apoyo incondicional y su disposición a responder siempre a mi llamada.

Mi equipo de apoyo incondicional: Lydia Ifetayo Potter, Laura Devaji Rawlings, Richard Mcilwain y Aldo OriZen Valmon-Clark, gracias por cuidar de mi casa, mi nieto y mis perros, y por darles de comer.

La reverenda Shaheerah Stephens, la reverenda Danni Stillwell y Almasi Wilcots, mis hermanas de otras madres que siempre están ahí para apoyarme, ayudarme, escucharme, corregirme y rezar por mí cuando se me olvida rezar.

Michelle Herrera Mulligan, mi increíble editora. Gracias por escuchar y preocuparte por lo que pensaba, sentía y tenía que decir. Tu paciencia será recompensada.

Sra. Oprah Winfrey, un simple «gracias» no basta para describir la profundidad, la amplitud y la elegancia de su generosidad. En su lugar, le ofrezco una profunda reverencia en señal de gratitud por su apoyo y orientación constantes, en todos los sentidos.

Mi campeón, animador, *coach*, amigo e hijo, Damon Bware Ogunbi'Ide. Eres el viento que impulsa mis alas.

Y mis refugios en cualquier tormenta: Awo Sean Christopher Gayle, Cheryl Elemi Gayle, el Dr. Robert y la Sra. Raina Bundy, Peter Grube, Tulani Kinard, Deborah Chinaza Lee (Ibai'ye), Gemmia OrishaSami (Ibai'ye), Nisa Emi'Olade (Iba'ye), la reverenda Helen Alva Jones (Ibai'ye) y Awo Albert Oceguera (Ibai'ye).